本项目承湖北文理学院协同育人337工程专项经费资助

U0662711

导游基础知识

Elementary Knowledge for Tour Guides

何珍　刘美娣　著

中国海洋大学出版社
·青岛·

图书在版编目（CIP）数据

导游基础知识 / 何珍，刘美娣著. — 青岛：中国海洋大学出版社，2019.2
ISBN 978-7-5670-2133-4

Ⅰ. ① 导⋯ Ⅱ. ① 何⋯ ② 刘⋯ Ⅲ. ① 导游－高等学校－教材 Ⅳ. ① F590.63

中国版本图书馆 CIP 数据核字（2019）第 050308 号

出版发行	中国海洋大学出版社		
社　　址	青岛市香港东路 23 号	邮政编码	266071
出 版 人	杨立敏		
策 划 人	王　炬		
网　　址	http://pub.ouc.edu.cn		
电子信箱	tushubianjibu@126.com		
订购电话	021-51085016		
责任编辑	由元春	电　　话	0532-85902495
印　　制	上海长鹰印刷厂		
版　　次	2019 年 8 月第 1 版		
印　　次	2019 年 8 月第 1 次印刷		
成品尺寸	210 mm×285 mm		
印　　张	10.5		
字　　数	269 千		
印　　数	1～1000		
定　　价	68.00 元		

前　言

人们常说：“导游人员是旅游业的灵魂，是旅游业的形象大使。”这充分说明导游员在旅游业中的重要作用。在我国旅游业蓬勃快速发展的今天，旅游者越来越追求高品质的旅游产品，对导游员的职业素养、业务水平、综合能力的要求越来越高。可以说，高素质的导游员是高品质旅游产品的核心要素。导游员只有具备了扎实的文化基础知识，才能增加讲解的内涵与品位，才能弘扬祖国五千年的文明与文化，才能满足游客的文化知识追求，担任文化的传播者。丰富的旅游文化知识是导游员成为“文化大使”的前提和基础。

本书与精品在线开放课程建设紧密结合，为“经管类专业打造知识传授与价值引领有机融合‘课程思政’的关键问题与解决路径研究”课题成果之一。本书涉及中国历史文化、中国的民族民俗、中国旅游地理、中国的古代建筑、中国的古典园林、中国饮食文化、中国风物特产、中国港澳台地区和主要客源国概况，以满足旅游行业对导游员的知识能力和职业素质的要求，并使其具有知识内化、迁移和继续学习的能力。

由于作者水平有限，书中不足之处在所难免，恳请专家和读者批评指正，以便修订再版时加以完善。本书在编写过程中参考并引用了相关文献与资料，在此谨向这些文献与资料的作者致以真诚的谢意！

何珍

2019年2月

目 录

第一章 中国历史文化

第一节　中国历史概述

中国历史悠久，文化灿烂辉煌，是世界四大文明古国之一。中华民族是世界文明古国中唯一没有中断历史文化的民族，它所创造的科技文化在世界上持续领先了近2000年，为人类文明的进步做出了巨大贡献；炎黄子孙辛勤耕耘，努力创新，描绘出了波澜壮阔的画卷，汇集成了浩浩荡荡的历史长河。

一、原始社会时期

原始社会是人类的第一个社会形态。迄今所知，我国的原始社会约有100万年的历史，经历了血缘家族和氏族公社两个发展阶段。

我国有分布广泛、内容丰富的人类化石和文化遗址，它证明黄河流域和长江流域都是我国远古文化的发源地。从猿到人的进化过程可分为三个阶段："正在形成中的人"、猿人、早期和晚期智人。

中国的祖先目前最早可追溯到距今约170万年前的云南元谋人，在其活动过的地方发掘出旧石器带有人工痕迹的动物骨片和用火的灰烬。距今约80万年的蓝田人以及距今70万～20万年的北京人，都是直立猿人的著名代表。距今20万～10万年时期，出现了早期智人（古人），之后出现了晚期智人（新人）。

距今约1.8万年的北京山顶洞人进入了氏族公社阶段，掌握了较前人先进的工具——骨针，并且学会了人工取火，支配自然的力量大大前进了一步。距今约六七千年前，中国辽阔的大地上散布着大大小小的氏族部落，人类开始进入母系氏族公社阶段。如目前发现的仰韶文化、马家窑文化、河姆渡文化等，都是母系氏族繁荣时期的见证。距今约五千年前，黄河、长江流域的氏族部落先后进入父系氏族公社阶段。这一时期氏族部落的文化遗存主要有河南龙山文化、江苏青莲岗文化、浙江良渚文化、山东大汶口文化等。而中国古代传说中的女娲、伏羲、神农被称为"三皇"；炎帝、黄帝、尧、舜、禹被称为"五帝"。黄帝和炎帝部落是后来华夏族的主干部分，因此，他们被尊奉为华夏民族的祖先，其后代称为"炎黄子孙"。尧、舜、禹的时代处于我国原始社会向奴隶社会过渡的时期，他们通过部落联盟民主推选（即"禅让"）的方式担任首领。

原始社会，浙江余姚河姆渡氏族是长江流域母系氏族公社的一个典型，首开世界种植水稻之先河；西安半坡氏族是黄河流域母系氏族公社仰韶文化的一个典型，他们已经学会制作精美的彩陶，上面刻画的符号可能是中国原始文字的萌芽。

二、夏商周奴隶社会时期

禹是"禅让"制度下产生的最后一个部落联盟首领。禹因治水而威望大增，势力范围不断扩大。禹把全国划为"九州"，并铸造象征最高权力的"九鼎"。约公元前2070年，禹建立了我国历史上第一个国家——夏朝，定都阳城（一般认为是今河南登封）。禹死后，他的儿子启继承父位，"禅让制"被"世袭制"替代，标志着"天下为公，选贤与能"的"大同"社会进入了"天下为家""家天下"的历史，夏是我国历史上第一个奴隶制国家。

夏朝末年，各种社会矛盾更加尖锐起来。桀作为夏朝的最后一个王，更加暴虐，促使各部落进一步离心。公元前1600年，黄河下游的汤率领部落起兵攻夏，灭掉了夏朝，建立商朝。商朝位于黄河流域，是中国第一个真正意义上的王朝，由世袭贵族阶级统治。商朝的奴隶制经济得到空前发展，青铜铸造业是最重要的手工业部门，湖南宁乡发现的四羊方尊是一件精美的艺术品，司母戊大方鼎重875千克，是迄今发现的世界上最大的古代青铜器；商代沿用夏代历法，有世界上最早的关于日食的记录；商代的文字已经定型，因刻在龟甲和兽骨上，故叫甲骨文，是当时世界上的进步文字，由此开始了中国有文字可考的历史。

周朝开始于公元前1045年，周武王率兵在牧野（今河南卫辉市北）大败商纣，建立周朝，定都镐京，史称"西周"。周朝直接控制中国北部的部分地区，将整个王国划分为多个领地。每个领地由一位地方统治者统治，并实行中央集权制度。政治上，周朝通过实施推行分封制、宗法制和国野制（乡遂制）等制度，加强国家统治，形成了比商朝更加庞大的奴隶制国家；经济上沿袭夏商，推行"井田制"，农业、手工业发展加快；公元前841年国人暴动，周公、召公共同执掌朝政，史称"共和执政"，这一年是我国历史上有确切纪年的开始。

文化上，西周的青铜器上刻有长篇铭文（又称钟鼎文、金文），具有很高的文献价值；《诗经》中有关于西周日食的记录，即公元前776年9月6日的日食记录，这是我国历史上第一次有确切日期的日食记录。

随着时间的推移，周朝的分封领地逐渐发展壮大起来，并纷纷开始独立，周朝的权力逐渐衰弱。公元前770年，周王室内部发生了激烈的斗争，犬戎乘虚而入，攻破镐京，西周结束。周平王迁都洛邑，东周开始。

三、由奴隶社会向封建社会过渡的春秋战国时期

东周分为春秋和战国两个时期，是我国奴隶社会逐步解体、封建制度孕育的变革时期。春秋时期始于公元前770年，止于公元前476年，因鲁国编年史《春秋》而得名。战国时期始于公元前475年，止于公元前221年，因战乱纷繁而得名。春秋时期，周王室衰微，诸侯国兴起，出现了"春秋五霸"，即齐桓公、宋襄公、晋文公、秦穆公、楚庄王。"春秋无义战"，但它为统一创造了条件，促进了民族融合，为后来汉族的形成奠定了基础。战国时期，有"战国七雄"，即齐、楚、燕、韩、赵、魏、秦。

公元前594年，鲁国实行"初税亩"，客观上承认土地私有，促使了井田制的瓦解和封建生产关系的出现。新兴的地主阶级为了进一步打击奴隶主贵族势力，发展封建制，纷纷开展变法运动，各诸侯国先后建立了封建集权制国家。

春秋战国时期，因铁器和牛耕的出现，社会生产力显著提高，农业和工商业得到发展；水利事业蓬勃发展，著名的有邗沟、郑国渠、都江堰等；春秋后期开始用木炭作冶炼燃料，用皮囊鼓风，提高了炉温，使铁的生产工艺有了较大改进；封建经济的迅速发展，为学术文化的繁荣提供了物质条件。战国时期出现了"百家争鸣"的局面，主要有儒家、道家、法家、兵家和墨家等学派。儒家学派的代表人物是孔子、孟子和荀子。孔子提出"仁"的学说，创立了儒家学派，被誉为"圣人"，孟子主张"王道""仁政"，被誉为"亚圣"，荀子是古代朴素唯物主义思想家。老子创立了道家学派，具有朴素辩证思想，道家学派的代表人物是庄子，代表作是《庄子》。法家的代表人物是韩非子，主张"法治"。兵家代表人物是孙膑，著有《孙膑兵法》。墨家的创始人是墨子，主张"兼爱""非攻"。在科学技术和文学艺术方面也取得了很大的成就。《春秋》中留下了关于哈雷彗星的最早记录，甘德和石申的《甘石星经》是世界上最早的天文学著作；《诗经》是我国最早的一部诗歌总集；医学方面，扁鹊总结了望、闻、问、切"四诊法"。建筑方面，鲁班被后代工匠尊为"祖师爷"。

四、秦至鸦片战争时期的封建社会时期

周灭亡后，七个独立的诸侯国为控制中国而相互征战。秦国最终击败其对手而建立起了强大的独裁帝国。公元前221年，秦统一六国，定都咸阳。秦是我国历史上第一个统一的多民族的中央集权制国家，秦始皇废除了各个诸侯国并建立起了强大的中央管理机构，实施残暴的统治、有效的管理和严苛的法律。政治上建"皇帝制"，确立中央和地方行政机构（设三公九卿和郡制）；经济上统一度量衡和货币；文化上统一文字，焚书坑儒以加强思想控制；军事上修筑长城。

公元前206年，秦朝灭亡。步入两汉时期：前汉（从公元前206年延续到公元8年）和后汉（从公元25年延续到公元220年）。中国人现在仍称自己为"汉人"。

西汉初期已经出现纸，表明我国是世界上最早发明纸的国家；西汉编定的《黄帝内经》是我国现存最早的一部医书；东汉蔡伦改进造纸术，对中国和世界文化的发展做出了卓越的贡献；东汉张衡创制了世界上最早利用水力转动的浑天仪，发明了世界上最早的测定地震方位的地动仪；东汉《神农本草经》是我国第一部完整的药物学著作；华佗发明"麻沸散"是世界医学史上的创举；西汉历史学家司马迁写成了中国第一部纪传体通史巨著《史记》。

东汉末年，即公元220年前后，由于黄巾起义的打击，东汉的政权急剧衰落，各地的割据势力逐渐脱离中央，雄霸一方，三国就是在这种形势下形成的。

西晋始于公元265年，西晋取代曹魏后，三国逐渐走向了统一，最后，孙吴被灭，自东汉以来长期分裂的局面终于结束了。西晋的经济发展很快，文化程度也很高，史学名著《三国志》就是由西晋时的陈寿所著。

东晋王朝建立在公元317年。西晋灭亡以后，晋武帝在建康重建晋政权，史称东晋。东晋王朝是由西晋王室后裔司马睿在南方建立起来的小朝廷，虽然东晋作为一个朝代写进中国的古代史，但事实上东晋的统治范围却仅限于江南的半壁河山，在此期间，中国北方一直由赵、前秦等外族统治者控制，并且这种局面一直持续了近三百年的时间。当东晋在江南建国的同时，中国的北方则为鲜卑、羌等少数民族控制着，在历史上称之为"五胡十六国"。由于少数民族入主中原，使他们更多地接触到华夏文化，使之与汉民族逐渐发展为同一生活习惯的民族，进而被汉族融合。

东晋自晋元帝司马睿建国共历十一帝，前后一百零三年。在此期间，中国一直处于分裂状态，而且

到东晋灭亡之后，这种状态一直未能得到改变，随之到来的是另一个分裂时期——南北朝时期。在这个时期，南方先后出现宋、齐、梁、陈四朝，北方也先后产生了北魏、东魏、西魏、北齐和北周几个政权。在南朝，门阀士族开始衰落，寒门地主势力崛起，掌握了政治军事大权。宋、齐、梁、陈四朝存在的时间都较短，上层既昏庸无能，内部矛盾又相当激烈，于是国势日趋颓废。自魏、晋、南北朝之后，中原北方大体已形成以汉族为主，其他少数民族混居的人口构成形式，使中国正式成为具有相似生活习惯的多民族国家。

北魏农学家贾思勰的《齐民要术》是我国现存最早、最完整的农书；郦道元所著《水经注》成为流传后世的经典之作。此外，南北朝时期，有一门新兴的宗教迅速传播和发展起来，这就是从汉代时就开始传入中国的佛教。在中华文明史上，有着重要地位的佛教正是在北魏前后奠定了基础。北魏时，随着佛教的传播，佛像、壁画、石窟寺院等也得到了空前的发展，故而有许多庙宇及石窟造像流传于世，其中敦煌千佛洞、云冈石窟、龙门石窟、麦积山石窟成为我国造像艺术宝库之中的瑰宝。

隋朝存在于中国公元581年至公元618年。从公元581年隋文帝杨坚建立隋朝起，到618年隋炀帝杨广被绞杀为止，共存在了37年，是一个典型的短命王朝。隋朝的历史地位非常重要，唐朝的许多制度都是在隋朝时确立的。隋朝开凿的大运河对当时南北经济交流起了巨大的作用；李春设计的赵州桥（安济桥）是现存世界上最古老的石拱桥。

唐朝由李渊建立于公元618年，结束于公元907年，共历二十一帝，享国289年，是世界公认的中国最强盛的时代之一。都城长安是世界上最大的城市，人口达到100万以上。长安是著名的文化中心，吸引着世界各地的学者、艺术家、商人和外交家。一代盛世的唐朝是中国历史上的重要朝代之一，在政治、经济、军事、文化、中外关系等各个方面都取得了辉煌成就。唐政府组织编写的《新修本草》（俗称《唐本草》）是世界上第一部由国家编定颁布的药典，比欧洲早800多年。唐朝文学中，成就最为辉煌的是唐诗，出现了初唐四杰、王维、孟浩然、李商隐、李白、杜甫、白居易等著名诗人。在书法、音乐、舞蹈等各方面均取得了发展。唐三彩精致细腻，活灵活现，光彩和谐，是世界上享有盛名的雕塑品。

宋朝从公元960年宋太祖赵匡胤陈桥兵变建立，到1279年被元朝灭亡，共存在了319年。宋朝分为两个阶段：北宋是和辽、夏、金对峙时期，而南宋则是偏安衰亡时期。宋朝时，我国是世界上造船水平最先进的国家，船上已经安装指南针；北宋著名建筑师李诫写的《营造法式》是世界上最早、最完备的建筑学著作。

元代建立于1271年，灭亡于1368年，前后共97年。元朝结束了自唐灭亡以来长达三百多年的大分裂，实现了中国的大统一，这为之后明清的长期统一奠定了基础。这个时期各民族间的经济与文化交流得到更大发展，回族即形成于元代，元代的地域宽广，奠定了我国疆域雏形。

明朝建立于公元1368年，公元1644年被清朝灭亡。前后经历267年，十六个皇帝。明朝的封建中央集权达到了极高的水平，经济也迅速恢复，艺术和文化再次进入一个繁荣期。

明代李时珍的《本草纲目》是当时世界上内容最丰富、考订最详细的药物学著作；徐弘祖是著名的学者和旅行家，著有《徐霞客游记》，是世界上第一个研究岩溶地貌的人；明代罗贯中的《三国演义》是我国现存最早的一部长篇历史小说；明代施耐庵的《水浒传》是我国现存第一部以农民起义为题材的长篇小说；明代吴承恩的《西游记》是我国最杰出的浪漫主义长篇神话小说；明代兰陵笑笑生的《金瓶梅》是我国现存第一部文人创作的长篇小说。

清代是中国第二次处于少数民族的统治之下，满族人成功入关并于1644年建立清朝。满族人接受了汉族文化的方方面面，基本仿照明朝建立政治体制，在康熙、雍正和乾隆时期是全盛期，又叫康乾盛世。在此期间，康熙平定了准噶尔部上层叛乱，中国疆域宽旷而趋于稳定。1912年，清朝的灭亡宣告了中国封建制度的终结。

清代的《古今图书集成》是我国现存规模最大的类书；清代曹雪芹的《红楼梦》是我国古代长篇白话小说的高峰；清代蒲松龄的《聊斋志异》是我国古代文言文小说的高峰；清代的《四库全书》是当时我国也是世界上最大的一部丛书。

五、半封建半殖民地社会时期

（一）鸦片战争至五四运动时期

以1840年鸦片战争为标志，中国历史进入了半殖民地半封建社会时代，这一时代包括旧民主主义革命和新民主主义革命两个时期。旧民主主义革命时期是从1840年到1919年的"五四运动"，包括"中华民国"的成立和清王朝的灭亡。

鸦片战争是英国资产阶级为了维护鸦片贸易而对中国发动的侵略战争。1840年，英国以林则徐禁烟为借口，发动了第一次鸦片战争，战败后的清政府与英国签订了《南京条约》，这是中国近代史上第一个不平等、丧权辱国的条约，从此中国一步步沦为半殖民地半封建社会。

为了稳定封建统治的地位，清王朝内部也出现了"自强""求富"的洋务运动，采用西方资本主义国家的技术，创办新式军事工业、民用工业，建立新式的海军和陆军等。清王朝在中日甲午战争中失败后，光绪皇帝也任用康有为、梁启超等人于1898年进行变法"维新"，但由于封建顽固派的阻挠，"百日维新"很快失败。19世纪70年代以后，一部分官员、地主、商人投资开办资本主义近代企业，民族资产阶级产生并很快登上历史舞台。

中国反对帝国主义、封建主义的资产阶级民主革命从严格意义上讲是从孙中山开始的。孙中山建立了中国同盟会，提出了"民族、民权、民生"三民主义，要求建立资产阶级共和国。1912年，"中华民国"成立，清朝统治宣告结束，在中国长达2000年之久的封建社会也宣告结束。袁世凯窃取了辛亥革命的胜利果实，开始了北洋军阀的统治，在其死后，各派军阀在各帝国主义国家的扶植下互相争权夺利，相互混战。

20世纪初的学术文化是以资产阶级民主革命的思潮为主。1905年，清政府废除科举，全国兴办新学；孙中山提出的三民主义成为资产阶级领导的旧民主主义革命的政治理论纲领；1915年，陈独秀在上海创办《新青年》杂志，成为新文化运动的发端；新文化运动中，一些激进的知识分子如陈独秀、李大钊等开始广泛传播马克思主义，为"五四运动"作了思想先导，为马克思列宁主义在中国的传播开辟了道路。1919年的"五四运动"，标志着资产阶级领导的旧民主主义的终结和无产阶级领导的新民主主义革命的开始。

这一时期中国的科技文化大大落后于西方，但一些有识之士仍在为中华民族的前进进行着不懈的努力。李善兰是中国近代杰出的数学家、翻译家；徐寿、华衡芳制造了中国第一台蒸汽机和"黄鹄号"木壳船；詹天佑设计并亲自督建了中国第一条铁路干线——京张铁路；冯如于1910年制成具有相当于世界先进水平的飞机；严复翻译了《天演论》，影响巨大。

（二）新民主主义革命时期

从五四运动开始，中国转入新民主主义革命时期。1921年中国共产党成立，1924年中国共产党和孙中山领导的国民党实现了第一次国共合作。1927年，中国共产党举行南昌起义，随后又发动秋收起义、广州起义等，并开始创建井冈山革命根据地和许多其他革命根据地。1931年日本侵占中国东北，发动"九·一八"事变，蒋介石的不抵抗政策使东北人民饱受煎熬。1934年，在第五次反围剿失败后，中国工农红军被迫进行长征。1935年遵义会议确定了以毛泽东为代表的中央正确领导，经过二万五千里长征，中共中央和中央红军于1935年到达陕北。1936年，"西安事变"，蒋介石被迫接受了停止内战、联共抗日的条件。1937年7月，"卢沟桥事变"，国共两党实现了第二次合作，抗日战争正式开始。经过8年抗战，1945年，日本宣布无条件投降，抗日战争结束。1945年8月，国共两党就和平建国等问题在重庆进行谈判。然而国民党背信弃义，于1946年6月向解放区发动进攻，内战全面爆发。经过3年的战争，中国共产党取得了辽沈、淮海、平津三大战役的胜利。1949年，中国人民解放军百万大军渡过长江，攻克南京。1949年10月1日，中华人民共和国在北京宣告成立，毛泽东担任中央人民政府主席。从此，中国的新民主主义革命时期结束，转入社会主义革命时期。

新民主主义革命时期，中国的改革与科技进一步前进。李四光创建了一门新的地质学科——地质力学；竺可桢在20世纪20年代主办起了我国第一个气象研究所；茅以升设计了我国第一座现代化大桥——钱塘江大桥；侯德榜发明了联合制碱法（侯氏制碱法）；蔡元培、陶行知是著名的教育家。文化方面，鲁迅的代表作有《狂人日记》《孔乙己》《阿Q正传》等；郭沫若的代表作有《屈原》等；茅盾的代表作有《子夜》《林家铺子》等；巴金的代表作有《家》《春》《秋》等；老舍的代表作有《骆驼祥子》《四世同堂》《茶馆》等；曹禺的代表作有《日出》《雷雨》等。著名的音乐家有聂耳和冼星海，代表作分别为《义勇军进行曲》和《黄河大合唱》。著名的画家有徐悲鸿、张大千、齐白石等。1905年，我国第一部电影《定军山》问世。

中国历代纪年如表1.1.1所示。

表1.1.1　中国历代纪年表

朝代		起讫	都城	今地
夏		约公元前22世纪末—约公元前16世纪初	安邑	山西夏县
			阳翟	河南禹县
商		约公元前16世纪—约公元前11世纪	亳	河南商丘
			殷	河南安阳
周	西周	约公元前11世纪—公元前771年	镐京	陕西西安
	东周	公元前770—公元前256年	洛邑	河南洛阳
秦		公元前221—公元前206年	咸阳	陕西咸阳
汉	西汉	公元前206—公元25年	长安	陕西西安
	东汉	25—220年	洛阳	河南洛阳

朝代		起讫	都城	今地
三国	魏	220—265年	洛阳	河南洛阳
	蜀	221—263年	成都	四川成都
	吴	222—280年	建业	江苏南京
东晋十六国	东晋	317—420年	建康	江苏南京
	十六国	304—439年	略	略
南朝	宋	420—479年	建康	江苏南京
	齐	479—502年	建康	江苏南京
	梁	502—557年	建康	江苏南京
	陈	557—589年	建康	江苏南京
北朝	北魏	386—534年	平城	山西大同
			洛阳	河南洛阳
	东魏	534—550年	邺	河北临漳
	北齐	550—577年	邺	河北临漳
	西魏	535—557年	长安	陕西西安
	北周	557—581年	长安	陕西西安
隋		581—618年	大兴	陕西西安
唐		618—907年	长安	陕西西安
五代十国	后梁	907—923年	汴	河南开封
	后唐	923—936年	洛阳	河南洛阳
	后晋	936—946年	汴	河南开封
	后汉	947—950年	汴	河南开封
	后周	951—960年	汴	河南开封
	十国	902—979年	—	—
宋	北宋	960—1127年	开封	河南开封
	南宋	1127—1279年	临安	浙江杭州
辽		907—1125年	皇都（上京）	辽宁
西夏		1038—1227年	兴庆府	宁夏银川

续表

朝代	起讫	都城	今地
金	1115—1234年	会宁	阿城（黑龙江）
		中都	北京
		开封	河南开封
元	1206—1368年	大都	北京
明	1368—1644年	北京	北京
清	1616—1911年	北京	北京
"中华民国"	1912—1949年	南京	江苏南京
中华人民共和国于1949年10月1日成立，首都北京			

第二节　中国历史文化常识

一、国号名称的主要来由

中国历史悠久，朝代更迭纷繁。每朝创建者首要任务就是确立国号（朝代名称），即一个国家的称号。名正则言顺，确立国号，代表一个新的王朝从此诞生。《史记·五帝本纪》曰："自黄帝至舜禹，皆同姓而异其国号，以章明德"。一般来说，国号的创建有以下几个来由：根据原来的部族、部落联盟的名称定国名，如商、周（武王）、秦；根据发迹地定国名，如汉（西汉）、宋（赵匡胤为归德军节度使，治所在宋城，今河南商丘）；根据创建者原有封号、爵位定国名，如晋、隋、唐、魏；根据吉祥文义定国名，如元；以建立者的姓氏定国名，如陈（南朝为陈霸先创立）；以社会上流传的口号定国名，如明（"弥勒降生，明王出世"）；以同音通假定国名，如清（同"后金"之"金"）；根据政权所在地定国名，如蜀、吴。

二、帝王、皇族、皇戚称谓

1.后、王、天子

奴隶社会中最高统治者可称"后""王""天子"。"后""王"的称谓源自原始社会。夏、商、周三代最高统治者都称为"王"，"天子"一称在西周时出现。但周王室衰微后，诸侯国君主也有称"王"的，如楚庄王。战国时各大诸侯国的君主均称"王"。汉代开始，分封的诸侯称"王"，也有封爵称"王"的。

2.皇帝

秦王嬴政认为自己"德兼三皇，功高五帝"，把"皇"和"帝"连起来始称"皇帝"，为封建社会中历代君主所沿用。"皇帝"也简称为"皇"或"帝"，如"唐明皇""汉武帝"。

3. 太皇太后、皇太后、皇后、嫔妃

太皇太后：皇帝的祖母。

皇太后：皇帝的母亲。

皇后：皇帝的正妻。

嫔妃：皇帝诸妾通称。有美人、贵人、才人、昭仪、婕妤、贵妃、贵嫔等称号。

4. 皇太子、皇太孙

皇太子：皇帝诸子中皇位的法定继承人，也称为"太子"。

皇太孙：由皇帝册立的有皇位继承权之嗣孙。

5. 公主、驸马

公主：古代对帝王之女的称谓。周朝王子之女称王姬、天姬、帝姬。战国以后，国君之女即称公主，历代沿之。汉朝以后定制规定：皇帝之女称公主，皇帝的姊妹称长公主，皇帝之姑称大长公主。元代诸王之女均改称公主。后代有所不同，有的"长"指排行。清代公主封爵，凡中宫所生，封固伦公主；妃所生，封和硕公主；中宫抚养的宗室女下嫁，也封为和硕公主。历代朝廷以宗室女下嫁，也给予公主称号。

驸马：魏晋以后指皇帝的女婿，清代称"额驸"。公主择婿是封建帝王笼络勋臣世族、亲善"外藩"的重要手段。不是封以诸侯或出身名门望族、奇才伟雄者，不得娶公主。从南朝齐开始，凡尚公主者必拜驸马都尉，所以后来称皇帝女婿为驸马。

三、帝王的谥号、庙号、尊号、全称、年号、陵号

1. 谥号

古代对死去的帝王、大臣、贵族按其生平事迹评定后，给予褒贬或同情的称号。据记载，西周开始有谥号，秦始皇时废除，西汉又恢复。谥号是一些固定的字，大致分为三类。属于表扬的有文、武、景、惠、烈、昭、穆、英、成、康等，如"经纬天地曰文""威强睿德曰武""布义行刚曰景""柔质慈民曰惠"。属于贬义的有炀、厉、灵、幽等，如"好内远礼曰炀""杀戮无辜曰厉"等。属于表同情的有哀、怀、愍、悼等，如"恭仁短折曰哀"。谥号不独立使用，或与庙号结合，或为全称的组成部分。谥号按理应该是死者生前事迹和品德的概括，但在实际上选用谥号是出于统治者的需要，往往与事实不符，甚至是完全虚伪的。

战国时期以前，周王谥号均为一个字，战国时才出现两个字的谥号，如"周贞定王""周威烈王"的"贞定""威烈"等。直至唐朝以前还是以一字居多，偶有两字。魏晋南北朝，各朝的第一二代皇帝多谥文、谥武，或在立国后追谥其父、祖为文、武：魏曹丕谥文帝，追谥其父曹操为武帝；晋司马炎谥武帝，追谥其父司马昭为文帝；隋杨坚谥文帝，追谥其父杨忠为武元皇帝；唐朝帝谥字数加多，此后很少再有用一字为谥者。唐德宗时，礼仪使颜真卿因当时帝王初谥字少，后字数加多，曾上言减字，认为"谥多不为褒，少不为贬"，但未被采纳。唐帝谥最多的达18字。宋朝最多为16字，明朝最多为21字，清朝多达25字，都以给谥不给谥作为尊重与否的标志，而且以谥字的多少表示褒誉的高低。

2. 庙号

帝王死后，其继承者立庙奉祀，追尊为"某祖""某宗"的名号即为庙号。汉代以后，其标识字首先是"祖"或"宗"字。一般每个朝代的第一个皇帝称"祖"，如高祖、太祖、世祖。之后的嗣君称"宗"，如太宗、高宗、中宗、世宗等。西汉仅刘邦称"祖"。南北朝开始，至唐朝无帝不称"宗"。明、清时前几个皇帝有都称"祖"的现象，如明太祖（朱元璋）、明成祖（朱棣），清太祖（努尔哈赤）、清世祖（福临）、清圣祖（玄烨）等。"帝"字从汉代与谥号结合后，也成为庙号，如汉文帝、魏文帝、晋武帝等。

3. 尊号

封建社会对帝、后在生前或死后奉上的尊崇颂扬性的称号即为尊号，有时也称为徽号。如"太上皇""皇太后""高皇帝"（刘邦）等。

4. 年号

封建帝王即位后为纪年而设置的称号。年号始于西汉武帝即位之年的"建元"（公元前140年）。新君继位，于次年改用新年号，叫"改元"。一个皇帝在位期间遇到重大事件，如祥瑞灾异等，也常改元，如武则天在位期间，一共用了17个年号。年号一般用两个字，也有用四个字的。如"建武中元"（光武帝）、"万岁通天"（武则天）、"太平兴国"（宋太宗）等。明、清两代的皇帝除明英宗两次即位当皇帝用了两个年号外，其余的均用一个年号，所以人们以其年号来称呼在位的皇帝，如乾隆皇帝、嘉靖皇帝。

5. 陵号

封建帝王陵寝的名号叫陵号，始于西汉，如长陵、霸陵等。

6. 全称

即庙号、尊号、谥号的合称。如乾隆皇帝全称为"高宗法天隆运至诚先觉体元立极敷文奋武钦明孝慈神圣纯皇帝"，其中"高宗"为庙号，"纯"为谥号，其余均为尊号。

四、天干、地支

天干和地支合称"干支"。干支按照一定的规则搭配，成为60对，称为"甲子"或"六十花甲子"，周而复始，用以记录时辰、日、月、年。干支纪年法在中国古代一直使用，对于了解中国古代历史十分有帮助，非常容易推算历史时间。如黄巾起义口号为："岁在甲子，天下大吉"，由此可推断，黄巾起义年份为甲子年，则第二年是乙丑年。干支纪年法以60年一个周期类推，如1864年是农历甲子年，那么60年后的1924年，则循环到又一个农历甲子年。

天干：甲、乙、丙、丁、戊、己、庚、辛、壬、癸。

地支：子、丑、寅、卯、辰、巳、午、未、申、酉、戌、亥。

六十干支顺序如下：

甲子、乙丑、丙寅、丁卯、戊辰、己巳、庚午、辛未、壬申、癸酉、

甲戌、乙亥、丙子、丁丑、戊寅、己卯、庚辰、辛巳、壬午、癸未、

甲申、乙酉、丙戌、丁亥、戊子、己丑、庚寅、辛卯、壬辰、癸巳、

甲午、乙未、丙申、丁酉、戊戌、己亥、庚子、辛丑、壬寅、癸卯、

甲辰、乙巳、丙午、丁未、戊申、己酉、庚戌、辛亥、壬子、癸丑、

甲寅、乙卯、丙辰、丁巳、戊午、己未、庚申、辛酉、壬戌、癸亥。

五、年、月、日、辰及其记录方法

1. 年

年，原始的意义为庄稼收获一次。以地球环绕太阳运行一周天为一年，古人测365.25日为一太阳年。古代的纪年法有干支纪年法，还有用帝号和皇帝年号的方法：帝号纪年如"成王三年"，皇帝年号纪年如"康熙六十年"。

2. 月

古代计算月亮绕地球与太阳一个"合朔"周期的时间为29.53059日，叫一个月。有30日的大月，也有29日的小月，一般一年12个月，闰年13个月。

古代纪月也用干支。由于12个月与12地支相等，所以每月的地支是固定的。如果正月地支为寅，则二月为卯，三月为辰，其余依次下推，十一月为子，十二月为丑。再与天干相配成干支纪月。闰月不设独立的干支纪月。现在所说的"夏历"，就是以正月为寅的。

古代把农历每月的初一叫"朔"，把最后一日叫"晦"。每月十五日（有时是十六日或十七日）叫"望"（太阳和月亮此升彼落，东西相望）。"望"的后一日叫"既望"。每月初三叫"朏"（月牙出现）。每月有"上弦"和"下弦"，即月亮如弓弦。上弦指初七或初八，下弦指二十二日或二十三日。一个月又分为三部分，十天为一旬，共三旬，即上、中、下旬。

3. 日

古代以一昼夜为一日。纪日用干支在商代就实行了。因为两个月加起来是59天，所以用干支纪日可依次下推，如正月初一是甲子，三月初一就是癸亥。

4. 辰

古代分一日为十二个辰，也叫时辰。纪辰用十二地支，每日24小时，每2小时为一个时辰，时辰与现行时间的对应如表2.2.1所示。

表2.2.1 时辰与现行时间对应表

时辰	现行时间	该时辰的其他古称
子	晚上11时至凌晨1时	子夜、中夜
丑	凌晨1时至凌晨3时	鸡鸣、荒鸡
寅	凌晨3时至早上5时	黎明、日旦
卯	早上5时至早上7时	日始、破晓
辰	早上7时至上午9时	食时、早食
巳	上午9时至上午11时	隅中、日禺
午	上午11时至下午1时	日中、日正

续表

时辰	现行时间	该时辰的其他古称
未	下午1时至下午3时	日跌、日央
申	下午3时至下午5时	日晡、夕时
酉	下午5时至下午7时	日入、日落
戌	晚上7时至晚上9时	黄昏、日暮
亥	晚上9时至晚上11时	人定、定昏

六、四时、节（气）

1.四时

四时即春、夏、秋、冬四季，一季为三个月，有孟、仲、季等别称。

2.节（气）

中国古代将每年日影最长定为"日至"（又称冬至），日影最短为"日短至"（又称夏至）。在春秋两季各有一天的昼夜时间长短相等，便定为"春分"和"秋分"。在商朝时只有这四个节气，到了周朝时发展到了八个，到秦汉年间，二十四节气已完全确立。二十四节气是我国古代人民为适应"天时""地利"，在长期的农耕实践中，综合了天文与物候、农业气象的经验所创设，是我国劳动人民独创的文化遗产，它能反映季节的变化，指导农事活动。由于2000年来，我国的主要政治活动中心多集中在黄河流域，二十四节气也就是以这一带的气候、物候为依据建立起来的。

24个节气是立春、雨水、惊蛰、春分、清明、谷雨、立夏、小满、芒种、夏至、小暑、大暑、立秋、处暑、白露、秋分、寒露、霜降、立冬、小雪、大雪、冬至、小寒、大寒。

为便于记忆，人们编了一首"节气歌"：

春雨惊春清谷天，

夏满芒夏暑相连。

秋处露秋寒霜降，

冬雪雪冬小大寒。

七、生肖

也称为十二属相。生肖发端于战国，东汉时已有明确记载。以十二地支配十二种动物构成：子鼠、丑牛、寅虎、卯兔、辰龙、巳蛇、午马、未羊、申猴、酉鸡、戌狗、亥猪。

八、阴阳、五行、八卦

1.阴阳

相传天地形成之前，宇宙一片混沌，盘古开天辟地，将混沌一分为二，天为阳，地为阴，由此有了阴阳的概念。"阴阳"最早见于《易经》，原指向日为阳、背日为阴的日照向背，例如：男—女，阳—阴，刚—柔。一般来说，凡是剧烈运动着的、外向的、上升的、温热的、明亮的，都属于阳；相对静止着的、内守的、下降的、寒冷、晦暗的，都属于阴。后扩展引申到相互对立或消长的两种现象、事物、联系等，总结出一套阴阳相互作用的学说，以解析说明世上万事万物的产生和发展。

阴阳也可用来表示山水方位，如古代以山南、水北为阳，以山北、水南为阴。例如《登泰山记》中："泰山之阳，汶水西流；其阴，济水东流。"在我国古代，雕刻在器物上的文字，文字凸起的叫阳文，文字凹下的叫阴文。

2. 五行

"五行"最早见于《尚书》，先于"阴阳"观念产生。"五行"代表了五种基本物质（金、木、水、火、土），同时也代表了事物的五种基本作用、功能、属性和效果。它们之间相互影响，形成"相克""相生"的关系，构成了万事万物的变化发展。根据五行学说，"木曰曲直"，凡是具有生长、升发、条达舒畅等作用或性质的事物，均归属于木；"火曰炎上"，凡具有温热、升腾作用的事物，均归属于火；"土爱稼穑"，凡具有生化、承载、受纳作用的事物，均归属于土；"金曰从革"，凡具有清洁、肃降、收敛等作用的事物则归属于金；"水曰润下"，凡具有寒凉、滋润、向下运动的事物则归属于水。

五行相生：木生火，火生土，土生金，金生水，水生木。

五行相克（胜）：水克火，火克金，金克木，木克土，土克水。

3. 八卦

《周易》中的八种符号，由阴爻（－－）阳爻（——）变化而来，以此说明自然和社会的一种现象，"无极生太极，太极生两仪，两仪生四象，四象再生八卦。"八卦由此而来。

九、四书五经、三纲五常

1. 四书五经

四书五经是四书和五经的合称，是中国儒家经典的书籍。在南宋著名理学家朱熹的《四书章句集注》中始有"四书"之名，即将《大学》《中庸》《论语》《孟子》合为四书。宋代所定。五经是由汉武帝时定的《诗》《书》《礼》《易》《春秋》五部儒家经典的合称。四书五经都是科举考试必读书。

2. 三纲五常

三纲和五常的合称，简称"纲常"。"三纲"即"君为臣纲""父为子纲""夫为妻纲"，"五常"即仁、义、礼、智、信，是儒家封建伦理道德的规范化教条，对维护封建统治秩序起了巨大的作用。

十、科举考试

中国古代科举制度最早起源是隋代。隋统一全国后，把选拔管理的权力收归中央，用科举制来代替九品中正制。隋炀帝在大业三年开设进士科，用考试的办法来选取进士，在中国选举官吏上开创了新的一页，开创了科举制度。唐朝完善了科举制度，唐太宗继承并发展了科举制度，这是唐代最主要的选拔人才的制度。唐代的科举每年定期举行，常设的考试科目有秀才、明经、明法、明书、明算等，比隋代有所增加。贞观八年加试经史。进士科每年应举者少则八九百人，多则一二千人，而其中能及第者不过十余人以至三十人左右，录取比例不过百分之一二。"太宗皇帝真长策，赚得英雄尽白头"形象地刻画出进士登第的难度。

进士及第称"登龙门",第一名曰状元,同榜人要凑钱举行庆贺活动,选出两名最年轻者当"探花郎",游遍长安的大街名园,采摘各种早春鲜花。中唐诗人孟郊《登科后》,是唐诗写科举的名作,诗中称"春风得意马蹄疾,一日看尽长安花"。虽然孟郊于贞观十二年及第之时,已经四十六岁,当不上"探花郎",却也酣畅淋漓的抒发了他神采飞扬、喜形于色的情态。还要集体到杏园参加宴会,叫探花宴。宴会以后,同到慈恩寺的雁塔下题名以显其荣耀。白居易及第时,年方二十七岁,有诗云:"慈恩塔下题名处,十七人中最少年"。武则天长安二年(公元702年)还产生了武举,考试科目有马射、步射、马枪、负重等。

宋代的科举大体同唐代,只是重文轻武,在形式和内容上都有了重大的改革。宋开宝六年,宋太祖下诏主持殿试,从此殿试成为科举制度下的最高一级考试,而被录取的人则都成为"天子门生"。南宋以后,还要举行皇帝宣布登科进士名次的典礼,并赐宴于琼苑,故称"琼林宴",以后各代仿效成为定制。宋英宗治平三年,开始推行三年一开科场的制度,为后来的各朝隔代沿用。在元代的科举没落时期后,明朝科举制度达到鼎盛。明代统治者高度重视科举制度,进学校也成了科举的必由之路。科举制发展到清代,日趋没落,弊端也越来越多。随着封建社会的没落,科考内容脱离实际的弊端凸显,八股文作为科举考试的主要内容,越来越束缚了人们的思想。1905年,慈禧太后迫于形势,不得不下诏改革科举,宣布废除科举,自此在我国历时1300多年的对中国历史影响巨大的科举制度终结了。

八股文是明清科举考试的一种文体,也称制艺、制义、时艺、时文、八股文。其体源于宋元的经义,而成于明成化以后,至清光绪末年始废。文章就四书取题。开始先揭示题旨,为"破题"。接着承上文而加以阐发,叫"承题"。然后开始议论,称"起讲"。再后为"入手",为起讲后的入手之处。以下再分"起股""中股""后股"和"束股"四个段落,而每个段落中,都有两股排比对偶的文字,合共八股,故称八股文。其所论内容,都要根据宋朱熹《四书集注》等书"代圣人立说",不许作者自由发挥。

以明清科举考试为例,简介科举制度规则:

1. 院试

又称郡试、道试,每三年举行两次,由皇帝任命的朝廷官员到各地主考。是参加过县试、府试后的童生取得生员资格的考试。考中者称为"生员",俗称"秀才",才有资格"入泮"(进学)学习,算是有了"功名",进入士大夫阶层,有免除差徭,见知县不跪、不能随便用刑等特权。

2. 乡试

每三年一次在各省省城举行的具有秀才身份的人参加的考试,是正式科考的第一关。取中者称"举人",已有做官资格。第一名称"解元"。

3. 会试

每三年一次会集各省举人在京城举行的考试,由礼部主持。会试考中的称"贡士"(或"中式进士")。第一名称"会元"(或"会魁")。

4. 殿试

亦称"廷试",是皇帝在殿廷亲自对会试考中的贡士所进行的面试。按成绩分为"三甲"(即三等):

一甲：三名，叫"赐进士及第"。第一名称"状元"（亦称"殿元"），第二名称"榜眼"，第三名称"探花"。三人同称"三鼎甲"。

二甲：若干名，均叫"赐进士出身"。

三甲：若干名，均叫"赐同进士出身"。

如果某人在乡试、会试、殿试中均考取第一名（即解元、会元、状元），就叫"连中三元"，是科举中最高的成就，但连中三元十分困难，史上为数并不多。

十一、避讳

"避讳"是我国封建社会特有的现象，就是不直接称君主或尊长的名字。目前，一般认为避讳起源于西周。秦汉以后，随着皇权和宗法制度的日益加强，避讳也日益严格。凡遇到和君长名字相同的字，用改字、缺笔、空字等办法来回避。如汉高祖名刘邦，汉代改《论语》中"何必去父母之邦"为"何必去父母之国"；汉文帝名刘恒，"恒山"改为"常山"；汉光武帝名刘秀，"秀才"改为"茂才"；唐太宗名李世民，唐代把"观世音"改为"观音"。

清人著作或清刻古书中，因康熙皇帝名"玄烨"，"玄鸟、玄武、玄黄"等"玄"改为"元"，"玄武门"改为"神武门"，"玄武大帝"改为"真武大帝"。采用缺笔画避讳的，如唐代"世"字写作"卅"等。

每一朝代的皇帝之名是当时的"国讳"或"公讳"。孔丘之名唐后各代均避讳。长辈之名是全家的"家讳"或"私讳"，即避父母和祖父母之名。

避讳始于周朝，行于秦汉，盛于隋唐，严于两宋，苛于清代。民国成立后废除。避讳给古代文献造成了一定的混乱，给今天的阅读造成诸多不便。

思考题

西安，从古到今曾用名中，以"长安"最为长久和著名。长安，意为"长治久安"，是中华文明史及东方文明史上最负盛名的都城。大唐芙蓉园是西安展示盛唐风貌的大型皇家园林式文化主题公园。请结合此公园以下园区回答问题：

1. 唐朝作为一代盛世，都有哪些因杰出而传世的帝王？有哪些著名官吏？

2. 紧邻园区北门的——杏园，是科举文化区内展示唐代进士文化、仕途文化的一处景点，历史上的杏园因盛植杏树而得名。每逢早春之际，满园杏花盛开，人们便来此赏花、游览。杏园也是唐代新科进士举行"杏园探花宴"的场所。那么请回答，科举制度是否能称作确立于唐朝？唐朝科举中的趣事逸闻，你了解哪些？

3. 尝试收集材料，大唐芙蓉园的演出怎样体现了唐朝恢宏的气势？

第二章
中国的民族民俗

第一节　民族民俗概论

中华民族有着悠久的历史。从遥远的古代起，中华各民族人民的祖先就劳动、生息、繁衍在我们祖国的土地上，共同为中华文明和建立统一的多民族国家而贡献自己的才智。祖国广阔、富饶的土地，是中华各族人民共同开发的，各民族祖先在各个地区，以他们辛勤的劳动，为统一的多民族国家的建立打下了基础。

一、民族和民俗的概念

（一）民族

"民族"有狭义和广义两种概念。狭义的民族概念，是指人们在一定的历史发展阶段形成的具有共同语言、共同地域、共同经济生活以及表现于共同的民族文化特点上的共同心理素质的稳定共同体，如汉族、壮族等；广义的民族概念认为民族一词的含义包括处于不同社会发展阶段的各种人们共同体，如古代民族、现代民族，或者用以指一个国家或一个地区的各民族，如中华民族是中国境内56个民族的总称。

（二）民俗

民俗，就是民间的风俗，是创造于民间又传承于民间的具有世代相习的传承性现象（包括思想和行为），是广大中下层劳动人民所创造和传承的民间社会生活文化，是传统文化的基础和重要组成部分。民俗作为文化现象，一般具有社会性和集体性、类型性和模式性、稳定性和变异性、传承性和播布性四大特性，以区别于其他文化现象，这四者之间又是一个不可分割的整体。

中国地域辽阔，民族众多，"千里不同风，百里不同俗"。各民族各地区在长期历史发展中形成了鲜明的独特的民俗，也称风俗习惯或风俗民情。我国56个民族在居住、饮食、服饰、生产、交换、交通、婚姻、家庭、村落、结盟、岁时、节日、丧葬、信仰、风尚、礼仪、禁忌等方面的民间风俗习惯，统称为中国各民族的民俗。在与各族人民交往过程中，应该尊重"其保持和改革自己风俗习惯的自由"的权利，入乡问俗，入乡问禁，入乡随俗。

二、中国民族概况

中国土地广阔，物产丰富。在这片富饶的土地上，生活着56个民族。这56个民族互相融合，互相促进，已经形成了一个和谐而美好的大家庭。其中，汉族人口最多，约占全国人口总数的92%左右，其他55个民族总人口偏少，约占全国总人口的8%左右，故称其少数民族。在全国55个少数民族中，人口最多的是壮族，为1600多万人；人口最少的珞巴族，不足3000人。

人口在百万以上的有18个民族，他们是蒙古族、回族、藏族、维吾尔族、苗族、彝族、壮族、布依族、朝鲜族、满族、侗族、瑶族、白族、土家族、哈尼族、哈萨克族、傣族、黎族；人口在百万人以下10万人以上的民族有15个，他们是傈僳族、佤族、畲族、拉祜族、水族、东乡族、纳西族、景颇族、柯尔克孜族、土族、达斡尔族、仫佬族、羌族、仡佬族、锡伯族。人口在10万人以下1万人以上的民族有15个，他们是布朗族、撒拉族、毛南族、阿昌族、普米族、塔吉克族、怒族、乌孜别克族、俄罗斯族、鄂温克族、德昂族、保安族、裕固族、京族、基诺族。人口在1万人以下的民族有7个，他们是门巴族、鄂伦春族、独龙族、塔塔尔族、赫哲族、高山族、珞巴族。

三、汉族概况

汉族主要源于黄炎、东夷等部落联盟，同时吸收了周围的部分苗蛮、百越、戎狄等部落联盟的成分而逐渐形成。其先民经夏、商、周三代，至春秋战国时已形成以"华""夏"单称或"华夏"连称的族体，以与周边各族相区别。汉以后，周边的各族即以"汉人"称呼中原人。逐渐地，汉族成为中国主体民族百世不易的族称。

汉族以先秦华夏为核心，在秦汉时形成的统一的、稳定的民族，又经秦汉以后2000余年的繁衍生息，并不断吸收其他民族的血统与文化，得以发展成为拥有灿烂的古代文明、众多人口的民族。目前，汉族不仅是中国也是全世界人口最多的民族。

汉族语言简称汉语，属汉藏语系。

汉族的传统节日如下：

（一）春节

春节，是中国传统历法夏历（俗称阴历、农历）的一岁之首，即新年。以辞旧迎新为主旨，是节庆时间最长、流传历史最久、流传地域最广、过节人数最多、庆祝活动最隆重的中华民族第一大传统节日。除汉族以外，还有诸多少数民族如满族、蒙古族、鄂温克族、回族、土家族、侗族、瑶族、壮族、白族等也都过春节。

在中国，春节也叫过年，要持续相当长一段时间，从旧年腊月祭灶拉开序幕，一直要到新年的正月十五闹完元宵才落下帷幕。其中，旧年的最后一天（除夕）和新年的第一天因为处在辞旧迎新的关键点上，尤为人们所看重。

在民间，腊月二十三（有些地方为二十四）家家户户都要扫除污秽，祭拜主宰吉凶祸福的"灶神"——民间通常亲切地称之为灶王爷，以求神祇庇佑。祭灶之后，就开始正式忙年了。有首民谣唱得好："二十五，做豆腐；二十六，蒸馒头；二十七，赶集上店买东西；二十八，把猪杀；二十九，做黄酒；年三十，家家户户捏饺子。"包饺子、磨豆腐、打年糕都是汉族传统的年节民俗项目。饺子形似银元宝，过年吃饺子除了表示辞旧迎新以外，还有招财进宝的吉祥寓意。豆腐谐音"都福"，年糕谐音"年高"，意在博得个好彩头，同理还有吃鱼（年年有余）。除了准备节日食品，同样重要的还有贴门神、贴春联、贴倒"福"、剪窗花、挂旗、放鞭炮等。

旧年的最后一天，俗称"除夕"，也叫"年三十"，是家家团圆，户户喜庆的日子。俗话说："有钱没钱，回家过年。"这一天，无论多忙，人们总要回家与亲人团聚。除夕吃"年夜饭"，是一年里最温馨最快乐的时刻。年夜饭往往吃到很晚，但结束后人们并不睡觉，而是紧闭家门，开始"守岁"，等候新年的足音。

拜年是春节岁后的主要活动，是人们在度过旧岁迎来新年之际，互相庆贺、祝福的活动。在许多地方，拜年是有时间与辈分次序的。一般来说是先拜神祇，再拜祖宗，然后拜亲长，最后拜亲戚。拜年十分重视登门入户，面致祝福。当小辈当面向长辈叩头恭贺新禧后，长辈将红纸包着的银圆或者崭新的纸币送给他们，叫作"压岁钱"。邻居、朋友、亲戚之间拜贺则可以从正月初一持续到正月结束。

资料补充

春节的确立

"春节"，在1911年辛亥革命以前被称为新正、元日、元旦、正旦等。新年习俗定型于汉代，此后历代相沿。辛亥革命以后，为了在时间上与世界同步，打破王朝纪年，推行西历（俗称阳历、公历），使用公元纪年，政府将公历一月一日定为元旦，将夏历正月初定为"春节"。因为新年一般都在"立春"前后，所以人们在庆贺新年的同时喜迎新春。可以说现代的春节可谓包括了近代以前的"立春"与"岁首"两大节日，所以人们用"春节"称谓新年名正言顺、合情合理。

（二）元宵节

每年中国农历的第一个月圆之夜都是中国人民传统的元宵节。元宵节也叫"灯节""灯夕"，因为这个节日的主要活动是夜晚放灯。此外，元宵节也叫"元夕""上元节"。

挂灯赏灯、燃放烟火，是元宵节的传统庆祝方式。据研究，张灯的习俗来源于上古以火驱疫的巫术，后世随着佛教燃灯祭祀的风俗流传中土，燃火夜游的古俗就演变为元宵张灯的习俗。在唐代时，元宵节已经非常兴盛了，彩灯的制作趋于成熟。

烟火兴起于宋朝，当时皇宫元宵的高潮就是燃放烟火。在东北和新疆等寒冷地区，则是制作晶莹剔透的冰灯。俗话说"正月十五闹元宵"，最能表现元宵节"闹"的，还是民间的盛大演出，有的地方叫"闹红火"。在锣鼓铙钹的喧闹声中，龙灯耍起来了、狮子舞起来了、高跷踩起来了、旱船跑起来了，打花鼓的、扭秧歌的、骑竹马的、赶黑驴的，无不用他们特有的形式表达喜悦之情。到了晚上，全家还要围坐在一起，品尝美味的元宵，也就是"汤圆"，象征家庭和睦幸福，团团圆圆，吉祥圆满。

（三）清明节

中国汉族传承至今的民俗大节中，唯有清明是以节气兼节日的民俗大节。作为二十四节气之一，清明主要是作为时令的标志，时间在公历的4月5日前后。汉魏以前，它是与农事活动密切关联的一般节令，而其祭祀活动最初是由寒食节所承载。

祭祖扫墓是清明节俗的中心。湖北有谚云"三月清明雨纷纷，家家户户上祖坟。"无论是城市还是乡村，清明祭祖扫墓都显得很隆重，上坟祭扫一般包含祭拜和培坟两项内容。坟墓历来被视为亡人之归处，死者之所居，添坟就是为死者修补加固房屋。从唐代起人们就很在意这种习俗。由墓上有无新土判断墓主有无子孙存在，民间也有"有后人，挂清明；无后人，一光坟"的说法，这样在传统的家族宗法社会里就自发形成了习俗压力，使人们对祭祖义务不能等闲视之。

除了扫墓和踏青，荡秋千、放风筝、插柳或戴柳也是清明的风俗。

寒食节

寒食节在清明前两日或一日，是春秋五霸之一的晋文公为纪念被误杀的忠臣义士介子推而设立的。

春秋时期，晋献公的妃子骊姬为了让自己的儿子奚齐继位，就设毒计谋害太子申生，申生被逼自杀。申生的弟弟重耳，为了躲避祸害，流亡出走。公子重耳与介子推流亡列国，在危难之中，介子推割股（即大腿）肉供重耳充饥。公子重耳（即是后来的晋文公）复国后，介子推不求利禄，与母归隐绵山。晋文公焚山以求之，子推坚决不出山，抱树而死。晋文公葬其尸于绵山，修祠立庙，并下令于子推焚死之日禁火寒食，以寄哀思，后相沿成俗。

寒食日初为节时，仅禁烟火、吃冷食，后来发展为集祭扫、踏青、秋千、蹴鞠为一体的民间第一大祭日。由于寒食节和清明时间相连，随着时间推移，到唐宋之时，扫墓已延伸至清明时节。明清时代，寒食节基本消失，其风俗归并到清明之中。

（四）端午节

在中国人的阴阳观念中，五是阳数，五月五更是阳中之阳，故也称端阳节。

在迷信的封建社会，人们一直视五月为不利于人的"恶月"，甚至五月生的孩子也是非常不吉利的，故而有"五月子不举"的做法，《史记》中也有记载。事实上，五月天气炎热，暑毒盛行，蛇虫出没，瘟疫多发，也的确是人们在一年里生存威胁最大的月份。在这种情况下，人们就会准备可以辟邪的兰草，煮汤沐浴，并采集多种药物，驱除毒气。这就是端午节起源之初习俗活动的由来。汉代时期，端午节正式形成。到了魏晋南北朝时期，端午节成了一个重要的节日，习俗活动更加丰富。节日期间，人们不仅将艾叶悬挂门上以禳毒气，将五彩丝系于臂上以除病瘟，还举行吃粽子、采草药、竞渡、踏百草等活动，大约也在此时，有关屈原的传说被引入端午节，赋予了端午节厚重的伦理内涵。

（五）七夕节

七夕又叫乞巧节、少女节。相传起源于牛郎织女鹊桥相会的神话传说。现存最早关于牛郎织女传说信息的是《诗经》："维天有汉，监亦有光。跂彼织女，终日七襄。虽则七襄，不成报章。睆彼牵牛，不以服箱。"可见此时织女星与牵牛星已经人格化。到了后世，传说更是充满了戏剧色彩，被无数文人所歌咏。《古诗十九首》有"迢迢牵牛星，皎皎河汉女"的诗句，秦观《鹊桥仙》更是以美丽哀婉的爱情故事、天长地久的爱情描写，打动了无数人。

七夕节最普遍的习俗就是青年女子在七月初七的夜晚，进行各种乞巧活动。乞巧的方式大多是姑娘们穿针引线，做些小物品赛巧，摆上些瓜果乞巧。除此之外还有乞子、乞智、乞美的习俗。

最近几年随着人们对传统文化的重视，七夕节作为中国的情人节，再次焕发生命的活力。

（六）中秋节

中秋节是中国的传统佳节。明清以来，一直是仅次于春节的第二大传统节日。按中国古代历法的解释，八月是秋季的第二个月，称"仲秋"，八月十五又在仲秋之中，所以叫"中秋"，中秋节月亮圆满，象征团圆，因而又叫"团圆节"。

每逢中秋，秋高气爽，丹桂飘香，一轮圆月东升时，人们便在庭院、楼台，摆出月饼、柚子、石榴、芋头、核桃、花生、西瓜等时令果品，边赏月，边畅谈，直到皓月当空，再分食供月果品，其乐融融。

赏月是由祭月发展而来的。祭月是中秋节最重要的一项活动，历代都有祭月的礼仪，最早可以上溯到周代。隋唐以前，祭月作为主要季节祭祀礼仪被列入皇家礼法，寻常百姓无缘祭祀。明清以后，祭月已成民间极为重视的中秋习俗。各地至今遗存着许多"拜月坛""拜月亭""望月楼"的古迹。北京的"月坛"就是为皇家祭月修造的。

如同端午节的粽子，月饼自然也成了中秋节的另一象征。月饼在宋代已经出现，苏东坡曾作诗赞曰："小饼如嚼月，中有酥与饴。"自古以来，中国人就有很强的家族伦理观念，历来把家人团圆、亲友团聚，共享天伦之乐看得极其珍贵，中秋节正是寄托了人们"花好月圆人团聚"的祈望。

（七）重阳节

重阳节在农历九月初九。中国古人以九为阳数，九月初九，两阳相重，故名"重阳"。重阳节，又有"老人节"之称，体现了中华民族敬老的传统美德。

重阳登高，是节日主要习俗，登高的原始意义在于避祸。在神秘的阴阳观点里，九九重阳意味着阳气盛极，是阴阳的失调。为了避开不吉，人们以外出登高野游的方式脱离有可能发生灾祸的日常时空。历代以来，汉族官民到九月九日全都成群结队去爬山野宴。住在江南平原的百姓苦于无山可登，无高可攀，就仿制米粉糕点，再在糕面上插上彩色小三角旗或其他饰物，借以示登高（糕）避灾之意。

重阳节还有插茱萸，饮菊花酒、赏菊等风俗。但在宋代以后，插茱萸的习俗就比较少见了。这是因为随着生活的改善，人们不仅关注眼前的现实生活，而且对生活充满了希望，祈求长生与延寿更加为人接受，这也是重阳节演变祝寿节、老人节的原因。

第二节　中国北方部分少数民族民俗

　　满族、蒙古族、维吾尔族、回族、朝鲜族是我国北方的主要少数民族。满族是历史影响显赫、人数众多的少数民族之一。蒙古族是一个历史悠久而又富于传奇色彩的民族，千百年来，蒙古族过着"逐水草而迁徙"的游牧生活，中国的大部分草原都留下了蒙古族牧民的足迹，因而被誉为"草原骄子"。"维吾尔"是维吾尔族本族自称，一般认为含有"联合""协助"的意思，主要分布于新疆维吾尔自治区，大多聚居在天山以南的各个绿洲。回族是回回民族的简称，其先民主要是13世纪蒙古人3次西征后大批东迁的"回回"人，以及远在唐宋时期侨居中国东南沿海的穆斯林"蕃客"，在长期历史过程中吸收了汉、蒙古、维吾尔族等生活习俗，逐渐形成了回回民族。朝鲜族主要分布在黑龙江、吉林、辽宁三省。

一、满族

（一）概况

　　满族，旧称满洲族，"满洲"在满语中是"吉祥"之意。满族是唯一在中国历史上曾两度建立过王朝（金朝和清朝）的少数民族。满族主要分布在东北三省及河南省，尤以辽宁最多。满族有自己的语言、文字，满语属阿尔泰语系。满族过去长期信奉萨满教，之后还信奉佛教。

（二）民俗

　　居住：满族的传统建筑形式是院落围以矮墙，院内有影壁，立有供神用的"索罗杆"。住房一般为三间或五间，西间称西上屋，设南、西、北三面炕，以西炕为尊，俗称"万字炕"，供有祖宗神位，西墙上有祖宗神板。

　　饮食：满族的饮食习惯与汉族有相似之处，如吃大米、小米、面食等等。肉食以猪肉为主，常用白煮的方法烹制。冬季寒冷，没有新鲜蔬菜，常以腌渍的大白菜为主要蔬菜。用酸菜熬白肉，粉条是满族入冬以后常吃的菜。过节的时候吃"艾吉格悖"（饺子），农历除夕时，要吃手扒肉等。满族人还喜欢吃火锅，火锅这种吃法在满族先民中已有上千年的历史。

　　满族最具特色的就是制作精巧、风味独特的各种点心，统称为满族饽饽，民间就有"满点汉菜"的说法。满族人喜欢吃黏食，因为黏食耐饿，便于外出射猎活动。

　　饽饽（图2.2.1）是满语，是由黏米做成的，有豆面饽饽、苏叶饽饽、黏糕饽饽等。满族人民往往根据不同的季节制作不同的饽饽。

　　满汉全席是集满族与汉族菜点之精华而成，是我国一种具有浓郁民族特色的巨型宴席。在满汉全席中，熊掌、飞龙、猴头、人参、鹿尾等满族故土的特产是席上的珍肴。

　　服饰：历史上，满族男子喜欢穿长袍马褂，头顶后留发，束辫垂于脑后。妇女多穿旗袍，梳两把头或旗髻。满族入关后，满汉服装渐趋一致，但旗袍却以其独特的魅力流传下来，成为中国妇女的传统服装。

　　丧葬：满族一般实行土葬。

节日：满族节日多与汉族相同，但仍有自己的特点，例如正月二十和二十五，满族人家要在院中用石灰等画出仓和囤的图形，中间放上五谷，按时烧香上供，祈祷丰年。

禁忌：满族人禁忌较多，除了各种礼仪习惯中所规定的必须遵守不许违犯外，还不允许亵渎神灵和祖宗。另外，满族人还不打喜鹊、乌鸦，不吃狗肉和不使用狗皮做的取暖物品。

图2.2.1　满族饽饽

二、蒙古族

（一）概况

蒙古族主要聚居在内蒙古自治区，其余部分分布在东北、西北地区。

蒙古族以畜牧业为主，兼营农业，在其漫长的发展进程中，创造出了历史、文学、医学、天文、地理等方面的大量珍贵典籍。其中，《蒙古秘史》是中国最早用蒙古文写成的历史文献和文学巨著，现已被联合国教科文组织定为世界著名文化遗产。英雄史诗《江格尔》，与藏族的《格萨尔》和柯尔克孜族的《玛纳斯》并称为中国的三大史诗。

蒙古语属阿尔泰语，蒙古文是一种很便于书写的拼音文字，初创于成吉思汗时代。蒙古族信仰藏传佛教和萨满教。

（二）民俗

居住：在长期的生产生活实践中，蒙古族形成了自己独特的生活习惯和生活方式。蒙古包（图2.2.2）是蒙古族的传统住房，其特点是易于装拆搬迁，很适合牧民的生活。

饮食：蒙古族的传统饮食大致有四类，即面食、肉食、奶食、茶食。通常，蒙古族称肉食为"红食"，称奶食为"白食"。"手扒肉"是蒙古族日常生活中肉食的主要吃法，"烤全羊"是蒙古族是招待贵宾的佳肴。蒙古族人酷爱饮茶，尤其是用砖茶煮的奶茶。此外，马奶酒也是蒙古族的传统饮料之

图2.2.2　蒙古包

一。蒙古族注重饮食的文化气氛，歌舞常伴，每逢节日或客人朋友相聚，都有豪饮的习惯。

服饰：蒙古族服饰包括长袍、腰带、靴子、首饰等。但因地区不同在式样上有所差异。蒙古袍身长宽大，右衽，高领长袖。蒙古靴做工精细考究，多绣制或剪贴有精美的花纹图案。

丧葬：蒙古族丧葬礼仪极简单，一般分土葬（无坟丘）、火葬和野葬。

节日：蒙古族的传统节日主要有"白节"（时间和汉族的春节一样）、祭敖包、那达慕、马奶节等。"白节"是一年中最大的节日，正月亦称"白月"，这是因为蒙古族崇尚白色的缘故，含有祝福吉祥如意的意思。那达慕大会是蒙古族最盛大的节日，一般在农历七八月举行，射箭、摔跤、赛马被称为"男子三项那达慕"。

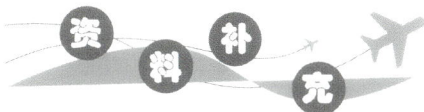

资料补充

那达慕的由来

13世纪初，成吉思汗统一了蒙古82个部落，他为检阅自己的部队，维护和分配草场，每年7-8月间举行大"忽力革台"（大聚会），将各个部落的首领召集在一起，为表示团结友谊和祈庆丰收，都要举行那达慕。起初只举行射箭、赛马或摔跤的某一项比赛。到元、明时，射箭、赛马、摔跤比赛结合一起，成为固定形式。后来蒙古族人亦简称此三项运动为那达慕。在元朝时，那达慕已经在蒙古草原地区广泛开展起来，并逐渐成为军事体育项目。元朝统治者规定，蒙古族男子必须具备摔跤、骑马、射箭这三项基本技能。而到了清代，"那达慕"逐步变成了由官方定期召集的有组织、有目的的游艺活动，以苏木（相当于乡）、旗、盟为单位，半年、一年或三年举行一次。此俗沿袭至今，每年蒙古族人民都举行那达慕大会。

禁忌：蒙古族的禁忌很多。到牧民家做客时，要在蒙古包附近勒马慢行，待主人出包迎接，千万不能打狗、骂狗，闯入蒙古包；另外，客人进蒙古包时，要注意整装，切勿挽着袖子，把衣襟掖在腰带上；也不可提着马鞭子进去，要把鞭子放在蒙古包门的右方，并且要将它立着放；进蒙古包后，忌坐佛龛前，忌在火炉上烤脚，不得跨越火炉或脚蹬火炉；不得在炉灶上磕烟袋，摔东西，扔脏物；到蒙古人家做客，绝不许踩蹬门槛。此外，蒙古族还忌讳生人用手摸小孩的头部。

三、维吾尔族

（一）概况

维吾尔族主要聚居在新疆维吾尔自治区，主要从事农业。"坎儿井"是维吾尔族人的一大发明创造，是新疆特有的水利灌溉工程。新疆的"绿洲农业"以盛产粮棉和瓜果闻名于世，主要有哈密瓜、葡萄、香梨等。

维吾尔族历史悠久，其先民可追溯到公元前3世纪。不同历史时期的汉文史书中"维吾尔"的译音也不尽相同，有乌护、回纥、回鹘和畏兀儿等。

维吾尔族有自己的语言文字。维吾尔语属阿尔泰语系。维吾尔族全民信仰伊斯兰教。

（二）民俗

居住：维吾尔族民居一般为平顶，房顶留有较大的天窗，用以采光。屋外有带护栏的廊子，屋内设有壁炉、壁龛。房屋内外装饰着各种纹饰和色彩，鲜艳夺目。

饮食：维吾尔族的饮食习惯以面食为主。馕和拉面是他们平时的主食；抓饭、烤全羊则通常在节庆或待客时食用。其中烤羊肉串以其独特的风味风行于中国各个地区，成为人们熟悉和喜爱的街头小吃。

服饰：维吾尔族的服装（图2.2.3）一般都比较宽松，喜欢穿被称为"袷袢"的长袍，圆领长身，无纽扣，右衽窄袖，腰系长巾。妇女多穿连衣裙，外套对襟背心。过去少女都梳数十根发辫，以长发为美。维吾尔族人喜欢戴小花帽，花帽的图案姿态各异，色彩绚丽。

图2.2.3　维吾尔族服饰

　　丧葬： 维吾尔族盛行土葬、速葬。

　　节日： 维吾尔族主要有肉孜节（即开斋节）、古尔邦节（即宰牲节）等，这些节日大都来源于伊斯兰教。

　　禁忌： 维吾尔族人不吃未念经宰杀的牲畜，不吃自死的牲畜，不吃未放血的牲畜，不吃猪肉。饭前饭后必须洗手，洗手后必须用手巾把手擦干，决不可甩手将水甩干。禁止穿袒胸露背和短小的衣服，最忌户外着短裤。维吾尔族的住宅大门忌朝西开，睡觉的时候禁忌头朝东脚朝西，或四肢平伸直仰。

四、回族

（一）概况

　　回族是中国少数民族中散居全国、分布最广的民族，全国绝大多数县市都有分布。回族分布具有大分散、小聚居的特点。宁夏回族自治区为主要聚居区，其次是甘肃、青海、新疆、河南、河北、山东等省区。北京的牛街和宁夏的纳家户就是著名的回族聚居地。

　　由于长期和汉族杂居，回族逐渐习惯于以汉语作为本民族的共同语言。受阿拉伯、波斯等文化的影响，同时吸收汉族文化是回族文化的两大特点，但在共同心理状态、经济生活、宗教信仰和风俗习惯等方面，回族仍然表现出自己的特点。

　　回族主要从事农业，也经营牧业、手工业和商业。回族工匠在制香、制药、制革等方面较为著名，尤以善于经营珠宝玉石、运输和服务业等著称。

　　回族是全民信仰伊斯兰教的民族。

（二）民俗

　　居住： 回族的清真寺和民居建筑基本摆脱了阿拉伯和中亚建筑风格，采纳了中国传统的殿宇式四合院为主的建筑式样，但布局和装修独具民族风格。

　　饮食： 由于回族分布较广，各地自然条件、经济发展差异很大，各地回族的食俗、饮食结构及烹调技法也不完全一致。如宁夏的回族以米、面为日常主食，喜食面条、面片，在面汤中加入蔬菜、调料和红油辣椒，称为汤面或连锅面；将清水煮好的面条、面片捞出，浇上肉汤料或素汤料，称为臊子面。民间特色食品有酿皮、拉面、大卤面、肉炒面、豆腐脑、牛头杂碎、臊子面、烩饸饹等。多数人家常年备有发酵面，供随时使用。而甘肃、青海的回族则以小麦、玉米、青稞、马铃薯为日常主食。油香、馓子是各地回族喜爱的特殊食品，是节日馈赠亲友不可少的。

　　回族也喜饮茶和用茶待客，云南的回族喜饮绿茶，西北地区回族的盖碗茶很有名，宁夏回族还饮用八宝茶。

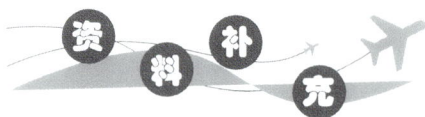

资料补充

羊肉泡馍

　　古称"羊羹"，西北回族风味美馔，尤以陕西西安最享牛羊肉泡馍盛名。宋代苏轼有"陇馔有熊腊，秦烹唯羊羹"的诗句，其特点是料重味醇，汤鲜味浓，馍筋爽滑，香气四溢，诱人食欲，是一味难得的高级滋补佳品。羊肉泡馍的烹饪技术要求很严，煮肉的工艺也特别讲究。与肉合烹的"饦饦馍"酥脆甘香，入汤不散。用餐之前，须把"饦饦馍"掰成碎块。掰馍讲究越小越好，这是为了便于五味入馍。然后再由烹饪师烹调。煮馍讲究以馍定汤，调料恰当，武火急煮，适时装碗，以达到原汤入馍，馍香扑鼻的要求。羊肉泡馍不仅讲究烹调，更讲究"会吃"。食用方法有三种：一是干泡，要求煮成的馍，汤汁完全渗入馍内，吃后碗内无汤无馍无肉；二是口汤，要求煮成的馍，吃后碗内仅剩一口汤；三是水围城，馍块在中间，汤汁在周围，汤、汁、馍全要吃光。这三种吃法，都得事先将馍掰成碎块。

　　服饰： 回族服饰有鲜明的民族特色，最显著的特征便是穆斯林服饰（图2.2.4）。回族服饰的主要标志在头部，男子多带小白帽，女子带各种花色的头巾。男子们都喜爱戴用白色制作的圆帽，圆帽分两种，一种是平顶的，一种是六棱形的。回族妇女常戴盖头，盖头也有讲究，老年妇女戴白色的，显得洁白大方；中年妇女戴黑色的，显得庄重高雅；未婚女子戴绿色的，显得清新秀丽。不少已婚妇女平时也戴白色或黑色的带沿圆帽。

　　服装方面，回族老汉爱穿白色衬衫，外套黑坎肩（称"马夹"）。回民根据不同的季节，穿不同的坎肩，有夹的、棉的，还有皮的。既可当外套，又可穿在里面。回族男子的青坎肩，在襟边、袋口处用针扎出明线，使衣服各边沿平挺工整，突出服装造型的线条美，同时用相同的衣料做小包扣，显得雅致。回族妇女的传统衣服一般都是大襟为主，装饰内容很丰富。少女和媳妇很喜欢在衣服上嵌线、镶色、滚边等，有的还在衣服的前胸、前襟处绣花，色彩鲜艳，起到画龙点睛的作用。2006年5月20日，该民俗经国务院批准列入第一批国家级非物质文化遗产名录。

　　丧葬： 回族葬礼按伊斯兰教教规，实行速葬、薄葬、土葬。

　　节日： 回族民间节日主要有开斋节（也叫肉孜节）、古尔邦节、圣纪节等。

　　开斋节： 即从日出后到日落前，不得进食，直到回历十月一日开始为开斋，届时要欢庆3天，家家宰牛羊等招待亲友庆贺，并要做油香、馓子等多达二三十种节日食品。

图2.2.4　回族服饰

古尔邦节：即献牲节，在回历十二月十日。节日当天不吃早点，到清真寺做过礼拜之后宰牛献牲。献牲的牛羊，要体态端正，无缺损，宰后的牲畜按传统分成三份，一份施散济贫，一份送亲友，一份留自己食用，但不能出售。

禁忌：回族的饮食禁忌比较严格，严禁食猪肉，忌养猪，忌别人提着猪肉进回族的商店和住处；不吃马、驴、骡、狗肉，不食用自死的禽畜和畜血；禁食非经阿訇念经宰杀的牲畜、一切凶猛禽兽的肉及没有鳞的鱼；盛过上述那些禁食的炊具、碗筷、器皿也都禁用；忌在用餐时开玩笑；回族所用的水井或水塘，非信伊斯兰教的人不能动手取水，如有需要必须请回族人代取或征得主人的允许，但一定要保持清洁，取水容器中若有剩水忌倒回井中或水塘；忌在水井、水塘附近洗涤衣物，尤其忌到回族的住房里洗澡。忌说杀字，只说宰鸡宰牛。

五、朝鲜族

（一）概况

朝鲜族主要居住在东北三省及内蒙古，吉林省占60%以上，主要聚居在吉林延边朝鲜族自治州和长白山朝鲜族自治县。

朝鲜族有自己的语言和文字。少数与汉族交错居住的朝鲜族居民通用汉语言文字。

朝鲜族在我国少数民族中，是物质生活较好，文化水平较高的民族。朝鲜族长期以垦荒为业，开发培植我国高寒水稻，为种植我国东北优质大米做出了贡献。朝鲜族的歌舞蜚声全国。朝鲜族人酷爱体育，注意卫生，讲求礼貌，特别是尊老爱幼的美德受到各族人民的称赞。

（二）民俗

居住：朝鲜族的房屋都是以木搭架，屋顶四面斜坡用谷草或稻草、瓦片覆盖，墙壁多为泥墙刷白灰，现在砖瓦结构的住宅日益增多。每栋房子一般分为三间：一大间的2/3设炕，1/3作灶间炊事之，一大间作仓库之用，一大间全部铺成炕，并隔成两间，其中朝阳一间为客房，北面的一间作卧室。每个房间都是一扇门。因是满屋炕，进门要脱鞋，习炕而坐。

饮食：朝鲜族的主食一般是大米和小米，用大米面做成的片糕、散状糕、发糕、打糕、冷面等也是朝鲜族的日常主食。以鱼肉蛋奶制品和海鲜产品为辅。朝鲜族的传统风味食品很多，其中最有名的是打糕、冷面、泡菜，泡菜在饮食中不可缺少。

饮食文化反映一个民族的生活特性和生活质量，朝鲜族的饮食文化在全世界也有鲜明的特色。朝鲜族的"汤文化"堪称世界一绝，无论在农村，还是在城市，无论是喜庆节日，还是日常生活，他们都对汤情有独钟，有各种肉汤、鱼汤、海菜汤、豆腐汤、酱汤等等，素有"宁无菜肴也要有汤"之说，而其中最受青睐的是大酱素菜汤。朝鲜族日常菜肴常见的是"八珍菜"和"酱木儿"（大酱菜汤）等。喝"耳明酒"是朝鲜族的风俗，正月十五早晨，空腹喝耳明酒，以祝耳聪。"狗肉汤"是朝鲜族"汤文化"的集大成之代表性作品，朝鲜族款待客人，奉上一桌狗肉宴席，是一种较高的礼遇。

狗肉是朝鲜族喜吃的肉食之一，除婚丧及节日不吃狗肉外，其他季节都可吃狗肉。但多半是在伏天或患者康复时为补养而杀狗。杀时将狗吊起，四蹄放血。用其肉、皮及五脏做汤，肉加调料凉食，其味鲜美可口。

服饰：服装是一个民族文化的象征，朝鲜族是我国少数民族之一，主要生活在我国东北地区，其丰富多彩的民族服装，是朝鲜族人民思想意识和精神风貌的体现。其文化与朝鲜半岛的文化有着深厚的渊源。朝鲜族服装呈现出素净、淡雅、轻盈的特点，不仅给我们带来了美的享受，更充实了服饰艺术的宝库。朝鲜民族服装（图2.2.5）的结构自成一格，上衣自肩至袖头的笔直线条同领子、下摆、袖肚的曲线，构成曲线与直线的组合，没有多余的装饰，体现了"白衣民族"古老袍服的特点。

妇女穿短衣长裙，这也是朝鲜族妇女服装的一大特色。短衣朝鲜语叫"则高利"，是一种斜领、无扣用带子打结、只遮盖到胸部的衣服；长裙，朝鲜语叫"契玛"，腰间有细褶，宽松飘逸。这种衣服大多用丝绸缝制而成，色彩鲜艳。朝鲜族男子一般穿素色短上衣，外加坎肩，下穿裤腿宽大的长裤，裤脚系上丝带。外出时多穿斜襟以布带打结的长袍，现在改穿制服或西服。

图2.2.5　朝鲜族服饰

丧葬：朝鲜族多用火葬。

节日：朝鲜族的节日，除春节、清明节、中秋节外，还有家庭的节日，如回甲节（诞生60周年纪念日）、回婚节（结婚60周年纪念日）等。

禁忌：朝鲜族非常尊重长者。饭桌有多人桌和单人桌，单人桌忌讳年轻人用，因为单人桌给老人用；饮酒吸烟父子忌同席。酒席上按年庚依次倒酒和举杯，长者举杯后，其他人才可依次举杯；吸烟时年轻人不能向老年人借火，更忌讳接火，否则便是大不敬的行为。客人来访时，男客进客房，女客进灶间大铺炕，忌进儿女的卧室。此外就是忌婚丧或佳节杀狗、吃狗肉。

第三节　中国西南地区部分少数民族民俗

苗族、彝族、白族、傣族、纳西族等是我国西南地区主要的少数民族，其中藏族、彝族也是四川最主要的少数民族，他们最能体现四川少数民族的特色。

一、苗族

（一）概况

苗族主要居住在贵州、云南、湖南等省。其余分布在广西、四川、海南等地。在黔东南和湘鄂川黔的交界处地带有较大的聚居区，其中以贵州的黔西南、黔南、黔东南等自治州最集中，有苗族人约368万。

苗族语言属汉藏语系苗瑶语族。苗族原无统一文字，新中国成立后创制了拼音文字，并通用汉文。苗族有自己的语言，苗语分三大方言：湘西、黔东和川黔滇。

苗族创造了丰富多彩的文化艺术，苗族人常用歌舞表达自我情感，苗族所独有的银饰工艺品、蜡染、织锦、刺绣等享誉国内外，其中苗族的蜡染工艺已有千年历史。苗族的挑花、刺绣、织剪纸、首饰制作等工艺美术瑰丽多彩，驰名中外。苗族服饰多达一百三十多种，可以同世界上任何一个民族的服饰相媲美。

苗族的宗教信仰有自然崇拜和祖先崇拜，苗族信仰万物有灵或多神鬼，云南、贵州、四川等地少数苗族群众信仰天主教、基督教。

（二）民俗

居住：苗族大多居住在山区，只有少数居住在山间平旷之地，这里的自然条件号称"天无三日情，地无三里平"，于是山区先民创造出了独特的"吊脚楼"。"吊脚楼"也就成了苗族民居的一大特色。苗族的吊脚楼建在斜坡上，把地削成一个"厂"字形的土台，土台下用长木柱支撑。每幢木楼，一般分三层，上层储谷，中层住人，下层楼脚围栏成圈，作堆放杂物或关养牲畜用。吊脚楼的优点明显，人住楼上通风防潮，又可防止野兽和毒蛇的侵害，这种住宅在西南山区至今仍有建造。吊脚楼是苗族传统建筑，是中国南方特有的古老建筑形式。楼上住人，楼下架空，被现代建筑学家认为是最佳的生态建筑形式。

资料补充

吊脚楼

吊脚楼（图2.3.1）也叫"吊楼"，为苗族、壮族、布依族、侗族、水族、土家族等族传统民居，在湘西、鄂西、贵州地区的吊脚楼最多。吊脚楼多依山就势而建，呈虎坐形，以"左青龙，右白虎，前朱雀，后玄武"为最佳屋场，后来讲究朝向，或坐西向东，或坐东向西。吊脚楼属于干栏式建筑，但与一般所指干栏有所不同。干栏应该全部都悬空的，所以称吊脚楼为半干栏式建筑。

吊脚楼最基本的特点是正屋建在实地上，厢房除一边靠在实地和正房相连，其余三边皆悬空，靠柱子支撑。

图2.3.1 湖南凤凰吊脚楼

吊脚楼有很多好处，高悬地面既通风干燥，又能防毒蛇、野兽，楼板下还可放杂物。吊楼还有鲜明的民族特色，优雅的"丝檐"和宽绰的"走栏"使吊脚楼自成一格。这类吊脚楼比"栏干"较成功地摆脱了原始性，具有较高的文化层次，被称为巴楚文化的"活化石"。

饮食：苗族以大米为主食，油炸食品以油炸粑粑最为常见。四川、云南等地的苗族喜吃狗肉，有"苗族的狗，彝族的酒"之说。苗家的食用油除动物油外，多是茶油和菜油。苗族的菜肴种类繁多，常见的蔬菜有豆类、瓜类、青菜、萝卜，大部分苗族都善作豆制品。以辣椒为主要调味品，有的地区甚至有"无辣不成菜"之说。

在众多苗族菜肴中，以酸汤最为著名，其酸香丰富，是苗族传统的风味名菜。苗族同胞居住于大山之中，山高路远，于是乎家家都有酸菜坛，少的一两个，多的有几十个。

服饰：苗族服饰（图2.3.2）从总体来看，保持着中国民间的织、绣、挑、染的传统工艺技法。从内容上看，服饰图案大多取材于日常生活中各种活生生的物象，有表意和识别族类、支系及语言的重要作用，这些形象记录被专家学者称为"穿在身上的史诗"。从造型上看，采用中国传统的线描式或近乎线描式的、以单线为纹样轮廓的造型手法。从制作技艺看，采用了服饰发展史上的五种形制，即编制型、织制型、缝制型、拼合型和剪裁型。从用色上看，她们善于用多种强烈的对比色彩，努力追求颜色的浓郁和厚重的艳丽感，一般均为红、黑、白、黄、蓝五种。从构图上看，它并不强调突出主题，只注重适应服装的整体感的要求。从形式上看，分为盛装和便装，盛装为节日礼宾和婚嫁时穿着的服装，繁复华丽，集中体现苗族服饰的艺术水平。便装，样式比盛装样式素静、简洁，用料少，费工少，供日常穿着之用。

图2.3.2　苗族服饰

头饰包括银角、银扇、银帽、银围帕、银飘头排、银发簪、银插针、银顶花、银网链、银花梳、银耳环、银童帽饰。前胸戴银锁和银压领，胸前、背后戴的是银披风，下垂许多小银铃。耳环、手镯都是银制品。苗家姑娘盛装的服饰常常有数千克重，有的是几代人积累继承下来的，素有"花衣银装赛天仙"的美称。这正是苗族服饰被称为是"穿在身上的百科全书"的所在。

丧葬：苗族普遍土葬，只有少数才用火葬。

节日：苗族的传统节日有苗年、四月八、龙舟节、吃新节、赶秋节等，其中以过苗年最为隆重。

禁忌：苗族人不吃羊肉，忌狗肉上灶，忌在屋里煮蛇肉，险恶环境中忌嬉笑，忌刀口朝上，忌用凶器指人。

二、藏族

（一）概况

藏族居住在世界上海拔最高的青藏高原上，主要分布在西藏自治区以及青海、甘肃、四川、云南等地。藏族属汉藏语系。藏族普遍信仰藏传佛教，少数信仰原始宗教苯教。

藏族创造了灿烂的民族文化。《格萨尔王传》是世界上最长的英雄史诗，与蒙古族的《江格尔》和柯尔克孜族的《玛纳斯》并称"中国三大史诗"。

（二）民俗

居住：藏族民居极具特色，藏南谷地的碉房（图2.3.3）、藏北牧区的帐房、雅鲁藏布江流域林区的木构建筑各有特色。藏族民居在注意防寒、防风、防震的同时，也采用开辟风门，设置天井、天窗等方法，较好地解决了气候、地理等自然环境不利因素对生产、生活的影响，达到通风、采暖的效果。

图2.3.3　藏族碉房

藏族最具代表性的民居是碉房。碉房多为石木结构，外形端庄稳固，风格古朴粗犷。碉房外墙向上收缩，依山而建，内墙仍保持竖直。碉房一般分两层，以柱计算房间数。底层为牲畜圈和贮藏室，层高较低；二层为居住层，大间作堂屋、卧室、厨房，小间为储藏室或楼梯间。若有第三层，则多作经堂和晒台之用。碉房具有坚实稳固、结构严密、楼角整齐的特点，既利于防风避寒，又便于御敌防盗。

帐房是牧区藏民为适应逐水草而居的流动性生活方式而采用的一种特殊性建筑形式。帐房的平面一般为方形或长方形，用木棍支撑高2米左右的框架，上覆黑色牦牛毡毯，四周用牦牛绳牵引，固定在地上。帐房正脊留有宽15厘米左右、长1.5米的缝隙，供采光和通风。帐房内部、周围用草泥块或土坯垒成高40～50厘米的矮墙，上面堆放青稞、酥油袋和牛粪。帐房内陈设简单，中间置火灶，灶后供佛，四周地上铺以羊皮，供坐卧休憩之用。这种帐房制作简单，拆装灵活，运输方便。

藏族民居室内外的陈设显示着神佛的崇高地位。不论是农牧民住宅，还是贵族上层府邸，都有供佛的设施。最简单的也设置供案，敬奉菩萨。

饮食：藏族的饮食，牧区与农区稍有不同，但有共同的嗜好，都喜欢吃青稞面、酥油茶和牛肉、羊肉、奶制品。牧民吃肉喜欢用白水煮，把带骨大块肉放锅里煮，肉煮至半熟时就可捞出来吃。对尊贵的客人要奉敬一盘羊尾，尾梢上还要留有一塔象征吉祥的白羊毛。绝大部分藏族以糌粑为主食，喝青稞酒、酥油茶。在藏族民间，无论男女老幼，都把酥油茶当作必需的饮料。血肠和奶酪也是藏族传统的菜肴。藏族食用牛、羊肉讲究新鲜，在牛羊宰杀之后，立即将大块带骨肉入锅，用猛火炖煮，开锅后即可捞出食用，以鲜嫩可口为最佳。

藏历腊月二十九日是藏族的年饭称为"古突"，本意是腊九粥，由9种物质熬成粥：麦粒、杏、羊毛、辣椒、瓷片、内向捻线团、外向捻线团、豌豆、木炭，每种物质都有一定意义。

服饰：藏族服饰的最基本特征是肥腰、长袖、大襟、右衽、长裙、长靴、编发、金银珠玉饰品等。由于长期的封闭性生存，藏族服饰发展的纵向差异并不大，其基调变化亦小。藏族服饰的形制与质地较大程度地取决于藏族人民所处生态环境和在此基础上形成的生产生活方式。

藏袍是藏族的主要服装款式，种类很多，特点是长袖、宽腰、大襟。妇女冬穿长袖长袍，夏着无袖长袍，内穿各种颜色与花纹的衬衣，腰前系一块彩色花纹的围裙。从衣服质地上可分锦缎、皮面、氆氇、素布等，藏袍花纹装饰很讲究，过去僧官不同品级，严格区分纹饰。藏袍可分牧区皮袍、色袖袍，农区为氆氇袍。

藏帽式样繁多，质地不一，有金花帽、氆氇帽等一二十种。藏靴是藏族服饰的重要特征之一，常见的有"松巴拉木"花靴，靴底是棉线皮革做的。头饰佩饰在藏装中占有重要位置，佩饰以腰部的佩褂最有特色，镶以金银珠宝。头饰的质地有铜、银、金质雕镂器物和玉、珊瑚、珍珠等珍宝。

丧葬：藏族的葬仪分塔葬、火葬、水葬、土葬等。

节日：藏族传统节日很多，几乎每个月都有一个节日。在众多节日中，藏历新年和雪顿节是其中最重要的节日。

藏历年，藏语称为"甲布罗萨"，是藏族传统节日，也是藏族最为隆重的节日。每年藏历正月初一开始，三至五天不等。

藏历十二月初，人们便开始准备年货。除夕晚上，各家在佛像前摆好各种食品，这天的晚饭，各家要吃面团突巴（古突）。在面团突巴中特意制作几个包有石子、辣椒、木炭、羊毛等夹心不同的面团，每一种夹心都有一种说法，石子预示心肠硬，木炭预示心黑，辣椒预示嘴如刀，羊毛说明心肠软。吃到这些夹心的人，均即席吐出引起哄堂大笑，以助除夕之兴。

大年初一天不亮，家庭主妇便从河里背回"吉祥水"，然后唤醒全家人，按辈排位坐定，长辈端来五谷斗每人先抓几粒，向天抛去，表示祭神，然后依次抓一点送进嘴里。此后长辈按序祝"扎西德勒"（吉祥如意），后辈回贺"扎西德勒彭松措"（吉祥如意，功德圆满）。仪式完毕后，便吃麦片土巴和酥油煮的人参果，接着互敬青稞酒。初二亲友之间相互登门拜年祝贺，互赠哈达。男女老少都穿上节日的盛装，见面互道"扎西德勒""节日愉快"，此活动持续三五天。

资料补充

雪顿节

　　每年藏历六月三十日的雪顿节是藏族传统节日。雪顿是藏语音译，意思是"酸奶宴"，于是雪顿节便被解释为喝酸奶子的节日。按藏传佛教格鲁派（黄教）的规定，每年藏历六月十五至七月三十日为禁期，大小寺庙的喇嘛不许外出，以免踩死小虫，待七月三十日解禁之后方可下山。喇嘛下山时，农牧民拿出酸奶敬献，形成雪顿节。后来逐渐演变成以演藏戏为主，因此又称"藏戏节"。

　　节日期间有哲蚌晒佛、藏戏表演、逛林卡等活动。每年的藏历六月三十日，拉萨市西郊的哲蚌寺都举行盛大的"展佛"活动，让更多的信徒有机会膜拜佛祖。

　　禁忌：藏族人遇到寺院、嘛尼堆、佛塔等佛教设施，都必须下马并从左往右绕行。藏族佛像、佛寺里的经书、钟鼓以及活佛的身体、佩带的念珠等物被视为圣物，忌别人随便触摸；转经筒、转寺院、叩长头要按顺时针方向转动等等；忌吃狗、驴、马肉，忌吃尖嘴动物的肉、有爪动物的肉及鱼虾等水生动物的肉；忌讳用脚蹬踩灶台或坐于灶台上；互不熟悉的男女忌讳在一个碗里揉糌粑和吃糌粑；忌男女混坐，男女入室后男坐左、女坐右；就座时忌双腿伸直，脚底朝人；忌讳在家中吹口哨、拍巴掌；忌讳别人对自己的孩子过分夸奖；做奶制品的家具不能放别的东西，接羔犊季非亲属不能进入帐篷，拴牲口的地方忌大小便；忌讳用脚蹬踩灶台或坐于灶台上；平时点火时，忌烧猪、狗粪或旧鞋、破布等不洁之物；忌有骨头扔于火中；忌讳有缝或豁口的碗、碟等器皿待客，饮食用的碗和茶具忌扣着放置。忌讳当着当事人的面谈及其婚事；扫地时忌讳直接从对方手中接过扫帚，亲人出门后忌讳马上扫地。家有病人或妇女生育时，忌生人来访。在藏区偶见身挂红、黄、绿布标的牛羊徜徉于郊野，可不要随意驱赶、伤害，那是藏民敬神祭品；切勿以猎枪对准鹰鹫，藏民忌讳伤害他们的神鸟；未经同意不可入庙，入庙后不可吸烟；庙内物品观看无妨，不可擅自触摸佛像、经书、拍照。

三、彝族

（一）概况

　　彝族主要分布在云南、四川、贵州和广西等省区，四川凉山彝族自治州是全国最大的彝族聚居区。彝族的经济生活以农业为主，畜牧业是主要的副业。彝人世代在云贵高原和康藏高原的东南部边缘地带的高山河谷间生产劳作，繁衍生息。彝族有自己的语言文字，属汉藏语系藏缅语族，文字是一种音节文字，经整理的规范彝文，已正式使用。彝族宗教信仰主要是多神与祖先崇拜，部分地区彝族还受道教和佛教影响。天主教和基督教也于19世纪末先后传入彝区。

（二）民俗

　　居住：我国彝族分布范围较广，为适应不同地区的自然地理环境和气候条件，创造发明了富于特色的各式民居。互板房、闪片房、土掌房、三房一照壁、干栏房等，是彝族丰富的民居建筑的典型代表。

其中，滇南彝族的"土掌房"（图2.3.4）最有特色。土掌房是一种夯土筑墙、墙上架梁的平顶土房。土掌房的最大特点是房顶的建造，先是搭放圆木梁，梁上铺一层松柏枝，然后再覆撒一层松毛，再摊一层细泥，最后压一层沙土。这样的房顶可做到防晒、防寒、防雨，并由于其铺建结实，又可作为夏日纳凉的阳台和晒粮食的晒台。

图2.3.4　彝族"土掌房"

饮食： 彝族的主食为玉米、荞麦、大小麦等。彝族人喜欢吃"托托肉"、饮"转转酒"，大多数彝族习惯于日食三餐，以杂粮面、米为主食，狩猎所获取的鹿、熊、岩羊、野猪等也是日常肉类的补充。

山地还盛产蘑菇、木耳、核桃，加上菜园生产的蔬菜，使得蔬菜的来源十分广泛，除鲜吃外，大部分都要做成酸菜。彝族日常饮料有酒、有茶，以酒待客，民间有"汉人贵茶，彝人贵酒"之说。饮茶之习在老年人中比较普遍，以烤茶为主，彝族饮茶每次只斟浅浅的半杯，徐徐而饮。

彝族常吃的典型食品有：荞粑，彝族风味主食；面糊酸菜肉，彝族农家常菜；白水煮乳猪等。

服饰： 彝族服饰多姿多彩，风格独具。历史上，由于彝族支系众多，居住分散，因此，各地服饰区别明显，样式各异，带有浓厚的地域色彩。彝族男子多穿黑色窄袖且镶有花边的右开襟上衣，下着多褶宽脚长裤。头顶留有约十厘米长的头发一绺，汉语称为"天菩萨"，彝语称为"子尔"。这是彝族男子显示神灵的方式，千万不能触摸。

妇女一般上身穿镶边或绣花的大襟右衽上衣，戴黑色包头、耳环，领口别有银排花。除小凉山的彝族穿裙子外，云南其他地区的彝族妇女都穿长裤，许多支系的女子长裤脚上还绣有精致的花边，已婚妇女的衣襟袖口、领口也都绣有精美多彩的花边，尤其是围腰上的刺绣更是光彩夺目。滇中，滇南的未婚女子多戴鲜艳的缀有红缨和珠料的鸡冠帽。

居住在山区的彝族，过去无论男女，都喜欢披一件"擦耳瓦"——羊皮披毡。它形似斗篷，用羊毛织成，长至膝盖之下，下端缀有毛穗子，一般为深黑色。彝族少女15岁前，穿的是红白两色童裙，梳的是独辫，满15岁，有的地方就要举行一种叫"沙拉洛"的仪式，意即"换裙子、梳双辫、扯耳线"，标志着该少女已经长大成人。15岁以后，要穿中段是黑色的青年姑娘的拖地长裙，单辫梳成双辫，戴上绣满彩花的头帕，把童年时穿耳的旧线扯下换上银耳坠。

丧葬： 传统的丧葬为火葬，但随着社会的发展，现主要是土葬。

节日：彝族除了过春节外，最主要的是过火把节。火把节是西南地区彝族、白族、布朗族、纳西等族人民的传统节日，一般在农历六月二十四前后举行。节期3～7天。彝族火把节来自一个古老的传说：名叫十大力的恶魔到人间破坏人们的幸福生活，地上的一名叫包聪的大力士与他摔跤定胜负，恶魔斗输后放出各种害虫来糟蹋人们的庄稼，包聪又集合起人们点燃一支支火把去烧死害虫，保卫了人民的幸福生活，这一天正好是农历六月二十四日。在彝族山寨，到了火把节之夜，村村寨寨都要竖起一个高丈余的大火把，各家的小火把放在大火把周围，以示团结齐心。人们穿上节日盛装，围着火把唱歌跳舞。在最高潮的时候，人们还要举着熊熊燃烧的火把，绕住房和田边地头，边走边唱，并发出阵阵洪亮的歌声和吼声；火把相连，形成条条火龙，蔚为壮观。火把节期间的白天，男子们参加摔跤、赛马、斗牛、斗羊、爬杆等活动和比赛。妇女们的活动主要是唱歌、跳舞、有的向摔跤、斗牛等比赛的优胜者敬酒。

禁忌：彝族男子头上都蓄有一蓬头发，这是男子最高贵的地方，忌旁人用手触摸；彝族有敬神树的习惯，神树严禁砍伐；祭祀时忌外人观看；忌外人骑马进寨子，到寨门的竹篱笆前必须下马；到彝族家里做客，要坐在火塘的上方或右方，忌用脚踏三脚架；彝族人对待客人，一般都用酒肉盛情款待，他们给你东西吃你必须吃，即使不喝酒也要少喝一点，以表谢意，不然他们会认为你看不起他们；彝族人忌把款待客人的食品带走，认为带走这种食品是不讲义气。彝族民间禁忌很多，在社会生产生活各个方面都有表现，且各地有别。

四、白族

（一）概况

白族绝大部分居住在云南省大理白族自治州。早在新石器时代，白族先民已在洱海地区生息繁衍，白族共同体的形成是在大理国时期。

白语属汉藏语系，有大理、剑川、怒江3种方言。

白族的宗教信仰主要是奉祀"本主"，信仰佛教。"本主"有的是自然神，有的是南诏、大理国的王子，有的是为民除害的英雄。

（二）民俗

居住：白族住宅多为"一房两耳""三房一照壁""四合五天井"的院落式瓦房，山区多为垛木房与竹篱笆房。

饮食：白族以稻米和小麦作主食，山区则以玉米、荞麦为主食。白族人喜食酸辣，爱吃凉菜，善于腌制火腿、腊肉等。爱饮糯米酿造的甜酒。用大米制作的饵丝、饵块味道独特。"砂锅鱼"是大理著名佳肴。乳扇是白族独创的乳制品，状如扇，薄如纸，色泽淡黄，味道鲜美。白族人喜饮烤茶，著名的"三道茶"是待客上品，有"一苦、二甜、三回味"的特点。

服饰：白族人崇尚白色，以白色衣服为尊贵。男子一般缠白色或蓝色包头，上穿白色对襟衣，外套黑领褂，下穿白色、蓝色长裤。女子服饰各地有所不同。大理一带多用绣花布或彩色毛巾缠头，穿白上衣，红坎肩，或是浅蓝色上衣、外套黑丝绒领褂，腰系绣花短围腰，下穿蓝色宽裤，足蹬绣花鞋。

丧葬：土葬。

节日：白族人民主要节庆活动有"三月街""绕三灵""火把节""耍海会"等。其中三月街、火把节饶有特色，远近闻名。

禁忌：白族热情好客，但倒茶忌满杯，倒酒忌半杯；白族人家的火塘是个神圣的地方，忌讳向火塘内吐口水，禁止从火塘上跨过；白族人家的门槛也忌讳坐人。

五、傣族

（一）概况

傣族主要聚居在云南省。其先民是"百越"的一支，很早就和内地保持着友好和密切的联系。傣族的灿烂文化以傣历、傣族医药和叙事长诗最为有名。

傣语属汉藏语系壮侗语族，傣文为传统的拼音式文字。

傣族信仰小乘佛教。

（二）民俗

居住：傣族的建筑艺术别具一格，尤以寺塔和飞架于江河上的竹桥最为有名。傣族人居住的竹楼是一种干栏式建筑，大多在平坝近水的地方聚合成村寨。

饮食：傣族人以大米和糯米为主食，最具特色的是竹筒饭。傣族人喜食酸味。普遍有嚼槟榔的习俗。

服饰：傣族男子一般上穿无领对襟袖衫，下穿长管裤，以白布或蓝布包头。傣族妇女的服饰各地有较大差异，但基本上都以束发、筒裙和短衫为共同特征。

丧葬：行土葬、火葬和水葬，以土葬为主。

节日：傣族的重大节日有泼水节、关门节和开门节，均与佛教有关。泼水节是傣族最富民族特色的节日，即傣历新年。泼水节这一天人们要拜佛、赕佛，然后彼此泼水嬉戏，相互祝愿。泼水节期间，还要举行赛龙船、放高升、放飞灯等传统娱乐活动和各种歌舞晚会。

禁忌：傣族的禁忌多与宗教有关。如进入佛寺殿堂之前必须脱鞋，不许抚摸小和尚的头。入傣家做客，不能坐在火塘上方或跨过火塘；不能坐门槛；不要进主人内室等。

六、纳西族

（一）概况

纳西族主要分布在云南、四川和西藏三省区交界的地方。

纳西语属汉藏语系藏缅语族。早在公元7世纪，纳西族人民创造了象形表意文字"东巴文"和音乐文字"哥巴文"。东巴文是目前世界上唯一保留完整的象形文字，被称为"活着的象形文字"。

纳西族普遍信奉本民族特有的东巴教，还信仰喇嘛教、佛教、道教以及天、地、山、水等自然神，具有多神信仰的性质。

（二）民俗

居住：丽江纳西族的房屋建筑多为"三方一照壁""四合五天井"格局的瓦房，安静宽敞，布局协调。家家房前都有宽大的厦子（即外廊），是纳西人家吃饭和待客的场所。泸沽湖畔的摩梭人则居住井干式的木楞房。

饮食：纳西族以玉米、小麦、大米等为主食，喜欢喝酒、饮浓茶，爱吃酸、辣、甜味的食品。丽江的火腿粑粑、宁蒗的琵琶肉，泸沽湖的酸鱼和鱼干，都味美可口，是纳西人待客或馈赠亲友的佳品。

服饰：丽江纳西族妇女穿大褂，宽腰大袖，外加坎肩，系百褶围腰，穿长裤，披羊皮披肩，披肩上缀有刺绣精美的七星，肩两边缀日、月，象征着"披星戴月"。宁蒗地区的摩梭女子着长可及地的多褶裙、短上衣，戴交缠式布包头，配大银耳环。纳西族男装大体与汉族相同，穿长袍马褂或对襟短衫，下着长裤。

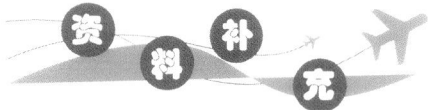

纳西族的"披星戴月"

"披星戴月"就是纳西族的羊皮披肩，它是丽江纳西妇女服饰的重要标志。它一般用整块纯黑色羊皮制成，剪裁为上方下圆，上部缝着6厘米宽的黑边，下面再钉上一字横排的七个彩绣的圆形布盘，圆心各垂两根白色的羊皮飘带，代表北斗七星，俗称"披星戴月"，象征纳西族妇女早出晚归，披星戴月，以示勤劳之意。另有一种看法认为，上方下圆的羊皮是模仿青蛙的形状剪裁，而缀在背面的圆盘纳西人称为"巴妙"，意为"青蛙的眼睛"，这是崇拜蛙的丽江土著农耕居民与崇拜羊的南迁古羌人相融合形成纳西族后的产物。

丧葬：丽江地区以土葬为主；中甸三坝一带火葬土葬并存；泸沽湖地区仍保留火葬古俗，且有以母系氏族为单位的公共墓地。

节日：纳西族采用夏历纪年，因此许多节日都与汉族相同，如春节、清明、端午、中秋等，但是节日活动内容与汉族有所差异，带有鲜明的民族特色。此外纳西族也有一些自己的传统节日，如三朵节、"三月龙王庙会"、正月十五日的"米拉会"（即棒棒节）、"七月骡马会"等。

禁忌：骑马到寨前必须下马，也不能把马拴在祭天堂的地方；不能蹬踏三脚架，不可跷二郎腿；进入纳西人家时不能主动进入老人、女人的卧室和女孩的"花楼"，不能询问"阿夏"的情况；祭天堂、祖先、战神时，忌外人观看。忌在门槛上坐和用刀斧在门槛上砍东西。不许杀耕牛、驮马和报晓的雄鸡；忌食狗肉。

第四节　中国中南地区少数民族民俗

壮族、土家族、黎族是我国中南地区主要的少数民族。壮族具有悠久灿烂的民族文化。土家族的文化艺术丰富多彩，土家锦和摆手舞并称为土家族人民的艺术之花。黎族主要分布在海南省中南部，地域特色十分明显。

一、壮族

（一）概况

壮族是我国少数民族中人口最多的一个民族。壮族大部分聚居在广西壮族自治区，其余分布在云南、广东、贵州及湖南等省。壮族有本民族的语言文字，属汉藏语系壮侗语族。壮文是以拉丁字母为基础创制的文字，在壮族地区全面推行使用。壮族信仰多神，崇拜自然物和祖先，道教、佛教对壮族影响也很大。

壮族具有悠久灿烂的民族文化。在集中本民族民间文学、音乐、舞蹈、技艺的基础上，壮族人民创造了壮戏。广西南部的花山原始崖壁画是壮族古代文化艺术精华。壮族人民铸造使用铜鼓已有2000多年历史，素有"铜鼓之乡"的誉称。壮锦是壮族妇女独创的传统纺织工艺品，与湘绣齐名，享誉海内外。

（二）民俗

居住：壮族喜欢依山傍水而居。在青山绿水之间，点缀着一栋栋木楼，这就是壮族人的传统民居（图2.4.1）。木楼上面住人，下面圈牲畜。无论是什么房子，都要把神龛放在整个房子的中轴线上。前厅用来举行庆典和社交活动，两边厢房住人，后厅为生活区。屋内的生活以火塘为中心，每日三餐都在火塘边进行。

图2.4.1　壮族干栏式民居

壮族人喜欢把村子建在山脚下向阳、通风好的地方。后山和村边栽上树木，规定不得乱砍滥伐，以保持村庄的生活安全。壮族称屋为"干栏"。住房的主要形式有全栏式、半栏式和平房三种。全干栏房属全楼居式，上层住人，下层养牲畜和存放农具，是传统的住房形式。这种居住习俗，过去主要是为了防猛兽和防盗贼偷盗牲畜。现在看来，由于楼下圈养牲畜，臭气上升，很不卫生。因此，随着社会的进步，干栏式民居已逐渐改变成人畜分居的平房或楼房式建筑。半栏房以一开间为楼房，楼上住人，楼下放牛羊、农具等，另一间为平房；平房多为三开间，这是当今壮族住房的主要形式。

饮食：壮族的主食是稻米，喜食大米饭、大米粥，喜欢用糯米制成各种粽子、糍粑、糕饼等食品，爱食酸品。在山区以玉米、小米、薯类为主食，玉米仅次于稻米，品种齐全，其中的糯玉米是壮族人培育的优良品种之一，可以用来做粽子和糍粑，和糯米一样可口。壮族人都喜欢吃猪、牛、鸡、鸭、鱼肉，有的地方喜欢吃蛇肉、生鱼等。

壮族的节日特殊主食，代表了食品的民族特色，有色、味、香俱全的五色饭、糍粑、油堆和沙糕；有外形奇特的各种粽子；有吃法与众不同的包生饭；有金灿灿的粘小米饭；还有无论是节日或平时都受欢迎的米粉。

服饰：壮族妇女擅长纺织和刺绣，所织的壮布和壮锦，均以图案精美和色彩艳丽著称。风格别致的"蜡染"一直为人们所喜爱。壮族服饰主要有蓝、黑、棕三种颜色。

壮族男装多为破胸对襟的唐装，以当地土布制作，不穿长裤，上衣短领对襟，缝一排（六至八对）布结纽扣，胸前缝小兜一对，腹部有两个大兜，下摆往里折成宽边，并于下沿左右两侧开对称裂口。穿宽大裤，短及膝下，有的缠绑腿，扎头巾。壮族妇女一般的服饰是一身蓝黑，裤脚稍宽，头上包着彩色印花或提花毛巾，腰间系着精致的围裙。上衣着藏青或深蓝色短领右衽偏襟上衣（有的在颈口、袖口、襟底均绣有彩色花边），分为对襟和偏襟两种，有无领和有领之别。上衣的长短有两个流派，大多数地区是短及腰，少数地区上衣长及膝。男女裤子式样基本相同，裤脚有绲边，俗称"牛头裤"。已婚妇女有绲花边的肚兜，腰裤左边悬挂一个穗形筒。壮族妇女普遍喜好戴耳环、手镯和项圈。到了现代，壮族的穿着已基本现代化，但老一辈人，仍普遍以穿蓝、黑两色为主。

丧葬：土葬。

节日：壮族的主要节日是歌圩节。歌圩节多在春秋两季举行，为期数天。

禁忌：壮族称猪肝为"猪湿"，称猪舌为"猪利"，因为当地汉语"干"和"舌"有亏本之意。忌食牛肉和蛙肉。忌用脚踩踏锅灶。夜间行走禁止吹口哨。无论家人、客人，忌坐门槛中间。忌筷子跌落地上，认为不吉利；吃饭时忌用嘴把饭吹凉，更忌把筷子插到碗里；忌从晾晒的妇女裤子下走过。家有产妇时，门上悬挂草帽一顶暗示不得入内。

二、土家族

（一）概况

土家族聚居在湖南、湖北、四川、贵州四省市交界之地，主要在湖南省湘西土家族苗族自治州和湖北省恩施土家族苗族自治州。清雍正之后，土家族跟汉族之间全面交流，政治、经济、文化发展加速。

土家族的语言属汉藏语系藏缅语族，现在绝大多数人使用汉语，仅有少数聚居区还保留着土家语。土家族无本民族的文字，通用汉文。

土家族迷信鬼神，崇拜土王（整个土家族的祖先）。尊奉土老师（巫师），相信兆头。道教、佛教、基督教对土家族的宗教信仰也有一定影响。

土家族的文化艺术丰富多彩。"西兰卡普"（土家语，即土花铺盖）是土家族著名的传统工艺品，又称"土家织锦"。摆手舞是土家族比较流行的一种古老的舞蹈，每年春节期间都要举行摆手舞会。土家锦和摆手舞并称为土家族人民的艺术之花。

（二）民俗

居住：土家人多住干栏式的木屋，其中土家山乡的吊脚楼最具特色。吊脚楼的楼台腾空，楼上一般作"姑娘楼"，是姑娘们的活动场所。木屋中间的房间用来祭祖迎客，左右两间用壁板隔成前后两小间，后为卧室，前为厨房，为饮食起居之所。

饮食：土家族日常主食除米饭外，以苞谷饭最为常见，苞谷饭是以苞谷面为主，适量地掺一些大米用鼎罐煮或用木甑蒸而成。有时也吃豆饭，即将绿豆、豌豆等与大米合煮成饭食用。土家族菜肴以酸辣为其主要特点，民间家家都有酸菜缸，用以腌泡酸菜，几乎餐餐不离酸菜，辣椒不仅是一种菜肴，也是每餐不离的调味品。

土家族民间十分注重传统节日，尤其以过年最为隆重，届时家家户户都要杀年猪、做绿豆粉、煮米酒或咂酒等。猪肉合菜是土家族民间过年、过节必不可少的大菜。

服饰：土家族女装（图2.4.2）为短衣大袖，右开襟，滚镶2～3层花边，下着镶边筒裤或八幅罗裙，喜欢佩戴各种金、银、玉质饰物。在土家族的心中，繁多的色彩中，红色最受人青睐，因为红色有着热烈、鲜艳、醒目、祥和之感，因此喜红者居多。有色必有红，久而久之，不但在服饰上而且在生活上也形成了无红不成喜，有喜必有红之俗。"改土归流"后，由于受封建王朝的压制，以及中原文化的强大影响，土家族的服饰男女服装均为满襟款式，加以土家族的家织花边，保持着本民族服装的浓厚特色。土家族男子穿琵琶襟上衣，缠青丝头帕。织绣艺术是土家族妇女的传统工艺。土家织锦又称"西兰卡普"。

丧葬：土家族过去多实行火葬，后来受汉族影响实行土葬。

节日：土家族民间十分注重传统节日，尤其以过年最为隆重。届时家家户户都要杀年猪，做绿豆粉、煮米酒等。猪肉合菜是土家族民间过年、过节必不可少的大菜。每年农历二月二日称为社日，届时要吃社饭。端阳节吃粽子。糯米粑粑是土家族民间最受欢迎的食品之一。

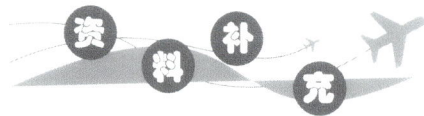

图2.4.2 土家族服饰

资料补充

土家族赶年节

所谓"赶年"，就是"往前赶一天过年"或"提前过年"，即赶在汉族过年的前一天过年。汉族腊月三十过年，土家族就在二十九过年。汉族在二十九，土家族就在二十八过年。

相传明嘉靖年间，倭寇屡犯我东南沿海，烧杀抢掠，无恶不作。朝廷下令征调湘鄂士兵前往征剿，而且限期到达指定海防前线。战事紧急，军令如山，可又新年在即，无奈，老人们决定，提前过年。让孩子们过完阖家团圆的新年再启程上路，高高兴兴地奔赴前线，驱逐倭寇，安定海疆，保卫祖国的神圣领土不受侵犯。从此，便形成了过赶年的习俗。

过年时，家家户户首先要在堂屋中用青布围出一个幕帐，象征当年士兵们宿营的营房。帐中置祭桌，上摆传统的年饭、腊肉、粑粑。粑粑上插饰松枝、梅花，旁边用一小竹篓盛装一大把筷子。松枝梅花表示郊野，筷子代表箭，象征当年土家族子弟出征前赶年的情景。

禁忌： 土家族禁食狗肉。忌随意移动火炕中的三脚架。忌用脚踩踏或坐在灶上以及将衣裤、鞋袜和其他脏物放在灶上。忌在家里吹口哨和随意敲锣打鼓。

三、黎族

（一）概况

黎族主要分布在海南省中南部的琼中、白沙、三亚、通什、乐东等地，语言属汉藏语系壮侗语族。黎族无本民族的文字，通用汉文。黎族的宗教信仰以祖先崇拜为主，其次为自然崇拜，有些地方还保留着原始的氏族图腾崇拜的痕迹，近年来，有少数人信仰基督教。

（二）民俗

居住： 黎族是海南岛独有的少数民族，具有悠久的历史和古老的文化。黎族村寨都依山傍水，村寨建在山坡上，一间间一幢幢的茅屋、竹楼，有小河在村前流过，构成了一幅田园式的生活画卷。黎族民居因各个支系的不同而各具特色。通过民居的不同特点可以区分出支系来。如：杞黎以船形屋为代表，而润黎则以龟形屋（图2.4.3）为代表。

图2.4.3　黎族龟形屋

在不同形状的房屋中，船形屋是最具有原始风貌的建筑，相传在三千年前的殷周，黎族的祖先乘木船漂流过海，克服了种种险阻，来到了美丽富饶的海南岛，并决定在此定居，于是木船就成了他们避风挡雨的屋舍。后代为了纪念祖先并崇拜祖先，木船形的草屋便代代相传，而且取名叫"船形屋"。如今，船形屋已不多见了，主要保存在五指山腹地。

龟形屋是润黎所特有的。龟形屋远看像只乌龟，是所有黎式民居中较大的一种。屋呈圆形，主要以竹木为墙架。

黎家茅草屋的搭建是十分原始的。首先，以竹木捆扎的方式，搭成屋的框架。然后，把选好的稻草根放在水里泡三天，等到腐烂以后与有黏度的红土掺和在一起，再把它一块一块捞出来，糊在搭好的竹架上。当"墙"修好后，就开始搭建屋顶。屋顶的主要用料是茅草和竹条。先用竹条把晒干的茅草一捆一捆夹好，运上屋顶后，再把一捆一捆的茅草间用竹条捆扎联结，这样屋顶就非常结实。不管是倾盆大雨，还是台风，都没有被风吹倒和漏雨的现象。屋顶的茅草1～2年换一次。

在黎族家的屋门上，常会悬挂牛头和牛角，这是他们喜爱牛、崇敬牛的表现。如果跟随自己十几年的牛死后，他们会把牛的额骨、牛角留下，悬挂在自家门口。牛角是成对搭配的，一头公牛、一头母牛，母牛角置于公牛角的上边。黎族人以这种方式表达对牛的怀念和喜爱，同时也象征着主人要像牛一样勤劳与不畏艰辛。

饮食：黎族以稻米、玉米、番薯为主食，竹筒烧饭是黎族日常生活中独特的野炊方法。黎族人喜爱嚼槟榔，槟榔是待客、订婚不可缺少的佳品。

服饰：黎族传统织绣工艺技艺精湛，风格独特，不仅品种多样，内容广泛，而且广为应用，经久不衰。尤其以东方美孚黎族妇女的扎染工艺和白沙润黎妇女的《人龙图》绣最为出名，而五指山地区的黎绣则以艳丽闻名。黎族妇女多挽髻于脑后，插以骨簪或金属簪，披绣花头巾，上衣无扣，对胸开襟，下身穿筒裙。喜欢锡、银等制作的耳环、项圈、手镯等装饰品。男子结发于额前或脑后，以红布或黑布缠头，穿无领对襟上衣，下身穿前后两幅布的"吊檐"。有些地区居民仍然保留有文面、文身习俗。文身部位主要有脸、颈、胸和四肢等处。不同地区，文身图案差别很大。

丧葬：主要是土葬。

节日：黎族的传统节日主要有三月三，因在每年三月三举行而得名。

禁忌：忌头朝门口睡觉，如过路客人无意犯忌，主人会以为有祸临头。妇女文身忌男人参与或偷看。

思考题

"不到西藏，不知道天空有多蓝；不到拉萨，不知道空气有多鲜；不到大昭寺，不知道信仰有多诚，不到八廓街，不知道逛街有多爽"。八廓街也叫八角街，从某种程度上说，八廓街也是拉萨的象征，说起八廓街，拉萨人无不自豪，外地游客也一样，去拉萨必去八廓街！八廓街位于拉萨老城区，是围绕大昭寺的一条环形街道，也是拉萨最古老的街道。如今，八廓街在人们的心目中，已不仅仅是八廓街了，它是整个拉萨老城区一片典型的藏族建筑的代表，也是拉萨古城的代表。大大小小的喇嘛庙、清真寺、酒馆、店铺错落其间。围八廓街走一圈，即朝了佛又可以买到许多东西。这是一条追溯西藏历史发展的文化古道，是荟萃民间传统商品的古老商业街，它不仅充满了独特的雪域文化的浓烈氛围，也是西藏文化艺术和民俗风情集中的展示地。

这时，外国游客好奇地向你询问藏族的相关知识，请你组织3～5分钟左右的语言，通俗易懂地向其介绍藏族的民俗。

第三章

中国旅游景观

第一节　山地旅游景观

一、地貌景观

我国的地貌环境复杂，千姿百态，构成了各具特色的风景。若以自然景观为基础，以成因为主要依据，综合考虑景观美学与人文特征，可将其分为花岗岩地貌、丹霞地貌、流纹岩地貌、熔岩地貌、岩溶地貌、雅丹地貌、冰川地貌、海岸地貌等类型。

（一）花岗岩地貌

花岗岩是一种酸性侵入岩，是由地球内部岩浆侵入地表处冷却凝固而成，由石英、长石和云母等矿物组成，俗称"麻石"。颜色呈肉红色或灰白色，花纹美丽，岩性坚硬，不易风化，节理发育。

花岗岩地貌依据海拔高度和造型地貌的尺度，可分为花岗岩山地、花岗岩丘陵和花岗岩石块三种特色迥异的景观。

花岗岩山地都是构造运动形成的断块抬升山地，具有山体高大、主峰突出、群峰簇拥、峭拔危立、雄伟险峻、岩石裸露的特征，局部多奇峰、深壑、怪石，球状风化明显。许多花岗岩山峰顶部轮廓圆滑，犹如含苞待放的莲花，故多以花山命名，如华山、九华山（因古代"华"同"花"）、黄山的莲花峰等。我国的花岗岩山地分布极广，尤以东部沿海地区最为集中，典型的有泰山、华山、衡山、黄山（图3.1.1）、九华山、大别山、三清山、天台山、天柱山、崂山、千山等。

花岗岩丘陵一般是早期构造运动中形成的断块山地，成山后长期处于外力的持续作用下，因此山体高度较小，起伏和缓。著名的有浙江的普陀山、福建厦门的鼓浪屿和泉州的清源山、天津蓟县的盘山等。

花岗岩石块在球状风化的作用下形成各种轮廓浑圆、造型奇特的石头蛋和"风动石"，遍布在花岗岩山地、丘陵和沿海岸的海滩上，以海南及福建沿海景观特征最典型。如黄山的"猴子观海"、普陀山的"磐陀石"（图3.1.2）、海南岛的"天涯海角"、辽宁千山的"无根石"、福建漳州东山岛的风动石等。

图3.1.1 黄山莲花峰

图3.1.2 普陀山的磐陀石

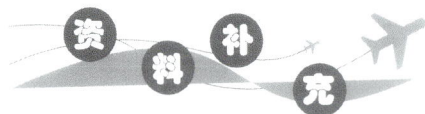

黄山天下奇

  黄山位于安徽省黄山市,古称黟山,相传古代轩辕黄帝曾在此采药炼丹,唐玄宗因此令其改名为黄山。景区内有72峰,最高峰莲花峰,海拔1864米,峰顶小峰簇拥,俨若新莲初开,仰天怒放,故名"莲花峰"。天都峰、光明顶海拔皆在1800米以上。重峦叠嶂,峰峰竞秀,怪石林立,巍峨挺拔,雄奇瑰丽,集天下奇景于一山,兼有泰山之雄伟、华山之险峻、衡山之烟云、庐山之飞瀑、峨眉之清秀、雁荡之怪石,素有"天下第一奇山"之誉,并以奇松、怪石、云海、温泉四绝闻名于世。明代大旅行家徐霞客曾赞叹道:"五岳归来不看山,黄山归来不看岳"。黄山于1990年被列入《世界遗产名录》,为世界自然与文化双重遗产地。

(二)丹霞地貌

  丹霞地貌是在红色砂砾岩地区发育而成的。红色砂砾岩结晶大,硬度小,易受流水侵蚀、重力崩塌等外力影响,地质历史时期由红色砂砾岩构成的山间盆地在内外应力作用下,易形成中尺度的造型地貌,多由方山、奇峰、赤壁、岩洞等构成。因最早发现于广东仁化的丹霞山最典型,故地质学家将其命名为丹霞地貌。

  丹霞地貌的景观特征:碧水丹山,玲珑精巧。广东仁化丹霞山景区20多座冈丘,临江拔起,如垒如堡,如柱如塔,色渥如丹,灿若明霞;给人以俊秀挺拔,奇特优美之感(图3.1.3)。

图3.1.3 广东丹霞山风光

我国丹霞地貌分布较广，集中分布在东南部、西南部以及西北部干旱区的26个省区。其中广东丹霞山、福建武夷山、江西龙虎山、四川青城山、安徽齐云山、贵州梵净山、甘肃麦积山及崆峒山等，都是著名的游览胜地。

（三）流纹岩地貌

流纹岩是一种酸性火山喷出岩。致密坚硬，有流纹状构造。在外力作用下，形成丰富多彩的造型地貌，并且有变幻之妙，故被誉为"变幻造型地貌博物馆"。这种地貌主要分布在浙闽一带，以浙江雁荡山最为典型（图3.1.4）。雁荡山主峰灵峰，白天观如双掌相合，曰"合掌峰"；晚上看则如夫妻相会，故名"夫妻峰"；月夜下从特定角度观看，又似双乳高悬，故名"双乳峰"；再移步则形似雄鹰，故又名雄鹰峰，若采取特殊的姿态：背对该峰，仰面后看，那鹰更有振翅欲飞之动感。郭沫若有诗赞曰："灵峰有奇石，入夜化为鹰。势欲凌空去，苍茫万里征。"

图3.1.4　雁荡山灵峰之不同地貌造型

（四）玄武岩地貌

玄武岩是一种基性火山喷出岩，也称熔岩。由地下岩浆喷出地表后经结晶、冷却、凝固而形成。地貌形态主要有火山锥、火山弹、火口湖、熔岩台地、喷气锥、熔岩隧道、堰塞湖等，此外火山地貌区常伴有温泉出露。这种地貌主要分布在地壳活动地带，如云南腾冲、山西大同、黑龙江五大连池、吉林长白山、台湾大屯等地。最典型的有黑龙江五大连池火山群，历史上多次爆发，最后一次爆发于1719—1721年，留下了14座火山锥及5个水体相连的火山堰塞湖，五大连池由此得名。火山地貌形态完整，保存完好，熔岩流动景象清晰，岩浆喷发的场面跃然如初，地貌复杂多样，形态各异，面积达64平方千米，奇丽壮观。地质专家称其是"中国少有，世界罕见"，被誉为"火山地貌博物馆"。

（五）岩溶地貌

岩溶地貌在国际上通称为喀斯特地貌，是以碳酸岩类岩石（主要是石灰岩）为主的可溶性岩石在以水的溶蚀为主的内外应力作用下形成的地貌。石灰岩在纯水中溶解度很小，只有水中含有二氧化碳时，溶解作用才会显著增加。而且这个过程是可逆的。

岩溶地貌的基本特征：地表山地高度不大，石峰林立或孤峰突起，而且造型丰富。地下溶洞遍布，洞内常有地下湖或地下暗河，以及由石灰岩溶解沉淀而形成的石钟乳、石笋、石柱、石花等千姿百态的洞穴景观。

岩溶地貌在我国分布极广，面积达130多万平方千米，主要以广西、云南、贵州最为广泛和典型，粤西、鄂西、湘西、重庆、川东、川南、苏南、浙西、辽中、北京等地也有分布。2007年，中国南方喀斯特（云南石林、贵州荔波、重庆武隆）被列入世界自然遗产名录。

岩溶地貌观赏价值较高的地貌形态主要有峰林、石林、石灰华、溶洞、天生桥、天坑地缝等。

1. 峰林地貌

是一种发育成熟典型的岩溶地貌。峰林即成群分布、基座不相连的石峰。以地面奇峰为主，孤峰、峰林遍布，以广西桂林山水为代表。桂林至阳朔一段83千米的漓江两岸（图3.1.5），奇峰突起，怪石峥嵘，江流弯转，岩洞幽深，形成所谓桂林四绝：山清、水秀、洞奇、石美。漓江蜿蜒曲折穿行于峭拔挺秀的群峰之间，沿途竹翠林荫，田园似锦，绘成一幅天然山水画卷，故赢得古人赞美："江作青罗带，山如碧玉簪""桂林山水甲天下，阳朔风景甲桂林"。清诗人袁枚《兴安》或《由桂林溯漓江至兴安》："江到兴安水最清，青山簇簇水中生；分明看见青山顶，船在青山顶上行"作者抓住漓江的水清来写，着笔于水中的倒影，幻化出船行江中如行山顶的感觉，构思新奇，为写漓江山水的名绝。

图3.1.5 桂林山水

2. 石林

地貌上称石芽。众多石芽排列如莽莽森林，又似刀峰剑林，故称石林，以云南路南石林为代表。数十米高的石峰如林，层理明显，寸土不受，寸草不生，峭拔尖利，有的似刀峰剑林，有的状如各种人物、鸟兽、姿态万千，如"凤凰灵仪""孔雀梳翅""阿诗玛"（图3.1.6）、"万年灵芝""母子偕游""双鸟捕食"等，故被称为"天然雕塑博物馆"。

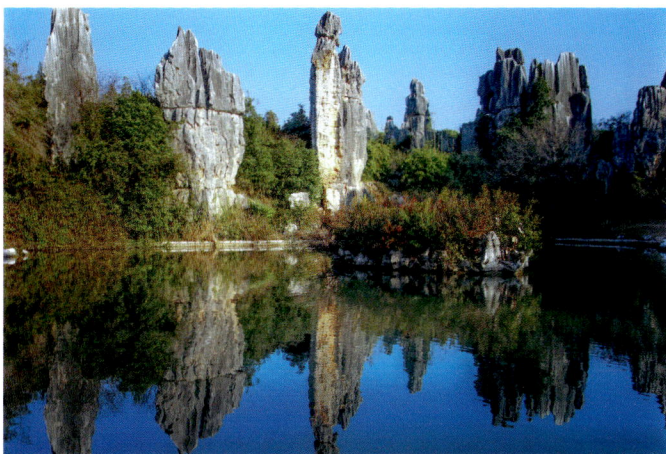

图3.1.6　路南石林中的"阿诗玛"

3. 石灰华

在四川松潘黄龙寺地区，还分布有一类特殊的岩溶地貌类型——石灰华，即碳酸盐沉积物，一般出现于溶洞底部或岩溶泉露头处，很少形成于地表。黄龙寺所在的黄龙沟谷坡则有上下近600米一连串起伏的乳黄色石灰华，犹如梯田，凹处积水，水藻丛生，呈现绿、橙、红、紫等色调，共有3400多个彩池，五彩缤纷，异常壮观，其景色同美国黄石公园相似，只是规模稍逊。

4. 溶洞

溶洞是地下水沿可溶性岩层层面、裂隙、节理或断裂带进行溶蚀扩大而成，大小不一，形态多样，既具观赏、疗养治病的功能，又可进行探险和科学考察。因洞中既有山、水、河、湖、瀑布，还有众多微地貌景观，如钟乳石、石笋、石柱、石幔、石花、石珍珠、太湖石、上水石等，多姿多彩，观赏价值极高。其中太湖石是古典园林中不可缺少的部分，用于堆叠假山或作为独立的观赏石（如上海豫园的"玉玲珑"）；上水石是制作盆景艺术的材料。我国溶洞资源非常丰富，分布极为广泛，如桂林芦笛岩、南宁的伊岭岩、柳州都乐岩、安顺织金洞、宜兴三洞、桐庐瑶琳仙境、辽宁本溪洞、肇庆七星岩、湖北腾龙洞（图3.1.7）等，其中腾龙洞是目前我国已探明的最大的岩溶洞穴，洞口有80多个，已探明长度52.8千米，为中国之最，已入选中国最美的溶洞之一。

图3.1.7　湖北腾龙洞

5. 天生桥

天生桥多由溶洞顶部两侧崩落或地下河不断溶蚀形成，顶板未全部崩塌，两侧与地面相连，而中间悬空的桥状地形。如贵州黎平县天生桥高78.8米，宽112米，拱高38.8米，跨度118.9米，为世界最大的天生桥。

6. 岩溶漏斗（天坑）

是一种碟形或漏斗形的洼地，宽数十米，深数米至十多米，主要由流水沿裂隙溶蚀而成。如重庆奉节小寨天坑、云阳县云阳天坑及兴文县天泉洞后洞大漏斗，均为典型的岩溶漏斗。有些天坑区会形成地缝奇观，旅游价值极高。

（六）风沙地貌

风沙地貌是干旱地区由于风力的侵蚀、搬运和堆积作用所形成的地貌形态的总称，主要有风积地貌和风蚀地貌两种类型。

风积地貌的形态有沙丘和鸣沙。沙丘中最具观赏价值的是新月形沙丘和金字塔形沙丘。鸣沙是沙漠中的奇观，流沙在沙丘上滚动，会发出巨大的轰鸣声，被称为"会唱歌的沙丘"。甘肃敦煌鸣沙山、宁夏中卫沙坡头（图3.1.8）、内蒙古达拉特旗银肯沙丘是我国著名的三大响沙。

图3.1.8　宁夏中卫沙坡头

"雅丹"源于维吾尔语，意为"有陡壁的小丘"，是最典型的风蚀地貌。是指巨厚的河湖相沉积岩层经强风侵蚀及瞬时洪水冲刷后形成的地貌，常呈现风蚀垄脊、土墩、石笋、石兽、石亭、石塔、风蚀沟槽、洼地等形态，远望犹如废弃的古城堡，嶙峋古怪，然而人迹全无，故俗称"魔鬼城"。因最早发现于新疆罗布泊附近的雅丹地区，故此命名为雅丹地貌。此外，新疆的乌尔禾、将军崖的魔鬼城非常典型。中国的雅丹地貌面积2万多平方千米，主要分布于青海柴达木盆地西北部、甘肃疏勒河中下游、新疆罗布泊周围和乌尔禾地区。

（七）冰川地貌

主要由冰川的侵蚀和堆积作用形成，包括冰川侵蚀地貌和冰体地貌。冰川侵蚀地貌有冰斗、角峰、刃脊、冰川槽谷、峡湾、羊背石等冰蚀地貌形态；冰体地貌是冰碛物堆积的各种地形及未融化的冰体构成地貌的总称，有冰碛丘陵、终碛堤、鼓丘、冰砾扇等冰碛地貌形态，冰体融化所形成的冰桌、冰桥、冰蘑菇、冰塔林、冰瀑等。冰川地貌发育在高纬地带或高山地区的现代冰川分布区。冰川地貌主要是科学考察的对象，同时也有较高的旅游价值。目前已有一些地区开发了冰川旅游风景区，如四川贡嘎山的海螺沟、新疆阿尔泰山的喀纳斯冰川湖、天山的扎木尔峰、云南的玉龙雪山（图3.1.9）等。其中，海螺沟已建成我国第一座冰川公园。

图3.1.9　玉龙雪山

（八）海岸地貌

海岸地貌是指海岸在地质构造运动、海浪、潮汐冲刷和堆积、生物作用和气候因素等共同作用下形成的各种形态。从总体上可分为海岸侵蚀地貌和海岸堆积地貌。

侵蚀海岸又称岩岸、基岩海岸，主要分布在山地丘陵海岸地区。在海浪、海潮等的强冲蚀作用下，易形成海蚀穴（龛）、海蚀崖、海蚀平台、海蚀拱、海蚀蘑菇等海蚀地貌景观，多具很高的欣赏价值。如大连的金石滩、台湾的清水断崖和野柳海岸等。我国的侵蚀海岸主要分布在杭州湾以南的大部分海域以及杭州湾以北的山东半岛和辽东半岛。

海岸堆积地貌又可分为砂砾质海岸、淤泥质海岸和生物海岸三种类型。砂砾质海岸简称为沙岸或砂岸，主要发育于平原地区及岬角与港湾相间的平阔基岩海岸。在波浪、潮汐等的搬运和沉积作用下，易形成由沙、砾石堆积而成的沙滩、砾石滩、沙嘴、连岛沙洲等海积地貌。其中，沙粒细软、沙质纯净、坡度相宜的宽阔沙滩海岸，是开展海滨度假旅游的最佳场所，可进行海水浴、日光浴、沙滩浴等活动。如大连、青岛、北戴河、厦门、北海、三亚等都是著名的海滨胜地。值得一提的是，我们常见的多是金色或银色沙滩，实际上世界上还有多处彩色沙滩，也是很好的旅游胜地。如澳门的黑沙滩；巴哈马哈伯岛的粉色沙滩；夏威夷群岛既有黑色沙滩，更有罕见的红色沙滩和绿色沙滩。

淤泥质海岸简称泥岸，目前未用于旅游活动，但可开辟为海盐场，如海南的莺歌海，为我国最大的海盐场。沙岸和泥岸主要分布在杭州湾以北的海域及杭州湾以南岬湾相间的海岸地区。

生物海岸有红树林海岸、珊瑚海岸之分，两者都是在热带、亚热带气候条件下形成的特殊堆积地貌。红树林是一种稀有的木本胎生植物，在中国共有37种树种。其生态奇特，根系发达，耐盐碱度高，繁殖方式特殊。红树林较易成林，形成天然防波堤，且外形美观，极具观赏价值。我国的红树林海岸主要分布在海南、台湾、广东、广西、福建及浙江南部海岸。珊瑚海岸是造礁珊瑚、有孔虫、石灰藻等生物残骸构成的海岸。珊瑚自古即视为宝玩，还是佛教七宝之一。活珊瑚生长在温度高于20℃的海水中，形态多样，有鹿角状、枝状、板状、蘑菇状等，色彩鲜艳，有红、绿、白、黄等多种颜色，极具观赏价值。珊瑚礁区域又是热带鱼类的理想生活环境，热带鱼类聚居，因而珊瑚海岸往往成为潜水旅游胜地。世界著名的以观赏珊瑚和鱼类为特色的旅游地当属澳大利亚大堡礁，纵贯澳洲东北沿海，绵延2000多千米，是世界最大最长的珊瑚礁群，也是世界最大的海底大花园。我国的珊瑚海岸主要分布在台湾东南海岸、海南岛沿岸和雷州半岛沿岸，此外，南海诸岛中有众多的珊瑚岛礁。

（九）黄土地貌

我国的黄土高原是世界上最大的黄土分布区，深厚的黄土层在流水的侵蚀、切割作用下形成了黄土塬、黄土梁、黄土峁、黄土柱、黄土坪等千沟万壑的地貌形态，以及独特的窑洞民居形式。位于陕西延安的洛川黄土国家地质公园（图3.1.10）是世界上独一无二的以黄土剖面和黄土地质地貌景观为特色的公园，公园以黑木沟为主体，沟内黄土微地貌发育，如：黄土滑坡、崩塌、黄土悬沟、黄土落水洞、黄土桥、黄土柱、黄土墙等。这些微地貌构造奇特，天然成趣，观赏性极强。

图3.1.10 洛川黄土地貌

二、山地旅游景观

"高山仰止，景行行止"。中国人自古就爱山、敬山、崇山、朝山，对山有着特殊的心理。山承载着我们太多的情感：精神的寄托、文学的源泉、宗教的圣地、隐士的家园……山又深藏着无数自然的奥秘：记录着地球的历史、地质地貌的成因、生物的神奇……提起山，总会令人想起"高山仰止""气吞山河""山摇地动""泰山北斗"等成语。由于历史的原因，我国的名山众多。

名山一说起源很早，相传周代《山海经》中即列出当时有名山451座。我国传统的风景名山是指在具有自然美的典型山岳景观基础上，渗透人文美的山地空间综合体。从海拔高度来看，多为中低山；从地区分布来看，南方居多，但历史悠久的传统名山则多分布在北方。根据我国名山的文化价值取向，可将其分为以下几类：五岳名山、宗教名山、传统山水文化名山、近现代历史名山、当代风景名山。

（一）五岳名山

源于远古人们对"山神"的敬畏和天地信仰而形成的历史名山。"五岳"是由历代帝王根据封禅祭天、巡幸天下的需要，按地理方位加封的五座大山。封禅活动起源很早，相传夏、商、周三代曾有72位君王登泰山祈祷，但自秦始皇开始有史记载。新帝登基，须前往高山祭告上苍，感谢上天保佑自己取得了政权，并祈祷上天继续保佑帝祚永存，借助天神的力量来达到巩固统治的目的。帝王的举动当然会产生较大的影响，封禅地点便成为天神的化身，常被用作封禅的五座山被称为"五岳"。道教产生后，五岳又成为道教的圣地，影响也就更大。

五岳最早的记载出自《尔雅·释山》："泰山为东岳，华山为西岳，霍山为南岳，恒山为北岳，嵩高为中岳"。后隋炀帝改南岳为衡山，沿袭至今。在中国的名山中，五岳占有显著的地位。

从自然景观特色而言，东岳泰山之雄，西岳华山之险，北岳恒山之幽，中岳嵩山之峻，南岳衡山之秀，早已闻名于世界。而清代魏源在《衡岳吟》中更以"恒山如行，岱山如坐，华山如立，嵩山如卧，唯有南岳独如飞"来形容五岳之势，形象地再现了五岳的特点。

（二）宗教名山

是指在历史发展过程中，因宗教的因素而形成的名山。包括佛教名山和道教名山。

1. 佛教名山

佛教自东汉传入中国以来，尤其是唐代禅宗兴起之后，远离尘世、风景优美、环境清幽的山林之所，成为僧侣修持和信徒礼佛的主要选址，由此也形成了"天下名山僧占尽"的态势。其中山西五台山、四川峨眉山、浙江普陀山、安徽九华山分别被设为文殊、普贤、观音、地藏之道场，分别象征大智、大行、大悲、大愿，历史上兴建众多寺庙，香火旺盛，成为地方佛教中心，故被称为四大佛教名山。明代起有"金五台、银普陀、铜峨眉，铁九华"之说，以此反映四座山在信徒心目中的不同地位。此外，还有八小佛教名山：北京香山、陕西终南山、河南嵩山、浙江天台山、云南鸡足山、湖南衡山、江西南山、江苏狼山。

2. 道教名山

道家的理想是长生不老，得道成仙。因此道教更崇尚云雾缥缈的高山胜岳、奇峰异洞，以期修身养性，采药炼丹，得道成仙。并常与佛教争占名山胜地，道教称之为"洞天福地"，为神仙居所。由此形成了"十大洞天""三十六小洞天""七十二福地""十洲三岛"等一大批道教名山。其中十大洞天所依山岳依次是：河南王屋山、浙江黄岩委羽山、青海西倾山、陕西华山、四川青城山、浙江天台赤城山、广东罗浮山、江苏茅山、太湖西洞庭山、浙江括苍山。此外，人们又常把武当山、龙虎山、青城山、齐云山称为四大道教名山。

（三）传统山水文化名山

主要指以突出的自然山水美或具有世外桃源般的田园风光美著称，渗透中国传统山水审美文化的名山。如安徽黄山、福建武夷山、浙江雁荡山、江西庐山等。

（四）近现代历史名山

指由近现代政治、军事、经济、文化等重大历史活动和历史过程，尤其是社会变革过程所形成的风景山岳，如井冈山、韶山、延安宝塔山等。

（五）当代风景名山

主要指经新发现、新开发而成的当代旅游名山，也包括可部分为旅游利用、具突出自然特色的著名山地自然保护区，如武陵源、梵净山及中国最美十大名山等。

第二节　水体旅游景观

一、海滨旅游景观

海洋，作为一种康乐性旅游资源，大致可以分为海面风光、海滨（海岛）风光、海底世界、海洋生态景观和海洋历史文化景观。

良好的气候和海水条件，让海滨成为疗养度假的好去处。地中海沿岸、夏威夷、加勒比海、东南亚、我国的海南等地区气候适宜、阳光充足，是世界著名的避暑、疗养、度假胜地。

（一）大连海滨

大连市位于辽东半岛南端，是个港口城市。海岸线长30千米，山水相连，礁石错落，具有观赏价值的海蚀柱、海蚀崖、海蚀洞、海蚀拱桥等景观甚多。海滩坡度小，潮差不大。夏季海表水温达20度以上，是优良的海滨浴场。旅顺港地势险要，保留了许多战争遗迹。新开发的金石滩海岸带由四大景区50多个景点组成。西南方的老铁山是候鸟的乐园，西北海中的蛇岛是我国唯一的蝮蛇保护区。

（二）北戴河海滨

位于河北省秦皇岛市，背依联峰山，面临渤海。夏季气候凉爽宜人，全年适于海水浴的天数约110～120天。春无大风沙，附近海域海水清澈，沙滩绵延十多千米，沙软潮平（图3.2.1）。海岸地区也发育了海蚀地貌，老虎石、鹰角石、骆驼石、对语石等形象逼真，栩栩如生。联峰山上奇峰异石遍布，松柏竞秀。登望海楼可俯瞰海滨全景，远眺秦皇岛码头及昌黎碣石山。此外，附近还可观览山海关古长城、关城、姜女庙等古迹。

图3.2.1　北戴河海滨

（三）青岛海滨

青岛市是胶东半岛东南的港口城市（图3.2.2）。港阔水深，风平浪静，不冻不淤。城市随山而建，高低错落，具有青山、碧海、绿树、红墙之美景。海滨最热月均温只有25℃，是避暑佳地。在汇泉湾、太平湾一带开辟了广阔的海滨浴场。海岸线曲折多港湾，岩礁星罗棋布，有"石老人""玉女盆"等海蚀景观。市南青岛湾中伸入大海的栈桥及回澜阁是青岛十景之一，也是青岛的象征。栈桥东南海中小青岛（琴岛）上有高15.5米的白色八角灯塔，构成"琴岛飘灯"一景。

图3.2.2 青岛海滨

（四）三亚海滨

三亚市位于海南岛最南端。市东南有著名的亚龙湾海滨，海滩长7000米，沙细软洁白，海碧天澄，风平浪静，四季可浴，被称为"东方夏威夷"。海底有美丽的珊瑚景观。市西天涯海角海滨，海滩上巨石罗列，有立有卧，其中二石上分别镌刻着"天涯""海角"，另一巨石上镌刻"南天一柱"四字。海滩平坦，海水洁净，是海水浴和海滨观赏胜地。

二、江河旅游景观

众多的河流不仅可用于灌溉、航运和舟楫，而且很多河流自身就是景观，或与其他景观相结合构成了风景优美或历史文化悠久的河段景观旅游资源。

（一）长江三峡

长江三峡是长江中最为壮丽的一段。它西起重庆奉节白帝城，东止湖北宜昌南津关，全长193千米，由瞿塘峡、巫峡和西陵峡组成。瞿塘峡（图3.2.3）长8千米，两壁对耸狭窄，最窄处不到百米，最宽处不过150米，以雄伟险峻著称。巫峡以巫山得名，长45千米，是三峡中最整齐的峡谷。巫峡以幽深秀丽著称。西陵峡全长76千米，其特点是峡中有峡，滩内含滩，江流回环曲折，以险著称。不过随着举世闻名的三峡水利枢纽工程的建设，这里已是"高峡出平湖"的壮观景象。三峡沿岸分布有纪念大禹治水的黄陵庙、古悬棺、古栈道、白帝城、屈原故里等名胜古迹，美不胜收。

图3.2.3　瞿塘峡

（二）黄河

黄河是我国第二大河，是中华民族的母亲河，它发源于青海省巴颜喀拉山北麓，全长5464千米，流经我国9个省市自治区，注入渤海。由于黄河中游流经土质疏松的黄土高原，使得黄河成为世界上含沙量最多的河流，它像一条金黄色的巨龙，横卧在祖国北部辽阔的大地上。

黄河上游分布约19个峡谷，如龙羊峡、刘家峡、青铜峡等，并在内蒙古高原上冲积形成有"塞上江南"之称的银川平原和河套平原。黄河中游则形成含沙量高居世界各大河之冠的浑浊黄水，并在此段形成著名的龙门和壶口大瀑布。在流入河南孟津之后的下游河段，在华北平原上形成举世闻名的"地上河"，全长900千米。

（三）雅鲁藏布江

雅鲁藏布江（图3.2.4），在古代藏文中称央恰布藏布，意为从最高顶峰上流下来的水，是中国最长的高原河流，位于西藏自治区，也是世界上海拔最高的大河之一。雅鲁藏布江全长2840千米（包含支流全长3848千米），流域面积约93.5万平方千米，其中在中国境内长度2057千米，流域面积24.6万平方千米。以中国境内长度来说为中国第5大河（仅次于长江、黄河、黑龙江和珠江）。其水能蕴藏量丰富，在中国仅次于长江。雅鲁藏布江大拐弯处的雅鲁藏布江大峡谷是世界第一大峡谷。

图3.2.4　雅鲁藏布江

（四）黑龙江

黑龙江源自海拉尔河，中段与俄罗斯相邻2800余千米，下游进入俄罗斯境内。在我国境内的支流有松花江、乌苏里江，松花江的支流嫩江、牡丹江等。该区域的景观以莽莽苍苍的森林、绚丽的冰雪景观、珍奇的野生动物、奇特的文化古迹而闻名遐迩。

（五）京杭大运河

京杭大运河隋代开凿，全长1764千米。是世界上开凿最早、最长的人工河。这条古老的运河流经北京、天津、河北、山东、江苏、浙江6个省市，连接了海河、黄河、淮河、长江和钱塘江5大水系。沿河分布的古城、工商业城市和风景名城有杭州、嘉兴、苏州、无锡、常州、镇江、扬州等。大运河不仅具有交通功能，而且将燕赵、楚汉、鲁豫、吴越文化连环成链，成为贯穿南北的重要旅游景观。江苏、浙江和上海都相继开辟运河水上游览线。

三、湖泊旅游景观

湖泊是陆地上洼地积水形成的水域宽阔、水量交换缓慢的水体，也是陆地上最大的水体。在我国各地分别有不同的称呼，如海、海子、库尔、库勒、泡子、诺尔、淖、茶卡、错、荡、淀等。我国湖泊不仅数量多，且类型齐全。

（一）按水质分类

按湖水水质，可将其分为三种类型，即淡水湖、咸水湖、盐湖。

1. 淡水湖

湖水矿化度<1克/升的为淡水湖，如中国五大淡水湖：鄱阳湖、洞庭湖、太湖、洪泽湖和巢湖。

2. 咸水湖

湖水矿化度在1～35克/升之间的为咸水湖，如中国最大的咸水湖是青海湖。

3. 盐湖

湖水矿化度>35克/升的为盐湖，如我国最大的盐湖是位于柴达木盆地的察尔汗盐湖。

（二）按成因分类

根据湖泊的成因，可将其分为河迹湖、构造湖、堰塞湖、海迹湖、火口湖、冰川湖、岩溶湖、风蚀湖和人工湖九种类型（表3.2.1）。

表3.2.1　湖泊类型

类别	成因及特点	分布	代表性湖泊
河迹湖	因河流改道、在废弃的河道积水而形成的湖泊，湖形似弯月。水质一般为淡水	大多分布于大河中游平原地区，如长江中游地区	洞庭湖、湖北洪湖、惠州西湖
构造湖	因地壳断裂、沉陷、褶皱等地质活动形成的洼地积水而形成的湖泊。湖水一般较深，湖形多呈椭圆或狭长形，湖岸平直，岸坡陡峭	云贵高原及青藏高原	滇池、洱海、抚仙湖，青海湖

类别	成因及特点	分布	代表性湖泊
堰塞湖	因山崩、火山熔岩、泥石流等物质堵塞河道而形成的湖泊	东北地区较多	黑龙江省的镜泊湖、五大连池等
海迹湖	是由古海湾封闭而成的湖泊，又称潟湖	主要分布于滨海三角洲冲积平原地区	无锡太湖、杭州西湖、江苏洪泽湖
火口湖	因火山喷发后遗留的火山口积水而成的湖泊。其特点是湖泊外形近圆形或马蹄形，湖岸陡峭，湖水较深	火口湖在我国分布广泛，长白山地、大兴安岭、云南、广东、台湾等地均有分布	长白山天池、腾冲大龙潭火山口湖
冰川湖	由冰川侵蚀的洼地积水而成的湖泊	多分布于高山高原或高纬度地区。我国主要分布于青藏高原和新疆等地	天山天池、阿尔泰山的喀纳斯湖
岩溶湖	岩溶作用的溶蚀洼地积水而成的湖泊	分布于岩溶地貌发育的广西、云南和贵州等省区	贵州草海、肇庆星湖
风蚀湖	因强风侵蚀的洼地积水而成的湖泊	主要分布于我国西北的干旱、半干旱地区	敦煌鸣沙山月牙泉、内蒙古苏古诺尔湖
人工湖	即人工水库，是指人工拦堤筑坝修筑的具有蓄水、防洪、发电、灌溉、养殖等多种功能的蓄水水体	多修筑在大江大河的中上游地区	浙江千岛湖、吉林松花湖、丹江口水库、三峡水库

（三）风景名湖

湖泊素称"大地明珠"。其构景水天一色，视野开阔，幽美静谧，是水域风景中最能体现相对静态的形、影、光、色等审美特征的水体。尤其是湖与山结合，湖光山色，岛屿缥缈，更加妩媚动人。此外，湖泊还可开展游泳、泛舟、垂钓、滑水、品尝水鲜等休闲娱乐活动，一定条件下也可开展冬季冰上运动等。湖区气候又往往适于休闲度假，因此湖泊是陆地水域休闲度假活动最重要的场所。

1. 杭州西湖

杭州西湖为海迹湖，原属古海湾的一部分，北面的宝石山和南面的吴山在当时是这个海湾的岬角，由于泥沙淤积，海退陆进，形成了举世闻名的西湖（图3.2.5）。杭州西湖位于杭州城西面，面积5.6平方千米，三面环山，一面临城，湖中和谐地点缀着一山二堤三岛。一山即是孤山，孤山景区名胜古迹多达30多处。二堤为苏堤和白堤，分别为纪念历史上整治开发西湖有功的苏轼和白居易而命名。苏堤和白堤把西湖分隔成外西湖、里西湖、北西湖、岳湖和小南湖五个部分。三岛是小瀛洲、湖心亭和阮公墩。古诗云："天下西湖三十六，其中最好是杭州"。西湖之美，妙在不管晴雨风雪，它总是别具风韵，奥妙无穷，令人百看不厌。正如北宋大文豪苏轼在《饮湖上初晴后雨二首·其

图3.2.5　雷峰夕照

二》中所描述："水光潋艳晴方好，山色空蒙雨亦奇。欲把西湖比西子，淡妆浓抹总相宜。"更为难得的是丘壑林泉之间深藏着数不清的人文胜迹：岳飞墓、灵隐寺、雷峰塔、放鹤亭、楼外楼、西泠印社等。自然与人文如此巧妙地结合在一起，构成人人称誉的"人间天堂"。

2. 洞庭湖

洞庭湖位于湖南省北部，北通长江，南纳湘、资、沅、澧四水，最大面积曾达6000平方千米，史有"八百里洞庭"之称，现存面积3900平方千米，为我国第二大淡水湖。湖区烟波浩渺，气象万千。江南三大名楼之一的岳阳楼临湖矗立，岳阳楼因宋代名臣范仲淹的《岳阳楼记》而名垂青史，其造型端庄，结构严谨，飞檐盔顶，别具一格，历有"洞庭天下水，岳阳天下楼"之说。湖中秀丽的君山岛被古代诗人誉为"白银盘里一青螺"，风景秀丽，古迹遍布，著名的有湘妃墓、柳毅井、斑竹等。相传舜帝南巡，不幸病故，其二妃娥皇、女英悲痛万分，泪水滴落在君山的竹子之上而留下斑斑泪痕，故名斑竹。后二妃悲痛而绝，葬于君山，化为湘水女神，极富神话色彩。

3. 天山天池和长白山天池

天山天池位于新疆天山主峰博格达峰北侧，是世界著名的高山湖泊。海拔1980米，湖形呈半月状，面积4.9平方千米，平均水深40米，最深处达105米。湖水清澈透明，水色瓦蓝碧绿，与天山雪峰相映衬，分外妖娆，是传说中周穆王会见西王母的"瑶池仙境"（图3.2.6）。

长白山天池位于吉林长白山主峰峰顶，海拔2200米，面积9.8平方千米，平均水深204米，最深处达373米，是中国最深的湖泊。湖水深邃，清澈湛蓝，湖岸陡峭，四周群山掩映，视野开阔，美不可言（图3.2.7）。天池北侧有一熔岩缺口，湖水从此飞泻而下，形成了著名的长白瀑布。近百年来，不时有人在此发现"天池怪兽"，引起游人极大的兴趣，也成为长白山天池的一大奇谜。

图3.2.6　天山天池——"瑶池仙境"　　　　　　　　　　　　图3.2.7　长白山天池风光

4. 五大连池

位于黑龙江省五大连池市，1719—1721年期间，由于火山连续喷发，阻塞了白河河道形成五个串珠状的湖泊，故称五大连池。纵长20千米，面积40平方千米，最深处达100多米。五个湖泊之间，水体相连，姿态各异。周围有14座火山环绕，凝固的熔岩千姿万态，更有医疗价值极高的矿泉。

四、泉水旅游景观

地下水的天然露头称为泉。

（一）泉城

1."泉城"济南

山东济南名泉密布，素以"泉城"闻名天下。古人有"齐多甘泉，甲于天下"的美誉。金代曾有人立"名泉碑"，列举济南名泉72处，以"趵突泉"为首，享有"天下第一泉"之称。实际上仅市区就有百余处，形成了趵突泉（图3.2.8）、黑虎泉、珍珠泉、五龙潭四大泉群。百泉争涌，各具风采：或急湍翻滚，如狮吼虎啸，或晶莹灿烂，似串串珍珠。众泉之水汇集一处，形成了荷柳辉映、风景秀丽的大明湖。"家家泉水，户户垂柳""四面荷花三面柳，一城山色半城湖"，这是我国古代诗人对济南泉城绮丽风光的赞美。此外，千佛山、四门塔等名胜荟萃，李清照、辛弃疾等名人辈出，使济南成为一座世人瞩目的历史文化名城。

图3.2.8 济南"趵突泉"

2."温泉城"福州

福建省会福州市是一座有着2000多年悠久历史的文化古城，背山依江面海，气候宜人，古迹遍布，风景秀丽，雅称"榕城"，此外还有"温泉城"的美誉。这是因为福州市区有一条5000米长、1000米宽的温泉带，面积约占市区面积的1/7，在此地带，泉眼密布，且水压大，水量足，水温高，水质优异，尤其适于疗养。

（二）历史名泉

根据品茶的需要，冲泡茶宜用矿化度小于1克/升的淡水泉。淡水泉清纯甘洌，中无杂质，能泡出最纯真的茶味。我国唐代以来即盛行"好茶须用好水煮"的茶风，由此评出了不少天下名泉。

1.天下第一泉——镇江金山中泠泉

中泠泉位于镇江金山，又名南零水，早在唐代即已天下闻名。唐代品茶大师刘伯刍把宜于煮茶的水分为七等，中泠泉因"水质轻，无涩味，清甜有余，赛过甘露"而名列第一，自此之后有"天下第一泉"之誉。南宋义天祥曾有诗写道："扬子江心第一泉，南金北米铸文渊。男儿斩却楼兰首，闲品茶经拜羽仙。"按理"天下第一泉"应该只有一个，但因历史上不同的人用不同的方法、标准来评定，故而出现多个"天下第一泉"。除中冷泉之外，有考证的"天下第一泉"还有北京玉泉、济南趵突泉、庐山谷帘泉、安宁碧玉泉等。

2. 天下第二泉——无锡惠山泉

位于无锡惠山景区，于唐代大历14年（公元779年）开凿，至今已有1200多年历史。惠山泉被茶圣陆羽、品茶大师刘伯刍都评为"天下第二"，元代大书法家赵孟頫和清代吏部员外王澍分别书有"天下第二泉"，刻石于泉畔。这就是"惠山天下第二泉"的由来。惠山泉分上、中、下三池，以上池水质最佳。相传唐代宰相李德裕极嗜饮此水，常令地方官吏用坛封装泉水，通过驿站从镇江运到京师长安，全程数千里，不惜劳民伤财。为此唐诗人皮日休有诗讽刺曰："丞相常思煮茗时，郡侯催发只嫌迟。吴关去国三千里，莫笑杨妃爱荔枝。"此外，我国民间音乐家、双目失明的阿炳，长期在惠山一带流浪，受环境熏陶，在泪泪泉水声中，他思绪万端，谱写了二胡名曲《二泉映月》，惠山泉也因此而名扬海外。

3. 天下第三泉——杭州虎跑泉

位于杭州西湖以南的虎跑山下，相传唐代有一高僧性空居此，苦于无水，无奈只得准备迁往他处。这时佛祖托梦说：没水不要紧，当遣二虎送来。果然，第二天，有二虎跑地作穴，泉水涌出，故名"虎跑泉"。因其水质优异，宜于泡茶，乾隆皇帝评其为"天下第三"。"龙井茶虎跑水"，自古即为西湖最佳名品，号称"双绝"。

（三）著名温泉疗养地

我国温泉众多，已形成康体疗养度假地的有辽宁汤岗子、北京小汤山、内蒙古阿尔山、广东从化、陕西骊山华清池等。

1. 内蒙古阿尔山温泉

位于内蒙古科尔沁右翼前旗阿尔山市。在面积350平方米的范围内，大大小小密布着48口泉眼，温度各异，从3℃至48℃不等，水质也各不相同，医疗功能也因而不同，且对人体的不同部位各有疗效，称问病泉、头病泉、眼病泉、耳病泉、胃病泉、五脏泉等等。凡来此疗养的游客先在问病泉处"问病"，再去"对症下泉"。而最神奇的还是五脏泉：五泉之水相距不过一尺，分别称心、肝、肺、脾、肾泉，水温也各异，各对一个脏器有疗效；引五泉之水汇于中央为浴泉，则主要治疗消化系统疾病。整个矿泉系统形同一个综合性医院。

2. 广东从化温泉

"从化温汤好，岭南第一泉"。位于广东从化市，分布于流溪河河床及其两岸，有泉眼十多处，水温60℃左右，以礁石泉、沙滩泉最著名。泉水中含有钙、镁、钾、钠、氡、二氧化硅等多种化学元素和矿物质，尤以富含氡气为特色。氡是一种弱放射性气体，是由镭衰变而成，在其蜕变的过程中所产生的射线具有穿透能力和很强的电离能力，医药上用来治疗癌症，也叫镭射气。氡泉对神经衰弱、心律不齐、血压偏高或偏低、糖尿病、内分泌紊乱、皮肤瘙痒等30多种疾病都有不同程度的疗效，故有"矿泉之精"的美誉。

3. 陕西骊山华清池

位于西安临潼骊山脚下，有泉眼四处，水温43℃，无色透明，略有硫化物气味，水中富含钾、钠、氯、硅、氟、氡、硫酸根等微量元素和离子，适于沐浴疗养。

（四）神秘的"趣泉"

涌泉的动势，尤其是由较强的地热活动所形成的温泉动势，具有特殊的动态景观美，有极高的观赏功能。有的泉缓缓溢出并夹带着串串气泡，犹如颗颗珍珠——珍珠泉；有的泉喷涌而出，直冒空中，时喷时歇，定时而变——间歇泉；有的泉喷出时伴有巨大的爆炸声，泉水夹着大量蒸汽、泥沙直射高空，可达八九百米，极为壮观——水热爆炸泉。台南的关子岭温泉有"水火同源"奇观；陕西西安蓝田县的冰泉，此泉深数丈，水落进去，立刻成冰，夏天也是如此；云南安宁市曹溪寺之北的间歇泉，每逢子、卯、午、酉时，准时喷水一次。此外，云南大理的蝴蝶泉、河北野三坡的鱼泉、广西桂平西山的乳泉、安徽寿县的喊泉、四川广元的羞泉、湖北神农架的潮泉还有苦泉、盐泉、酸泉等都是较奇特的观赏性趣泉，为旅游事业的发展提供了丰富的泉水资源。

1. 大理蝴蝶泉

蝴蝶泉位于大理点苍山脚下，泉水从岩缝沙层中浸透而出，清澈若镜。而更令人称绝的是这里有"蝴蝶会"的奇景：泉边有一古树，是为蝴蝶树（合欢树），枝叶婆娑，每到春末夏初，古树花开，状如蝴蝶，且散发出诱蝶的香味，吸引着众多蝴蝶云集于此，一只只"连须钩足"，形成一条条蝴蝶的彩带，从枝头悬至泉面。尤以四月中旬最为壮观，万蝶云集，人来不惊，投石不散，蔚为奇观。白族人民把这一天定为蝴蝶会。每年蝴蝶会，四方白族青年都要云集这里，"丢个石头试水深"，用歌声寻找自己的意中人。故蝴蝶泉是一个象征爱情和忠贞的泉。

2. 台湾关子岭温泉

关子岭温泉位于台南县白河镇东面，四周群山环抱，清水一泓，为台湾南部第一温泉，又称水火同源、水火泉。因为那里岩隙涌泉时同喷烈焰，高达丈余，水不淹火，火不下水，泉水滚滚如沸，火焰从水中腾起，水火相容，蔚为奇观。

3. 河北野三坡鱼泉

位于河北涞水县的野三坡国家级风景名胜区内，泉水从山石窟中流出，极为清澈。每到农历谷雨前后，会有活蹦乱跳的鲜鱼从泉眼中喷出，数量不少，达2000斤左右，甚为可观。而到9月份这些鱼又复归山洞越冬，就像候鸟一样，年复一年，周而复始，成为京畿鱼泉奇观，又称河北"八大怪泉"之一。

五、瀑布旅游景观

瀑布指从河床纵断面陡坡或悬崖处倾泻而下的水流，由溪流、跌水和深潭组成，具有形、声以及动态的景观特点，是陆地上最活跃、最生动的水景，极具美学欣赏价值。瀑布的大小、气势主要取决于地势落差和水量。由于瀑布的形成原因不同、所在环境各异，其景观也各具特色。秦岭淮河以南地区，由于地形的特点及潮湿的气候，形成的瀑布较多，特别是在雨季山区常可见到"山中一夜雨，处处挂飞泉"的胜景。

（一）黄果树瀑布

黄果树瀑布是黄果树瀑布群的主瀑，位于贵州镇宁布依族、苗族自治县境内的白水河上，宽81米，落差74米，河水从断崖顶端凌空飞流而下，直捣犀牛潭，激起浪花飞溅，水珠轻扬（图3.2.9）。尤其到了夏秋，水量大增，那撼天动地的磅礴气势，简直令人惊心动魄。有时瀑布激起的雪沫烟雾，高达数百米，漫天浮游，竟使其周围经常处于纷飞的细雨之中。绝妙的是瀑布后的水帘洞，长134米的洞内有6个洞窗，5个洞厅，3个洞泉和1个洞内瀑布。游人穿行于洞中，可在洞窗内观看洞外飞流直下的瀑布。每当日薄西山，凭窗眺望，犀牛潭里彩虹缭绕，云蒸霞蔚，苍山顶上绯红一片，迷离变幻，这便是著名的"水帘洞内观日落"。而且风景区内瀑布成群，洞穴成串，峰峦叠翠，植被奇特，伏流、溶洞、石林、石壁、峡谷比比皆是，呈现出层次丰富的喀斯特山水旖旎风光。

图3.2.9　黄果树瀑布

（二）黄河壶口瀑布

壶口瀑布位于山西省吉县城以西，是黄河流域的一大奇观。黄河一路奔腾，到山西吉县与陕西宜川一带，被两岸苍山挟持，约束在狭窄的石谷中。滔滔黄河，到此由300米宽骤然收束为50余米，此时河水奔腾怒啸，山鸣谷应，形如巨壶沸腾，最后跌落深槽，形成落差达30余米的壶口大瀑布，故有"天下黄河一壶收"之说。因泥沙含量很高，已成为世界上最大的黄色瀑布，也因其气势雄浑而享誉中外。

（三）吊水楼瀑布

吊水楼瀑布位于黑龙江省宁安市的牡丹江上，由于火山熔岩阻塞牡丹江上游河谷，使其上游聚水成湖，即镜泊湖。后来熔岩在逐渐冷却凝固中出现多处裂口，湖水就从裂口处涌出，沿着熔岩造成的坝壁倾泻下来，形成宽约40米、高约20米的大瀑布。因熔岩坝坡度较陡，瀑水好像从一座巍峨宽阔的高楼顶上泻下，故名"吊水楼"瀑布，又名镜泊湖瀑布。到了寒冬，瀑布凝成冰帘，又是一番景象。

（四）九寨沟瀑布

九寨沟是拥有"世界自然遗产"和"世界生物圈保护区"两项桂冠的自然风景名胜区。它位于四川省西北阿坝藏族羌族自治州的南坪县中南部，在岷山山脉南段，属长江水系嘉陵江源头的一个支流。九寨沟以绝天下的原始、神秘气氛而闻名。这里集雪峰、森林、草原、瀑布、溪流、湖泊之美于一身。九寨沟瀑布群，主要由诺日朗瀑布、树正瀑布和珍珠滩瀑布组成，其特点是从长满树木的悬崖或滩上悄悄流出，瀑布往往被分成无数股细小的水流，或轻盈缓慢，或急流直泻，千姿百态，妙不可言。加上四周群山叠翠，满目青葱，至金秋时节，层林尽染，瀑布之景就更为神奇秀丽了。

第三节　气象和天象旅游景观

气象是地球外围大气层中经常出现的大气物理现象和物理过程的总称。它包括：冷、热、干、湿、云、雨、雪、霜、雾、雷、电、虹、霞、光等。

天象是指发生在地球大气层外的现象。如太阳出没、行星运动、日月变化、彗星、流星、流星雨、陨星、日食、月食、极光、新星、超新星、月掩星、太阳黑子等。

一、大气景观

（一）云、雾、雨

淡云、薄雾、细雨好似奇妙的轻纱，赋予了大自然一种朦胧美。透过云、雾观看风景时，景物若隐若现，模模糊糊，虚虚实实，令人捉摸不透，产生恍如仙境的虚幻，神秘的美感，让人思绪绵绵。宋代画家郭熙曾言"山无云则不秀"。我国各地云雾奇景颇多，如山东蓬莱的"狮洞烟云"、泰山的"云海玉盘"、杭州西湖的"双峰插云"等，再者如黄山、泰山、峨眉山、齐云山、三清山、阿里山的云海，庐山的云瀑等，都是享誉国内外的奇景，尤其黄山云海是黄山四绝之一。

生活和旅游中，人们常常遇到下雨，雨不仅是气象的主要因素，而且是其有观赏功能的自然美景之一，雨景往往指的是小强度降水所形成的景致。雨丝可以唤起人们的多种情感和遐想，春雨贵如油，秋雨几多愁，雷雨成灾，雨助苗苗，雨后春笋，雨意绵绵等。"雨中看山也莫嫌，只缘山色雨中添""水光潋滟晴方好，山色空蒙雨亦奇"都是用来赞颂雨景之佳句，说明了雨在整个景观配置中的作用。我国著名的雨景资源有：江南烟雨、巴山夜雨等。还有许多以八景、十景命名的古景中，其中不少都有雨景，如峨眉十景之一的"洪椿晓雨"、蓬莱十景之"漏天银雨"、羊城八景之"双桥烟雨"等等。我国江南雨期较长，常常细雨如丝，呈烟雾状态，配以山林小景，小桥流水，炊烟缭绕，其意境十分耐人寻味。

（二）冰、雪景观

冰雪是高寒地区或寒冷季节才能见到的气象景观。我国江南在冬季寒潮来临之际才可能降雪，断桥残雪是西湖胜景之一。雪是具有特殊色彩美的气象景观，往往使大自然形成银装素裹的冰雪世界，在特定环境中对旅游者产生很强的吸引力。如果配以高山、森林等自然景观，可构成奇异的冰雪风光，如东北"林海雪原"、关中"太白积雪"、长沙"江天暮雪"等。素有"冰城"之称的哈尔滨，是我国冰雪艺术的发祥地，每年1月5日的国际冰雪节都举行大型冰雕比赛、冬泳比赛、冰球赛、冰上速滑赛、冰雪节诗会、冰雪摄影展等活动。

（三）霞与霞光

霞是日月斜射天空时由于空气的散射作用而使天空的云层呈现黄、橙、红等彩色的自然现象。霞光就是阳光穿过云雾射出的彩色光芒。霞和霞光多出现在日出或日落时，常与山地、水气、云雾等相伴随，在特定的地区才可看到，成为瞬息变化的光景之一，主要形式有朝霞、晚霞、彩云、雾霞等。在我国许多名山和名胜区都有以霞光而著称的旅游资源，著名的如陕西临潼之"骊山晓照"、东岳泰山之"晚霞夕照"、江西彭泽之"观客流霞"。

（四）凇景景观

凇景景观主要包括雾凇和雨凇。

雾凇俗称树挂，是雾气在低于0℃时，附着在物体上而直接凝华生成的白色絮状凝结物。它集聚包裹在附着物外围，漫挂于树枝、树丛等景物上。我国雾凇出现最多的是吉林省吉林市。该地位于松花江畔，冬季气温可降至零下20℃，由于气温低，多偏南风，空气湿度大，加之丰满水电站泄水增温影响，使水蒸气不断排放，水汽附在过冷的物体上，形成雾凇景观。

雨凇俗称冰凌或冻雨。它通常形成在树枝、电线上，并总是在物体的迎风面上增长，且在受风面大的物体上凝聚最多。是由冷却过的雨滴降落到低于0℃的物体表面冻结而成透明或半透明的冰层，多分布在南方相对湿润的高山。峨眉山全年有141天左右会出现雨凇，极具代表性。

（五）佛光景观

当光线在传播过程中遇到障碍物的阻挡时，光线离开原来直线传播的方向，穿过障碍物的边缘或孔隙，发生绕射的现象，在物理学上称为光线的衍射作用。佛光是由光线的衍射作用产生的。在水汽丰富的山势高峻地区，半山腰常分布有白茫茫一片云海。当人站在山上，若光线从他背后射来，由于光线的衍射作用，会在他前面的云幕上出现人影或头影，影外围绕有彩色的光环，似佛像头上的彩色光圈，故称佛光。当人站在太阳与光环之间，三者在一条直线上时，会出现人行影亦行的奇景。四川峨眉山金顶是观赏佛光之地，人们常称其为"峨眉佛光"，在山西五台山、安徽黄山等地，也常见到。

（六）蜃景景观

蜃景，即海市蜃楼奇景。它有上现蜃景与下现蜃景之分。春夏时节的白天，海面上的空气温度比陆地上低，空气密度较大，当陆地上暖空气流向海面上时，在海面上形成了上下密度不同的空气层结，当阳光穿过空气层时会产生折射和反射，下层密度大的空气像镜子似的把地面景物反射到半空中，于是在远处海面的半空中突然出现山峦、树木、楼阁等地面景物，缥缈不定，好像空中楼阁。这种幻景位于物体上面的，称上现蜃景。山东蓬莱仙境（图3.3.1），就是这种上现蜃景。下现蜃景主要发生在沙漠、干旱草原烈日当空的旷野，这里贴近地面的低层空气温度高、密度小，高层密度大，当光线穿过密度大的空气，逐渐向下层密度小的气层中折射，并产生全反射时，半空中会出现前方物体的倒影。

图3.3.1　山东蓬莱海市蜃楼

二、天象奇观

（一）日出、日落与月色景观

日复一日，太阳天天东升西落。但日出奇观，始终吸引着众多旅游者。观赏日出，成为许多风景名胜区的重要一景。由于各地自然环境的差异，日出的形与色也会有变化。著名的观日出景地有泰山日观峰、黄山翠屏楼、庐山汉阳峰、峨眉山金顶、北戴河鹰角亭等。当日落西山时，"夕阳无限好"也是美好享受，如西湖"雷峰夕照"、泰山"晚霞夕照"、庐山天池亭是夕阳景观最佳观赏之地。

在大自然的景物里，月亮是很具有浪漫色彩的。苏东坡的一曲"人有悲欢离合，月有阴晴圆缺，此事古难全。但愿人长久，千里共婵娟"，寄明月表达对人的美好祝愿。也使人产生丰富的联想。中秋赏月已成传统习俗。"洞庭秋月"（岳阳）、"三潭印月"（杭州）、"二泉映月"（无锡）、"风花雪月"（大理）等是月色胜景。

（二）极昼、极夜、极光奇景

地球按照背向太阳的不同，分为两个半球。向太阳的半球，接受太阳光辉，称昼半球；背太阳的半球，被地球本身的阴影所笼罩，称夜半球。如果地球既不自转又不公转，地球上的昼夜半球，永不变化。由于地球既有公转又有自转，所以昼夜两半球在不断地相互交替。同一日期的昼夜长短，因地理纬度而不同。在南北极圈以内的地区，会出现连续24小时的白昼和黑夜，它们分别被称为极昼和极夜。在南北两极，极昼和极夜各约半年；在南北纬80°，极昼和极夜各有三个多月；在南北纬70°，极昼和极夜各约两个月。这种天象景观，已成为高纬度地区一些国家或城市争相开发利用的旅游资源。

极光（图3.3.2）是由于太阳带电粒子（太阳风）进入地球磁场，在地球南北两极附近地区的高空，夜间出现的灿烂美丽的光辉，多呈带状、弧形等。北半球在距地磁极22°～27°处有一极光带，是吸引游客的主要景观之一。我国在黑龙江漠河和新疆阿尔泰，每年也能看到极光。

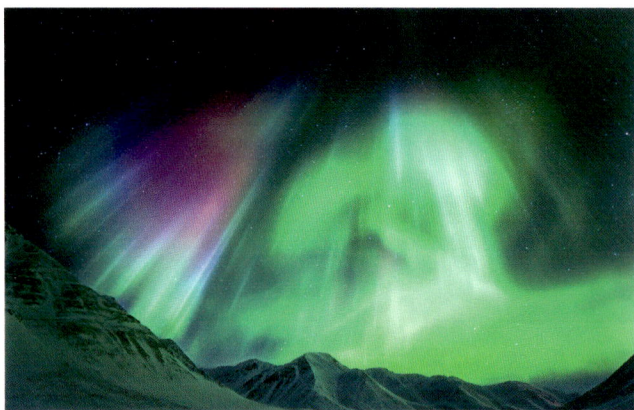

图3.3.2 极光

（三）日食与月食

日食是月球运动到太阳和地球中间，如果二者正好处在一条直线时，月球就会挡住太阳射向地球的光，月球身后的黑影正好落到地球上，这时发生日食现象。在地球上的人们开始看到阳光逐渐减弱，太阳面被圆的黑影遮住，天色转暗，全部遮住时，天空中可以看到最亮的恒星和行星，几分钟后，从月球黑影边缘逐渐露出阳光，开始发光、复圆。日食分为日偏食、日全食、日环食，其中日全食是一种相当壮丽的自然景象。2009年7月22日，我国长江流域发生了五百年内最为壮观的日全食现象，日偏食也覆盖我国全境，这一现象吸引了成千上万的天文爱好者。

月食指当月球运行至地球的阴影部分时，在月球和地球之间的地区会因为太阳光被地球所遮蔽，就看到月球缺了一块。中国古代迷信的说法又叫作天狗吃月亮。月食可以分为月偏食、月全食和半影月食三种。月食只可能发生在农历十五前后。

（四）流星雨与陨石奇景

流星雨的成因与彗星有关，彗星是由冰块及沙石组成的球体，当彗星接近太阳时，彗星会因太阳的热力而使表面物质升华，这些升华了的物质就是日后的流星体。在彗星绕日运转中，部分流星体会和彗星分离，遗留在彗星的轨道上。流星体由于太阳光压及行星作用力，会不断扩散，互相远离，而且范围逐渐增大。当地球的运行轨道与彗星轨道相交时，流星体受地球地心吸力影响，会闯入地球大气层并且燃烧，而燃烧时所产生的火焰亮光，就是人们看到的流星雨了。如果散布在彗星轨道上的流星体又多又广的话，往往在彗星回归后的几年内，仍可看到由该彗星所产生的流星体所造成的流星雨。

我国是世界上最早发现陨石的国家之一，早在石器时代就发现了陨石。古时称陨石为"陨星"。所谓陨星是大的流星在经过地球大气层时没有完全燃毁，部分掉在地面上，所以古代也有称之为"流星石"的。现代科学根据陨石化学成分的不同，将陨石划分为三大类：铁陨石，主要成分为铁、镍金属；石铁陨石，主要成分为铁、镍金属及硅酸盐；石陨石，主要成分为硅酸盐。

第四节　动植物旅游景观

一、珍稀动物

（一）大熊猫

大熊猫是世界上最珍贵的动物之一，也是著名的珍稀孑遗动物，亦称猫熊，哺乳动物。体肥胖，形似熊，眼周、耳、前后肢和肩部黑色，其余均为白色。生活在海拔2000～4000米的高山竹林中，喜食竹子，有时也吃小动物。善于爬树，性孤独，不群栖。仅产于我国四川、陕西、甘肃的少数地方，是我国特有的珍稀动物，为国家一级保护动物。

（二）朱鹮

朱鹮也称朱鹭，是目前世界上最稀少的鸟之一。雄鸟体长80厘米，雌鸟稍小些。全身羽毛白色，头顶、额、眼周、下嘴、脚部有朱红色，故叫朱鹮，在展翅飞翔时翅下呈粉红色，美丽而壮观。生活在沼泽、山区溪流旁，栖息于树上。以蟹、蛙、小鱼、田螺为食。在1981年5月以前，全世界仅发现有5只这种鸟，号称"国际保护鸟"。1981年5月，我国科学工作者在陕西省洋县又发现了7只朱鹮。后来，又孵出了6只小朱鹮，使朱鹮的总数上升到18只。朱鹮是我国一级保护动物，也是国际一级濒危动物。现在我国已在陕西建立了"朱鹮群体观察站"，观察和记录朱鹮的全部生活情况。

（三）金钱豹

金钱豹生活于非洲和亚洲南部。一般体重在50千克左右，为大型食肉猛兽。身体强健、行动敏捷，有高超的爬树本领，性情凶猛狡猾。它的机警、灵敏、迅速和勇敢，在食肉猛兽中很少见，就连比它大一半的老虎，它也敢主动攻击。金钱豹的毛皮非常美丽，在一身金黄色中布满黑色圆环如古代铜钱，故而得名。目前因数量急剧下降，被列为国家一级保护动物。

20世纪50年代以前，金钱豹在我国分布较广，并时常有豹子伤害人畜的现象发生。20世纪50年代以后，由于森林锐减，林地面积急速缩小，以及人为捕杀等原因，金钱豹的数量越来越少，分布范围亦越来越狭小。目前，仅偶然在四川、云贵等地偏远地区的森林内发现有其踪迹。

（四）金丝猴

金丝猴是我国特有动物，属国家一级保护动物。长着一个"朝天鼻"，所以又有"仰鼻猴"之称。中国金丝猴包括川、滇、黔三种。滇金丝猴远居滇藏的雪山杉树林，数量仅千余只；黔金丝猴仅见于贵州梵净山，数量才700多只；大家比较熟悉的当属川金丝猴。川金丝猴，布于四川、陕西、湖北及甘肃，深居山林，结群生活，背覆金丝"披风"，攀树跳跃、腾挪如飞。

二、古树名木

在众多的野生树木中，或由于特殊的地理环境影响形成奇特的形态，如苍松、翠柏等；或是古老的孑遗植物，如水杉、银杏、珙桐等，均具有较高的观赏价值和科学研究价值。

（一）常见观赏树木

（1）荫木：苍松、桧柏、银杏、梧桐。
（2）叶木：翠竹、芭蕉、红枫、垂柳。
（3）果木：枇杷、柑橘、枣树、柿树。
（4）蔓木：紫藤、忍冬、葡萄、凌霄。

（二）活化石植物

孑遗动植物是指地质时期曾广泛分布，现仅残存在局部地区的古老物种，有"活化石"之称。这些稀有古老的生物对了解地球的历史和动植物的演化阶段有很强的直观性，因此对旅游者的吸引力极大。

1. 桫椤

桫椤又名树蕨，是现今仅存的木本蕨类植物，极其珍贵。蕨类植物是一种古老原始的植物，现存蕨类大多为草本。在2亿年前恐龙生活的年代中，树蕨曾遍及世界，高大而繁茂。由于地质变迁，绝大多数已经绝灭，埋在地下成了煤炭，只有极少数幸存下来。树蕨生长在热带森林中，高3～8米，在南太平洋岛屿的森林中，最高的可达20米左右，是世界上最高大的蕨类植物。树蕨的树干为圆形，有点像椰子树，树干上不分枝，有疏刺或布满六角形的斑纹。只在树的顶端丛生着许多大而长的羽状复叶，向四周伸展。在我国云南、贵州、广东等地的温暖阴湿之地也有桫椤的分布。因它稀有珍贵，被国家列为一级保护植物。

2. 银杉

银杉是我国特有的世界珍稀物种，和水杉、银杏一起被誉为植物界的"大熊猫""活化石"。系常绿乔木，伞形树冠，线形叶四散排列。叶背面有两条银白色气孔带，古称银杉。只在广西花坪及四川金佛山等地有残留。

远在地质时期的新生代第三纪时，银杉曾广布于北半球的欧亚大陆，在德国、波兰、法国及苏联曾发现过它的化石，但是，距今几百万年前，地球发生大量冰川，几乎席卷整个欧洲和北美，但欧亚的大陆冰川势力并不大，有些地理环境独特的地区，没有受到冰川的袭击，而成为某些生物的避风港。银杉、水杉、银杏和珙桐等珍稀植物就这样被保存了下来，成为历史的见证者。

3. 水杉

水杉是杉科植物，属落叶乔木，树呈塔形，生长快，适应性强，目前已遍植于大江南北。

4. 银杏

银杏俗称白果树或公孙树。银杏科落叶大乔木，雌雄异株，叶扇形，生长缓慢，为我国特产。

5. 珙桐

珙桐俗称"鸽子树"，稀有树种。落叶乔木，为我国特有种。分布于陕西、湖北、湖南、贵州、四川、云南等部分地区海拔1250～2200米的阔叶林中，偶有小片纯林。

此外，有些古树因富有历史意义而名闻天下。如陕西黄陵县桥山脚下黄帝庙内的轩辕松，高近20米，下围10多米，传说为黄帝亲手栽植，是我国最大的古柏，被誉为"世界柏树之父"。在山西太原晋祠圣母殿左侧的周柏，据说已有2000多年的历史。

三、名花异卉

由于植物在形、色、味、声等方面具有很高的美学欣赏价值，因此人们往往赋予它们深刻的寓意。北宋的周敦颐在《爱莲说》一文中说："予谓菊，花之隐逸者也；牡丹，花之富贵者也；莲，花之君子也。"在中国古代，人们把松、竹、梅视为"高洁"的象征，称为"岁寒三友"，松象征坚强不屈，竹子象征清雅高洁，梅象征忠烈。还将玫瑰、蔷薇、月季誉为"园中三杰"；将报春花、杜鹃花、龙胆草誉为"三大名花"；将山茶花、蜡梅、水仙、迎春花誉为"雪中四友"；称兰花、菊花、水仙、菖蒲为"花中四雅"；称梅、兰、竹、菊为"花中四君子"。此外，中国的名花还有各种誉称，如牡丹——花王，梅花——花魁（又称雪中高士），芍药——花相，兰花——花祖（又称空谷佳人），月季——花中皇后，水仙——凌波仙子，菊花——花中隐士，莲花——花中君子，海棠——花中仙女，山茶——花中妃子，桂花——花中月老，吊钟——百花盟主等。

思考题

1.导游在为游客进行服务的同时还肩负着"宣传大使"的使命，如果你此时正带领客人游览古老而神秘的敦煌，你如何在讲解中插入环境保护的相关知识？

2.在登泰山途中，客人会因为体力的不同而进度不一，整个团队战线拉得很长，造成导游讲解难以进行下去，你作为带团导游，如何预防这种情况出现，出现这样的情况应该怎样处理？

3.峨眉山除了有神秘的"佛光"之外，还有著名的"圣灯"景观，你知道这一景观的成因吗？

第四章

中国的古代建筑

建筑是一种以一定物质材料、结构形式与一定自然环境相结合，使一定社会生活内容抽象性地展现于空间，具有实用、认知、审美，有时兼崇拜等诸种社会功能，同时渗融着艺术等人文因素的科学技术。中国古建筑以其独特的取材、巧妙的结构和别具风格的造型艺术在世界建筑体系中独树一帜，是我国古代灿烂文化的重要组成部分。

第一节　中国古建筑概述

一、古代建筑的基本构件

（一）台基

为防潮、防腐或弥补中国古建筑单体建筑不甚高大雄伟的弱点，古代建筑师们将各式各样的建筑建在一个高高的台基上。台基造高以后，还筑有台阶（宋代称踏道，清代称踏跺）。皇宫正殿有三座台阶，中央的台阶叫陛，皇帝的尊称——"陛下"由此而来。

台基又称基座，大致有四种：

（1）普通台基。用素土或灰土或碎砖三合土夯筑而成，约高33厘米，常用于小式建筑。民居建筑普遍采用。

（2）较高级台基。较普通台基高，常在台基上边建汉白玉栏杆，用于大式建筑或宫殿建筑中的次要建筑。

（3）更高级台基。即须弥座，又名金刚座。"须弥"是古印度神话中的山名，相传位于世界中心，系宇宙间最高的山，日月星辰出没其间，三界诸天也依傍它层层建立。须弥座用作佛像或神龛的台基，用以显示佛的崇高伟大。中国古建筑采用须弥座表示建筑的级别。一般用砖或石砌成，上有凹凸线脚和纹饰，台上建有汉白玉栏杆，常用于宫殿和著名寺院中的主要殿堂建筑。

（4）最高级台基。由几个须弥座相叠而成，从而使建筑物显得更加宏伟高大。常用于最高级建筑，如故宫三大殿和山东曲阜孔庙大成殿。

（二）木头圆柱

木头圆柱指用松木或桶木制成的圆柱形木头。置于石头（有时是铜器）为底的台上。多根木头圆柱用于支撑屋面檩条，形成梁架，是木结构房屋建筑的最基本、最重要的构件。

（三）开间

四根木头圆柱围成的空间称为"间"。建筑的迎面间数称为"开间"，或称"面阔"。建筑的纵深间数称"进深"。中国古代以奇数为吉祥数字，所以平面组合中绝大多数的开间为单数，而且开间越多，等级越高。一般9间为等级最高，北京故宫太和殿、北京太庙大殿为例外，开间达到11间。

（四）梁

梁，即横梁，架于木头圆柱上的一根最主要的木头，以形成屋脊。常用松木、榆木或杉木制成。是中国传统木结构建筑中骨架的主件之一。

（五）斗拱

是中国古代建筑独特的构件。方形木块叫斗，弓形短木叫拱，斜置长木叫昂，总称斗拱（图4.1.1）。它的产生和发展有着非常悠久的历史。从两千多年前战国时代采桑猎壶上的建筑花纹图案，以及汉代保存下来的墓阙、壁画上，都可以看到早期斗拱的形象。一般处于柱顶、额枋与屋顶之间，用来支撑荷载梁架、挑出屋檐，兼具装饰作用。斗拱层数越多，建筑等级越高。普通百姓的民居基本不用斗拱。

图4.1.1　斗拱

（六）彩画

原是为木结构防潮、防腐、防蛀，后来才突出其装饰性，宋代以后彩画已成为宫殿建筑不可缺少的装饰艺术。清代彩画分为三类，即苏式彩画、旋子彩画、和玺彩画。

（1）苏式彩画。苏式彩画又称园林彩绘，是等级最低的彩画，但布局灵活，绘画的题材较自由，画面多为山水、人物故事、花鸟鱼虫等，典型的苏式彩画有北京颐和园长廊彩画。

（2）旋子彩画。旋子彩画等级高于苏式彩画。画面用简化形式的涡卷瓣旋花，有时也可画龙凤，可以贴金粉，也可以不贴金粉。一般用于次要宫殿或寺庙中。

（3）和玺彩画。和玺彩画是等级最高的彩画。其主要特点是：中间的画面由各种不同的龙或凤的图案组成，间补以花卉图案；画面两边大面积沥粉贴金，金碧辉煌，十分壮丽。北京故宫中的外朝（太和殿、中和殿、保和殿）和内廷（乾清宫、交泰殿、坤宁宫）用的都是和玺彩画。

（七）屋顶

屋顶古称屋盖，被誉为中国古建筑冠冕的屋顶（图4.1.2），形式千变万化，瑰丽多姿，不仅为中国古建筑在美观上增添神韵，而且严格地表现了古建筑的等级制度。中国传统屋顶中以重檐庑殿顶为最高等级，依次为重檐歇山顶、重檐攒尖顶、单檐庑殿顶、单檐歇山顶、单檐攒尖顶、悬山顶、硬山顶、盝顶等。

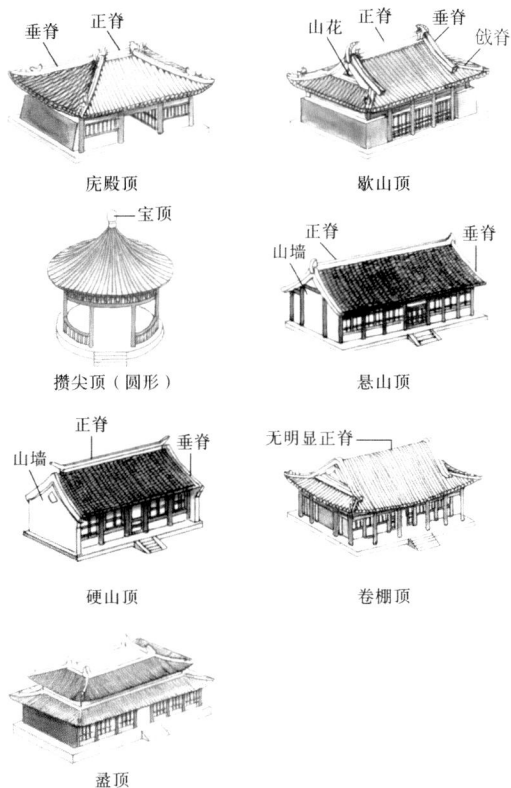

图4.1.2 各种形式的屋顶

1. 庑殿顶

四面斜坡，有一条正脊和四条垂脊，屋面稍有弧度，又称四阿顶、五脊殿。用于皇宫、庙宇等主殿，有单檐和重檐之分，重檐为贵。代表建筑有太和殿、大成殿等。

2. 歇山顶

是庑殿顶和硬山顶的结合，即四面斜坡的屋面上部转折成垂直的三角形墙面。有一条正脊、四条垂脊，四条戗脊组成，所以又称九脊顶。歇山顶的山墙有搏风板、悬鱼等，是装饰的重点。有单檐和重檐之分，重檐为尊。目前的古建筑中如天安门、太和门、保和殿、乾清宫等均为此种形式。

3. 攒尖顶

平面为圆形或多边形，上为锥形的屋顶，没有正脊，有若干屋脊交于上端。有单檐和重檐之分，檐多为贵。常用于面积不大的建筑，如亭、阁、塔等，代表建筑有中和殿、祈年殿、皇穹宇等。

4. 悬山顶

屋面双坡，两侧伸出山墙之外。屋面上有一条正脊和四条垂脊，又称挑山顶。多见于民间建筑。

5. 硬山顶

屋面双坡，两侧山墙同屋面齐平，或略高于屋面。多见于大型建筑群中小殿配房、一般民居和寺庙。

6. 卷棚顶

屋面双坡，没有明显的正脊，即前后坡相接处不用脊而砌成弧形曲面。

7. 盝顶

屋顶上部为平顶，下部为四面坡或多面坡，垂脊上端为横坡，横脊数目与坡数相同，横脊首尾相连，又称圈脊。如故宫的钦安殿。

（八）山墙

山墙即房子两侧上部成山尖形的墙面。常见的山墙有风火山墙，其特点是两侧山墙高出屋面，随屋顶的斜坡面而呈阶梯形。

（九）藻井

藻井是中国传统建筑中室内顶棚的独特装饰部分。"藻井"，含有五行以水克火，预防火灾之意。一般做成向上隆起的井状，有方形、多边形或圆形凹面，周围饰以各种花纹雕刻和彩绘。多用在宫殿、寺庙中的宝座、佛坛上方最重要部位。现存最早的木构藻井，是蓟县独乐寺观音阁上的藻井，建于公元984年。北京故宫太和殿上的蟠龙藻井（图4.1.3），是在八角井上设一圆井，当中为一突雕蟠龙，垂首衔珠，称为龙井，是清代建筑中最华贵的藻井。

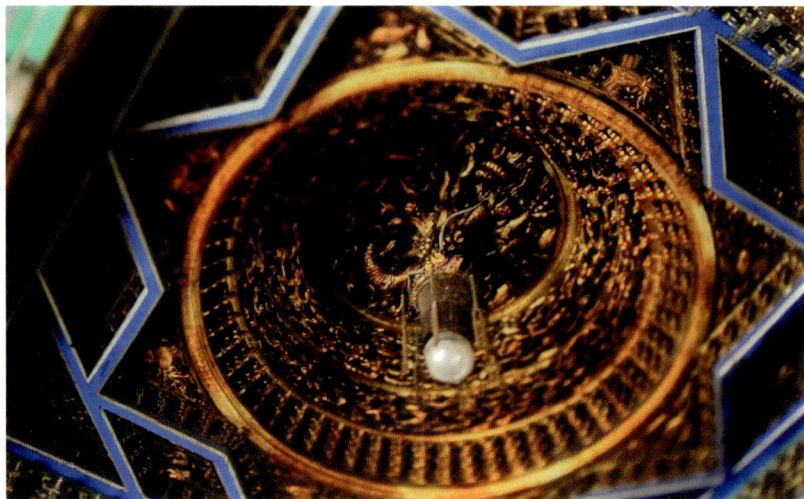

图4.1.3　太和殿藻井

（十）吻兽

吻兽是中国古建筑屋面上的一种特殊饰件，它既是建筑构件又是珍贵的艺术品。在正脊两端，面朝里、口衔正脊的，名叫正吻，亦称大兽。在垂脊上有垂兽，在岔脊上有戗兽，这些统称"兽头"。在兽头前面，垂脊和岔脊的末端，常常排着一队小兽，称为蹲兽，领头的是一个"骑凤仙人"，而后依次为龙、凤、狮子、天马、海马、狻猊、押鱼、獬豸、斗牛、行什。吻兽的数量依建筑物的等级高低和规模大小而定，太和殿上十样俱全（仙人不计在内）（图4.1.4），其他地位和规模稍低的殿堂，则相应减少。

图4.1.4 太和殿的吻兽

二、中国古代建筑的特点

（一）以木材为主要建筑材料，辅以砖瓦

中国古代有着丰富的森林资源，木材质地较轻软，便于加工和运输，使用木材可节省劳动力和施工时间。

虽然数千年来，砖石技术有长足的进步，但始终以木材结构建筑为主，瓦顶、台基、砖墙只是用来维护易朽的木结构。

（二）采用框架式结构

中国古代建筑以木框架为主要的结构方式。此结构方式由立柱、横梁、顺檩等主要构件组合而成，各个构件之间的结点以榫卯相吻合，构成富有弹性的框架。中国古代木构架有抬梁、穿斗、井十三种不同的结构方式。

抬梁式是在立柱上架梁，梁上又抬梁，所以称为"抬梁式"。宫殿、坛庙、寺院等大型建筑物中常采用这种结构方式。穿斗式是用穿枋把一排排的柱子穿连起来成为排架，然后用斗枋将柱子串联起来，由此形成屋架，故称为穿斗式。多用于民居和较小的建筑物。井干式是用木材交叉堆叠而成的，因其所围成的空间似井而得名。这种结构比较原始简单，现在除少数森林地区外已很少使用。

木构架结构有很多优点，一方面屋顶重量由木构架来承担，墙壁不承重。另一方面由于木构架的结构所用斗拱和榫卯都有若干伸缩余地，因此在一定限度内可减少地震对这种构架所引起的危害。"墙倒屋不塌"形象地表达了这种结构的特点。

（三）整齐灵活的平面布局

中国古代建筑体系，是以木框架为主、以"间"为单位构成的单座建筑，再以单座建筑组成庭院，当建筑的规模需要扩大时，往往以庭院为单元采取纵向扩展、横向扩展或纵横双方扩展的方式，以重重院落相套而构成各种组群建筑。

就单体建筑而言，长方形平面最为普通。此外，还有圆形、正方形、十字形等几何形状平面。就整体而言，重要建筑大都采用均衡对称的方式，以庭院为单元，沿着纵轴线与横轴线进行设计，借助于建筑群体的有机组合和烘托，使主体建筑显得格外宏伟壮丽。民居及风景园林中的建筑则采用"因天时，就地利"的灵活布局方式。

（四）优美的建筑造型

尤以屋顶造型最为突出。庑殿顶也好，歇山顶也好，都是大屋顶，显得稳重协调。屋顶中直线和曲线巧妙地组合，形成向上微翘的飞檐，不但扩大了采光面、有利于排泄雨水，而且增添了建筑物飞动轻快的美感。

（五）丰富多彩的装饰手段

包括彩绘和雕饰。彩绘具有装饰、标志、保护、象征等多方面的作用。彩画多出现于内外檐的梁枋、斗拱及室内天花、藻井和柱头上，构图与构件形状密切结合，绘制精巧，色彩丰富。明清的梁枋彩画最为瞩目。

雕饰是中国古建筑艺术的重要组成部分，包括墙壁上的砖雕、台基石栏杆上的石雕、金银铜铁等建筑饰物。雕饰的题材内容十分丰富，有动植物花纹、人物形象、戏剧场面及历史传说故事等。

（六）注重建筑跟周围自然环境的协调

建筑本身就是一个供人们居住、工作、娱乐、社交等活动的环境，因此不仅内部各组成部分要充分考虑配合与协调，而且要特别注意与周围大自然环境的协调。中国古代的设计师们在进行建筑设计时都十分注意周围的环境，对周围的山川形势、地理特点、气候条件、林木植被等，都要认真调查研究，务必使建筑布局、形式、色调等跟周围的环境相适应，从而构成一个大的环境空间。

第二节　宫殿和坛庙

一、宫殿建筑

宫殿是帝王居住的地方，是中国古代建筑最高级、最豪华的一种类型。根据考古发掘证明，早在商代，就出现了宫殿。到了东周时期，列国宫殿的规模远远超过了前代。秦汉至唐，宫殿规模更为宏大，但大多数都在王朝更替或是争夺皇位时被毁。今天所能看到的保存完好的宫殿主要有两处，即北京的故宫和沈阳的清故宫。

（一）形制演变

中国历代宫殿在规模上基本呈逐渐缩小的趋势。如汉长安长乐宫、未央宫占地分别为6.6平方千米和4.6平方千米；唐长安大明宫为3.3平方千米；明朝北京紫禁城仅0.73平方千米。但随着规模缩小，宫殿建筑密度增大，前朝部分加强纵向的建筑和空间层次，门、殿增多；后寝居住部分则由宫苑相结合的自由布置演变为规则、对称、严肃的庭院组合。

（二）宫殿的布局

1. 中轴对称

为了表现君权受命于天和以皇权为核心的等级观念，中国的宫殿建筑采取严格的中轴对称的布局方式。中轴线上的建筑高大华丽，轴线两侧的建筑低小简单。这种明显的反差，体现了皇权的至高无上；中轴线纵长深远，更显示了帝王宫殿的尊严华贵。

2. 左祖右社

中国古代的礼制思想，有一个重要内容，即崇敬祖先，提倡孝道；祭祀土地神和粮食神。历代帝王都提倡以德化治国，推崇孝道，同时也明确有土地才有粮食，"民以食为天""有粮则安，无粮则乱"。左祖右社正是这一思想的体现。左祖，是在宫殿的左前方设祖庙，是帝王祭祀祖先的地方，因为是天子的祖庙，故称太庙；右社，是在宫殿的右前方设社稷坛，社为土地，稷为粮食，社稷坛是帝王祭祀土地神、粮食神的地方。古代以左为上，所以左在前、右在后。

3. 三朝五门

根据帝王朝事活动内容的不同，朝事分别在不同规模的殿堂内举行，自古就确立了三种朝事活动的殿堂，即三朝制。三朝，是指大朝、内朝、外朝。以北京故宫为例，与三朝相对应的建筑是太和殿、中和殿、保和殿。五门制，是在举行大型朝事活动的宫殿庭院前，沿中线以五道门及辅助建筑构成四座庭院，作为大朝宫殿的前导空间，为突出三朝进行层层铺垫。这五道门由外向内依次为皇城前导门（大清门）、皇城门（天安门）、宫城前导门（端门）、宫门（午门）、朝门（太和门）。

4. 前朝后寝

前朝即宫殿的前半部分，是帝王上朝理政、举行大典的地方；后寝指宫殿的后半部分，是帝王与后妃及其子女生活起居的地方。

（三）宫殿内外陈设

1. 华表

华表是中国古代设在宫殿、城垣、桥梁、陵墓前作为标志和装饰用的大柱。一般为石制，柱身通常雕有蟠龙等纹饰，上为方板和蹲兽。华表高高耸立，既体现了皇家的尊严，又给人以美的享受。竖立于皇宫或帝王陵园之前，将其作为皇室建筑的特殊标志。

2. 石狮

宫殿大门前都有一对石狮（或铜狮）。石狮（或铜狮）有辟邪的作用，又因为狮子是兽中之王，所以又有显示尊贵和威严的作用。按中国文化的传统习俗，成对石狮是左雄右雌，亦可以从狮下所踩之物来辨别雄雌。爪下踩着球，象征着统一环宇和无上权力，必为雄狮；爪下踩着幼狮，象征着子孙绵延，必为雌狮。

3.日晷、嘉量

日晷，即日影。它利用太阳的投影和地球自转的原理，借指针所生阴影的位置来显示时间。嘉量是我国古代的标准量器。含有统一度量衡的意义，象征着国家统一和强盛。

4.吉祥缸

置于宫殿前盛满清水以防火灾的水缸，有的是铜铸的。古代称之为"门海"，比喻缸中水似海可以扑灭火灾，故又被誉为吉祥缸。

5.鼎式香炉

有盖为鼎，无盖为炉。是古代的一种礼器，举行大典时用来燃檀香和松枝。

6.铜龟、铜鹤

龟和鹤是中国文化中的神灵动物，用来象征长寿，庆贺享受天年。

（四）中国现存的古代皇宫

1.北京故宫

又名紫禁城，是目前我国古代宫廷建筑保留最完整的一处。故宫是明、清两朝皇帝的宫廷，占地面积72万平方米，建筑面积15万平方米，有房屋9000多间。有24位皇帝相继在此登基执政。至今已近600年。

故宫周围是十米高的红围墙，城外是护城河，四个城角都有精巧玲珑的角楼，所谓"九梁十八柱"，异常美观。原来进入紫禁城要经过大明（清）门，承天（天安）门和端门，目前午门是故宫的正门，午门上有五座楼，人们习惯叫它五凤楼。由午门进去，首先映入眼帘的是内金水河，这条河曲折有致，形似玉带，也叫玉带河。河上跨有汉白玉桥，名金水桥。过河往北，经过太和门，就是故宫最著名的建筑三大殿，即太和殿、中和殿和保和殿。这三座大殿立在汉白玉砌成的八米高的三层平台上，每层都有汉白玉栏杆围绕，远望犹如神州中的琼宫仙阙。

从整个建筑布局来看，故宫可分为前后两个部分：前部分称"外朝"，是皇帝举行重大典礼和发布命令的地方，主要建筑有三大殿，三大殿两侧是文华殿和武英殿；后部分是"内廷"，也叫"后庭"。这一部分的主要建筑有乾清宫、交泰殿、坤宁宫和御花园。内廷的东西两侧是东六宫和西六宫，是皇帝处理政务和后妃们居住的地方。内廷另有三座花园，即宁寿宫花园、慈宁宫花园和御花园。

1925年故宫博物院正式成立，延续至今。该院收藏历代文物91万件，是世界上最大的博物馆之一。1987年被列入《世界遗产名录》。

2.沈阳故宫

位于沈阳旧城中心，占地6万平方米，全部建筑90余所，300余间，是我国现存仅次于北京故宫的最完整的皇宫建筑。

沈阳故宫的布局有浓厚的民族和地方特色。依沈阳故宫的自然布局和建筑的先后，分成三部分：第一部分是清太祖努尔哈赤建都沈阳初期所建的大政殿与十王亭一廊，也就是沈阳故宫的东路；第二部分是清太宗皇太极继位后续建的大内宫阙，包括最南端的照壁、东西厢楼、东西朝房、崇政殿、凤凰楼、清宁宫等建筑，也就是沈阳故宫的中路；第三部分是清高宗乾隆四十八年（1783年）扩建的，包括戏台、嘉荫堂、文溯阁、仰熙斋等建筑，也就是沈阳故宫的西路。

沈阳故宫既承袭了我国古代建筑的优秀传统，又具满族的独特风格；既是清朝最高统治者封建皇权尊严的集中体现，又是汉族、满族、蒙古族三族文化交汇融合的辉煌的成果。沈阳故宫，历经大规模修缮，现已成为沈阳故宫博物院。

此外，园林和宫殿结合是我国古代皇家园林建筑特点之一。清代颐和园中的仁寿殿、河北承德避暑山庄中的淡泊敬诚殿，即是著名的园林中的宫殿，帝王们常常在此处理政务。

二、坛庙建筑

中国古代传统文化思想中，包含着浓重的对祖先的崇敬，对土地、粮食、天地、日月等各种神的崇拜，对各种文神、武神及其他神的尊敬。封建王朝皇帝作为国家的最高统治者，在祭祀活动中扮演着至高无上的发言人的角色。每年的不同时节，皇帝都要亲自参与相关祭典活动，为祈求丰收、太平、长生不老、江山永固而朝拜天地众神和祖辈先贤。祭拜对象也有不同的等级，其中最受重视是天地、社稷和祖先，其次是高山、大海和大河。中国从汉代以来就确定了对泰山等五岳、东海等四海、长江等四渎的祭拜制度，为了寄托这种崇敬和感恩的心情，产生和形成了许多坛庙建筑，也称为礼制建筑。

（一）祖庙与社稷坛

1. 北京太庙

位于天安门左侧，今为北京劳动人民文化宫，过去是帝王祭祀祖宗的地方。其位置符合中国传统的"左祖右社"的规定。

2. 北京社稷坛

位于天安门右侧，今为中山公园。过去是帝王祭祀土地神（社）和谷物神（稷）的地方。古代以"社稷"代称国家。社稷坛上五色土，按"五行"中五方五色的配置，中央为黄，东方为青，南方为红，西方为白，北方为黑，以象征"普天之下莫非王土"并祈求全国风调雨顺、五谷丰登。

（二）天、地等坛

祭祀天、地、日、月、泰山神的活动，是历代帝王登基后的重要活动。

因为君权"受命于天"，且要秉承"天意"治理国家，所以皇帝必须亲自去天坛祭天。祭天在南郊，时间在冬至日。

因为土地是国家的根本，国家的"国"，"囗"中有"或"，这"或"即"域"。所以皇帝亲自或派人前往地坛祭地，祭地在北郊，时间在夏至日。

因为万物生长靠太阳，所以必须到日坛祭日，祭日于东郊。因为月亮是夜明之神，所以又必须到月坛祭月，祭月于西郊。因为祭天、地、日、月等活动都在郊外进行，所以统称为郊祭。

历史上许多皇帝，如秦始皇、汉武帝等，都要登五岳之首泰山祭祀天地，称为封禅大典。反映上述中国文化思想的旅游胜地主要有：

1. 天坛

位于北京正阳门外东侧。始建于明永乐十八年（1420年）。其建筑由内外两重城墙环绕，南边围墙左右两角成方形，北边围墙左右两角成弧形，以象征古人"天圆地方"的观念。天坛由四组建筑组成：祭天的圜丘（坛呈圆形，以象征天，故称圜丘），祈求丰收的祈年殿，皇帝斋宿的斋宫，贮放神牌的皇穹宇。其中以圜丘坛、祈年殿为主体，前者在南，后者在北，中间以海墁大道相连。1998年12月被正式列入《世界遗产名录》。

2. 地坛

位于北京。始建于明嘉靖九年（1530年）。地坛与天坛相对应，坛呈正方形，以象征古人"天圆地方"的观念，所以又名方泽坛。主体建筑为两层方台，今尚有皇祇室（供皇地祇神牌位）、神库、神府、斋宫等建筑。

3. 曲阜孔庙

位于曲阜城中心，又称至圣庙。始建于公元前478年。是我国古代封建王朝祭祀春秋时期思想家、政治家、教育家孔子的庙宇，是中国祀孔庙宇中建造年代最早，规模最大的一座，与北京故宫、承德避暑山庄并称为中国三大古建筑群，为全国重点文物保护单位。孔庙与孔府、孔林并为世界文化遗产。

孔庙南北长645米，东西宽150米，面积约9.6万平方米。整体建筑仿封建帝王宫殿体制，前后九进院落，左中右三路布局，主体建筑中贯轴线，左右对称，布局严谨，疏密有致，气势壮丽。孔庙现存殿、堂、亭、门、坊等104座、466间，建筑面积1.6万余平方米。主要建筑有棂星门、圣时门、弘道门、大中门、同文门、奎文阁、十三碑亭等。三路布局的中路有大成门、杏坛、大成殿、寝殿、两庑、圣迹殿等；东路有崇圣门、诗礼堂、崇圣寺、家庙等；西路有启圣门、金丝堂、启圣王殿、寝殿。孔庙内保存数量众多的历代碑碣，是研究历史、文化、书法的珍品。

4. 岱庙

位于泰城中部。岱庙，又叫泰庙、东岳庙等，是道教宫观中建筑规格最高的庙宇之一，主祀"东岳泰山之神"，是古代帝王来泰山封禅告祭时居住和祭祀泰山神的地方。岱庙具体创建年代无考，西汉史料中有"秦即作""汉亦起宫"的记载，可见其起源甚早。唐开元十三年（725年）增修，宋祥符二年（1009年）又进行了大规模的修建。后经金、元、明、清历代拓修，逐渐形成了规模宏大的建筑群。

岱庙的建筑，采用了中国古代纵横双方扩展的建筑形式。南北长406米，东西宽237米，总面积约9.6万平方米。总体布局以南北为纵轴线，划分为东、中、西三轴。

此外，四川成都的武侯祠和杜甫草堂、浙江杭州的岳王庙、湖南汨罗的屈子祠等都是有名的坛庙旅游胜地。

（三）祠堂

祠堂是祭祀祖宗或先贤的庙堂，分为先贤祠、宗祠、神祠。先贤祠和神祠是为了祭奠古代先贤和传说中的神仙而设立的。宗祠建筑习惯上称祠堂，是供奉祖先神主并进行祭祀的场所，被视为宗族的象征，是族权与神权交织的中心。

1. 晋祠

位于太原市西南25千米的悬瓮山麓，晋水发源处，是我国现存规模较大的祠堂式古园林建筑群之一。是为纪念周武王次子叔虞而建，后多次扩建。

晋祠现存楼、阁、殿、台有100多处，碑迹300幢，题书、挂匾数百幅，千年古树20余株。其建筑群分为中、北、南三部分。中部由晋祠正门自水镜台由东向西，依次经会仙桥、金人台、对越坊、献殿、钟鼓楼、鱼沼飞梁到圣母殿，是全祠的主体，建筑结构严谨，具有很高的艺术价值；北部从文昌宫起，有东岳祠、关帝庙、三清祠、唐叔虞祠、朝阳洞、待凤轩、三台阁、读书台和吕祖阁，建筑物大都依地势自然错综排列，以崇楼高阁取胜；南部从胜瀛楼起，有白鹤亭、三圣祠、真趣亭、难老泉亭、水母楼和公输子祠。

晋祠内还有著名的周柏、唐槐。周柏位于圣母殿左侧，唐槐在关帝庙内，与常流不息的难老泉和精美的宋塑圣母像、侍女像誉为"晋祠三绝"。

2. 胡氏宗祠

龙川胡氏宗祠坐落在皖南绩溪县瀛洲乡大坑口村东，为明代户部尚书胡富、兵部尚书胡宗宪的族祠。此外，绩溪还是近代学者胡适、原国家主席胡锦涛、清朝红顶商人胡光镛的家乡。建于明嘉靖年间（1522—1566年），历代多次维修。其中清光绪二十四年（1898年）曾大修。现存主体建筑结构为明代特征，内部装修具清代风格。

胡氏宗祠为砖木结构，坐北朝南，三进七开间，建筑面积1564平方米。阶墀、栏杆、地坪、旗杆石、石鼓、石狮等均为花岗岩筑成。祠堂前进门厅是一座高10.5米、宽22米的重檐八角门楼。门楼的大小额枋饰木雕龙戏珠、狮滚球和历史戏文等。门楼后为天井、廊庑。祠堂中进是全祠的正厅，为抬梁式和穿斗式相结合的建筑结构。厅内4根银杏金柱，高6.5米，围1.66米。柱础、梁柱、平盘斗、雀替等均镂空雕刻。正厅两侧和上方存32扇高4米的落地花雕隔扇。祠堂后进为二层楼房，为抬梁式和穿斗式相结合的构架。后进厢房和一楼存高3米、宽60.4厘米的落地花雕隔扇32扇，其裙板和中绦环板的雕刻均为各式博古图案和四时花卉。建筑屋面角翼多姿，围以马头墙。

龙川胡氏宗祠以其强烈的徽派建筑风韵，屹立在中国古代建筑之林。其丰富的建筑文化内涵，叫人为之惊叹。1988年1月，龙川胡氏宗祠被国务院公布为全国重点文物保护单位。正如著名建筑师郑孝燮先生在考察龙川胡氏宗祠之后所说的那样："相见恨晚，这里有看头，不愧为国宝。"

第三节　陵墓

陵墓建筑是中国古代建筑的重要组成部分，中国古人基于人死而灵魂不灭的观念，普遍重视丧葬，因此无论任何阶层对陵墓皆精心构筑。在漫长的历史进程中，中国陵墓建筑得到了长足的发展，产生了举世罕见的、庞大的古代帝、后墓群；且在历史演变过程中，陵墓建筑逐步与绘画、书法、雕刻等诸艺术门派融为一体，成为反映多种文化艺术的综合体。

一、古代陵墓建筑的结构

古代陵墓一般分为两部分，即地下部分和地面部分。地下部分包括墓室结构和随葬品，地面部分包括封土和其他陵园建筑。

（一）地下部分

1.墓室结构

根据墓室使用的建筑材料，主要有土穴墓、木椁墓、砖石墓三种。

（1）土穴墓。

在原始社会早期，墓葬的形式很简单，只是在地下挖一个小而浅的墓坑，仅能容纳尸体，既无棺椁，也无墓室，尸体也无特殊东西加以包裹。到了父系氏族公社后期，贫富开始分化，埋葬方式有了发展，墓坑除了土壁之外，又加用了木板围护。如山东泰安大汶口氏族墓葬的坑内四壁用天然木料垒砌，上面用天然木材铺盖。与后来春秋、战国、西汉时期的木椁还有很大的距离，但已经开始向墓室建筑迈进了。

（2）木椁墓。

进入阶级社会后，严格的阶级和等级制度也存在于墓葬制度中，统治阶级不惜花费大量的人力物力，竞相营造规模宏大的陵墓。大型木椁墓室是春秋、战国、西汉时期奴隶主和帝王陵墓的特点。"椁"是盛放棺木的"宫室"，即棺外的套棺，是用砍伐整齐的大木枋子或厚板，用榫卯构成一个方体形的大套箱，下有底盘，上有大盖。在套箱内分成数格，正中是放置棺材的地方，两旁和上下围绕着几个方格，称之为厢，分别安放随葬品。周朝规定：天子之椁四重，诸公三重，诸侯两重，大夫一重，土不重。

（3）砖石墓。

随着砖石技术的发展以及木椁墓易被盗被焚的原因，东汉时期已基本放弃木椁墓而普遍采用砖石砌筑墓室，这是中国古代墓室制度的一次划时代的大变化。西汉中期流行空心砖墓，西汉晚期开始出现石室墓，墓室中雕刻着画像，故称"画像石"或"画像砖"。墓室的结构和布局，也是仿照现实生活中的住宅。从东汉到隋、唐、宋、元、明、清各代，砖石砌筑的墓，一直在不断发展，逐渐达到完善地步。

2.随葬品

古人认为坟墓是灵魂的归宿，所以盛行"厚葬"制度。历代统治阶级把大量的财富埋进坟墓之中，这些埋藏物品之所以珍贵，在于它们都是当时盛行的东西，如衣冠服饰、丝麻织品、铜器、玉器、陶瓷、金银器等，能比较准确地反映出当时的生产能力、生活习俗、艺术风格和科学技术水平等。可以说它们是我国一笔不可估量的历史文化财富，其中尤以帝王陵墓中的殉葬品最丰富、最贵重。

（1）原始社会的随葬品。

原始社会早期，墓中随葬品主要是死者生前喜欢和使用过的物品，包括陶器皿、石制和骨制的工具、装饰品等。这种行为的出发点大概有两个：一是作为纪念，表示对死者的怀念；二是灵魂观念所引起的，认为人死后仍然需要生产工具和日用品。这一时期，在同一个墓地中，各墓随葬品的数量和质量差不多。

（2）奴隶社会的随葬品。

进入阶级社会以后，贫富分化进一步明显，王和贵族墓的随葬品极其丰富精美，有青铜器、玉石器、漆木器、骨角器等。商代还流行人殉制度，即用活人来为死去的氏族首领、家长、奴隶主或封建主殉葬。除了人殉之外，还有"人祭"。一直延续了1000多年。

（3）封建社会的随葬品。

从战国开始，出现了用木俑和陶俑随葬的风俗，这可以看作是人殉的替代。西汉中期以后，随葬品中增添了各种专为随葬而作的陶制明器，主要有两部分，一是模仿的"俑"，二是实际的用品。东汉，明器的种类和数量更多。宋至明代，随葬品以实用物品和珍宝为主，包括陶瓷器、金银器和玉器等。

（二）地面部分

埋棺之处称墓或茔，墓上堆土称坟或冢，合称为坟墓。大约从殷末周初，在墓上开始出现封土坟头。春秋战国后，坟头封土愈来愈大，特别是帝王陵墓更为高大。作为统治阶级的权威象征，帝王墓葬封土占地之广，封势之高犹如崇高山陵，不称之为坟而称之为陵，其形式主要有三种类型："覆斗方上""因山为陵""宝城宝顶"。

1. "覆斗方上"形式

是在地宫上方用黄土堆成逐渐收缩的方形夯土台，形状像倒扣的斗，形成下大、上小的正方形台体。因其上部是一方形平顶，好似锥体截去顶部，故称方上。这种封土形制沿用朝代最多，自周朝一直延续到隋朝，后来又被宋朝选用，不过规模要比秦汉时代小得多。秦汉时期的帝王陵墓大多取"方上"形式，其中陕西临潼的秦始皇陵为"方上"形式最大的一座陵墓，望之好像一座不小的山。

2. "因山为陵"形式

是将墓穴修在山体之中，以整座山体作为陵墓的陵冢。西汉王墓中已经出现，作为帝陵，则从唐代开始。"因山为陵"不仅能利用人工所难造成的山岳雄伟气势，以体现帝王气魄之宏大，而且还可以达到防止盗挖和水土流失现象。自唐太宗李世民改为这种形制后，唐代十八陵都照样采用。其中以高宗李治和武则天合葬的乾陵最为典型。

3. "宝城宝顶"形式

因为方形土丘的尖棱易为雨刷风蚀，而因山为陵的山形又很难如方形，所以在唐末五代的一些帝王陵墓中开始出现了圆形封土坟头。到了明清，则完全改变了方上之制，都采用了宝城宝顶的形式。其方法是在地宫上方，砌成圆形或椭圆形围墙，内填黄土夯实，顶部做成穹隆状。圆形围墙称宝城，高出城墙的穹隆状圆顶称宝顶。在宝城之前，有一向前突出的方形城台，台上建方形明楼，称"方城明楼"，楼内立石碑，刻有皇帝的庙号和谥号。这种宝城宝顶和方城明楼构成的封土坟头始建于朱元璋，在建筑构造上较之以前的方上复杂多了，不仅显示了陵寝的庄严气氛，也增强了建筑的艺术性。如明十三陵、清东西陵均采用这种形式。

二、陵园建筑

帝王陵墓建筑除了它的主要标志封土之外，在它们的陵前还有一大片建筑园林和石像生组成的仪仗队。所以陵园范围极大，陵墓建筑也很多，其中地面建筑主要有以下三个部分：祭祀建筑区、神道、护陵监。

（一）祭祀建筑区

为陵园主要部分，供祭祀之用。建在墓冢前方，为一封闭的方形庭院，主要的建筑物是寝殿和享堂。寝殿是供死者灵魂起居生活的建筑，内设墓主生前用具。享堂，是祭祀死者的场所，内设祭台，上置神座，祭祀之日摆放祭品，焚香降神召唤死者前来享用。帝王陵的祭祀建筑更为宏伟，多称为享殿、献殿、祭殿。主殿周围还有配殿、廊庑、祭坛、朝房、值房等。祭祀建筑往往用围墙围绕起来成为一个区域，宛如宫内的建筑群一般。

（二）神道

又称"御路""甬路"等，是通向祭祀区和墓区的导引大道，是地面建筑的重要组成部分。神道两侧设置有石人、石兽等石雕，又称"石像生"，是地位和侍丛的象征。最早出现于汉霍去病墓，唐乾陵形成定制。陵墓前石刻是陵墓文物的重要组成部分，具有极高的艺术及历史文化价值。

（三）护陵监

明清时称陵监，是专门设置的保护陵园的一个机构。每一个皇帝的陵都有一个护陵监，用来防盗挖和破坏，确保陵墓安全。外面有城墙围绕，里面有衙署、市街、住宅等建筑。

三、中国现存古代陵墓的代表景观

1.秦始皇陵

是秦代皇帝嬴政的墓，位于陕西临潼区，于公元前246年开始营建，历时36年之久才修成。是中国古代最大的一座帝王陵墓，也是世界上最大的一座陵墓。秦兵马俑坑被誉为"世界第八奇迹"，1987年被列入《世界遗产名录》。

秦始皇陵总面积为56.25平方千米（相当于78个故宫的大小）。陵上封土原高约115米，现仍高达76米，陵园内有内外两重城垣，内城周长3840米，外城周长6210米。内外城郭有高约8～10米的城墙，今尚残留遗址。墓葬区在南，寝殿和便殿建筑群在北。

2.汉茂陵

是汉武帝刘彻（公元前157—前87年）的陵墓，位于陕西兴平市东15千米处，这是西汉帝王陵中规模最大的一座。茂陵周围还有霍去病、卫青等人的20余个陪葬墓。

3.唐乾陵

是唐代第三个皇帝高宗李治和女皇武则天的合葬墓，位于陕西乾县县城北6千米的梁山上。在陵的东、南面有其主要家族、僚臣的陪葬墓区17座，如永泰公主墓、章怀太子墓、懿德太子墓等，从中已出土大量珍贵文物。唐乾陵是唐代十八陵保存最完整的一座。其中东侧的"无字碑"，历来很著名。

4.北宋陵

位于河南巩义市。北宋九个皇帝，除徽、钦二帝被金虏后囚死漠北外，均葬于此。共七帝八陵（包括赵匡胤父亲赵宏殷墓）。附葬皇后20余个，陪葬宗室及王公大臣，如寇准、包拯等墓300多座。

5.明十三陵

位于北京昌平区北天寿山南麓，环葬着明代的十三位皇帝。长陵为朱棣之陵墓，位居陵区正中，东侧是景陵、永陵、德陵；西侧是献陵、庆陵、裕陵、茂陵、泰陵、康陵；西南有定陵、昭陵、悼陵。各陵共设一个神道与牌坊、石像等，整体布局由神道和陵园两部分组成。

在十三陵中，朱棣陵墓——长陵以其宏伟的地面建筑而闻名于世。

定陵是明代第十三帝神宗朱翊钧及其二后的陵墓。1956年经过考古发掘，揭开了地宫之谜。

6. 清陵

清代帝王陵墓主要集中在四个地区：辽宁新宾的永陵，为清太祖以前的肇、兴、景、显四陵；今辽宁沈阳附近的清太祖福陵与太宗昭陵；河北遵化的清东陵，包括孝陵、景陵、裕陵、定陵、惠陵及诸后妃之陵；河北易县的清西陵，有泰陵、昌陵、慕陵、崇陵及诸后妃之陵。

清东陵是我国现存陵墓建筑中规模最宏大、建筑体系最完整的皇家陵墓。这里埋葬着顺治（孝陵）、康熙（景陵）、乾隆（裕陵）、咸丰（定陵）、同治（惠陵）5个皇帝，15个皇后，136个嫔妃，共15个陵墓，占地约2500平方千米。东陵有宫殿及牌楼217座，建筑面积比北京故宫还大。陵区的北部是昌瑞山的主峰，主峰脚下是孝陵，其他诸陵分列两侧。正对孝陵是一条12米宽、6千米长的神道贯穿南北，两侧排列着石人、石兽等。

清东陵建筑以定东陵（慈禧）和裕陵（乾隆）最为考究，其地宫全用汉白玉建造，墙壁上处处是艺术高超的石雕，表现龙凤呈祥、彩云飞舞的主题。

第四节　古城与古长城

一、古城

古代争战都是用刀、枪、戟等兵器，建造高大雄伟的古城墙可以起到防范敌人入侵的作用。一旦发生战争，凭城拒敌，居高临下，进可攻，退可守，城墙可谓是有效的防御设施。

中国都城一开始就具有强烈的政治、军事色彩。据考古发现，早在新石器时代晚期，一些部落遗址已出现规模较小的城堡。商代早期，这种城堡发展成为规模较大的有防御设施的都城。东周列国时都城面积增大，列国都城均分为宫城和郭城两部分。宫城和郭城都有各自的城垣，每边城垣均有数目不等的城门，与城内的街道相连，城墙外有护城河。

秦汉都城，其设计除满足军事、经济生活的需要以外，还充分显示了政治上和礼制上的规格。

三国两晋南北朝时期的城址多利用东汉旧城改建而成，改建重点在于集中宫苑衙署和加强西北隅的军事据点，扩大规整居民区，调整安排工商业区。

隋唐时期，唐都长安由外城、皇城、宫城三重城墙组成，布局完整。

北宋开封，不断扩大城区建设，出于军事防御的考虑，还重建外城。同时大力发展商业、手工业，店肆民居沿城市大街布局，此种布局一直延续至清代。

明朝的北京城是在元大都的基础上改建和扩建而成的。由皇城、内城、外城三部分组成。皇城四面都有高大的城门，四角建有角楼，皇城中的宫城内是皇帝听政、居住的宫室，皇城内还有庙社、寺观、衙署等。内城城门都有瓮城，建有城楼和箭楼，内城的东南、西南两个城角上建有角楼，内城主要有亲王府、佛寺、道观等建筑，并散布着商店、作坊和民居。明代由于经费紧张，只在南边修了外城，外城区主要是手工业区、商业区、天坛和先农坛。

清朝沿袭明朝的京城和宫室，除重建修缮宫城外，又大力开发西郊园林，极尽奢侈豪华。

除天子王侯的都城外，州郡府县的治所也都是以城垣围绕的城堡。城墙上有城楼、角楼、垛口等防御工事，构成一整套坚固的防御体系。

中国现有的古都北京、西安、开封、洛阳、南京、杭州中，明朝的南京城墙仅剩都城城垣，其内侧周长33千米，名列全国第一和世界第一。原13座城门中的聚宝门（中华门）规模最大，是我国现存最大最为完整的堡垒瓮城，在我国城垣建筑史上占有极其重要的地位。此外，著名的城垣、城堡还有明代所建的西安城墙和山西平遥古城墙，以及始建于南宋末年的丽江古城等。

（一）丽江古城

丽江古城位于云南省的丽江纳西族自治县，又名大研镇，因其居丽江坝中心，四面青山环绕，一片碧野之间绿水萦回，形似一块碧玉大砚，故而得名。古城始建于元初忽必烈南征云南大理之时，于南宋时期初具规模，自古就是西南重要政治和经济中心，四方街、丽江军民府（木家院）是历史的见证。中国明代著名旅行家徐霞客曾在丽江游记中写道"宫室之丽，拟于王者""民居群落，瓦屋栉比"，是对当年丽江古城之繁盛景观的真实写照。

有别于中国任何一座古城，丽江古城未受"方九里，旁三门，国中九经九纬，经途九轨"的中原建城体制影响，城中无规矩的道路网，无森严的城墙。在古城中心有一个方形街市，四周均是整齐的店铺，俗称"四方街"。从四方街四角延伸出四大主街，直通东南西北四郊，又从主街岔出众多街巷，如蛛网交错，往来畅便。街道全用五彩石铺砌，平坦洁净，晴不扬尘，雨不积水。清澈的玉泉水分东、西、中三股流入古城，随街绕巷，穿墙过屋。水边杨柳垂丝，柳下小桥座座，形成"家家流水，户户垂杨"的独特风貌。城内早年依地下涌泉修建的白马龙潭和多处井泉至今尚存，人们创造出"一潭一井三塘水"的用水方法，即头塘饮水、二塘洗菜、三塘洗衣，清水顺序而下，既科学又卫生。居民还以水洗街，只要放闸堵河，水溢石板路面顺势下泄，便可涤尽污秽，保持街市清洁。依山就水的丽江大研镇，既无高大围城，也无轩敞大道，但它古朴如画，处处透出自然和谐。1997年12月3日，联合国教科文组织将丽江古城列入《世界遗产名录》。

（二）平遥古城

平遥古城（图4.4.1）位于山西省中部，是一座具有2700多年历史的文化名城，是中国目前保存最为完整的一座古代县城。1997年12月被列入《世界遗产名录》。

平遥古城始建于西周宣王（公元前827年—公元前782年）时期，为西周大将尹吉甫驻军于此而建。自公元前221年，秦朝政府实行"郡县制"以来，平遥城一直是县治所在地，延续至今。现在看到的古城，是明洪武三年（1370年）进行扩建后的模样。

平遥古城是一座完全按照中国汉民族传统城市规划思想和布局程式修建的县城。扩建后的城墙周长6.4千米，城墙上有72个观敌楼，墙顶外侧有垛口3000个，据说这象征孔子三千弟子及七十二贤人。在封闭的城池里，以市楼为中心，有四条大街、八条小街及七十二条小巷经纬交织在一起，它们功能分明，

图4.4.1 平遥古城

布局井井有条。城内古居民宅全是清一色青砖灰瓦的四合院，轴线明确，左右对称，特别是砖砌窑洞式的民宅更是具有很浓的乡土气息。迄今为止，古城的城墙、街道、民居、店铺、庙宇等建筑仍然基本完好，原来的形式和格局大体未动，它们同属平遥古城现存历史文物的有机组成部分。

二、古长城建筑

长城是一处特殊的防御工程。早在春秋战国时期，各国为了互相防御，均选地势险要的地方修筑长城。最早修筑长城的是楚国，大约始于公元前7世纪中叶。战国时，齐、魏、燕、赵、秦等国相继兴筑。秦始皇灭六国完成统一后，为了防御北方匈奴贵族的南侵，于公元前214年将秦、赵、燕长城连接起来，西起临洮，北傍阴山，东至辽东，俗称"万里长城"。此后汉、北魏、北齐、北周、隋各代都曾在北边与游牧民族边境地带筑过长城。汉长城东起辽东，西至莆昌海（亦名盐泽，即今罗布泊），长10000千米，是汉武帝在三次征服匈奴的基础上修筑而成的，规模最大，不仅抵御了匈奴南下，而且保护了通往西域的陆上交通丝绸之路。明代为了防御鞑靼、瓦剌族的侵扰，曾多次修筑长城，西起嘉峪关，东至鸭绿江，全长7000千米以上。在长城沿线保存了许多雄关隘口。1987年长城被列入《世界遗产名录》。

八达岭长城是我国明长城中保存最完整、最具有代表性的段落之一。因地势险要，自古为兵家必争之地，历代都有重兵把守。

金山岭长城被誉为"第二八达岭"，盘桓在河北滦平县大小金山岭上。1567年戚继光镇守北疆，继续兴建众多敌楼和战台，使之成为万里长城上构筑最复杂、楼台最密集的一段。

长城上有三个著名的关隘，即山海关、居庸关和嘉峪关。山海关为万里长城第一关。居庸关是北京西北的门户。嘉峪关是明代万里长城西端的终点，丝绸之路的交通咽喉。

长城沿线主要旅游点有北京八达岭、慕田峪、河北山海关、古北口、金山岭、天津蓟县黄崖关、甘肃嘉峪关等处。八达岭近在京郊，建筑雄伟，游客最多，知名度最高。

第五节　古楼阁、古塔和古桥

一、古楼阁

楼是指两层以上的房屋，在战国晚期已出现。阁是我国传统楼房的一种，其特点是通常四周设隔扇或栏杆回廊，供远眺、游憩、藏书和供佛之用。自古以来，中国的文人名士便将登楼阁、览胜景、吟诗作赋、抒情遣怀视为一项高雅的活动。

古代江南三大名楼为：

（一）黄鹤楼

黄鹤楼坐落在今湖北武汉市长江之滨，始建于三国东吴黄武二年（公元223年），南朝时起成为大型观赏建筑。历代名士登楼观景赋诗，留下很多诗文名篇，使黄鹤楼声誉更隆。可惜的是千百年来屡毁屡建，仅清代就七建七毁。20世纪80年代重建后的黄鹤楼楼址退离江岸，楼为五层，高51.4米，平面呈"亚"字形，顶层中部冠以四方攒尖顶，各层飞檐出挑深远，翼角轻轻挑起，屋面全部采用黄瓦，是为了附会"黄鹤之意"。新楼五层大厅分别设计了五个主题，整个建筑包括东西南北四个景区。楼前有双鹤铜雕，楼的西端置放搬迁来的元代白塔，改变了原来黄鹤楼的孤立状况。

（二）岳阳楼

岳阳楼位于湖南岳阳古城上。东依巴陵山，西临洞庭湖，北枕万里长江，南望三湘四水，始建于唐。李白赋诗后，始称岳阳楼。后至北宋滕子京重修岳阳楼，更为时人、后世传为美谈。范仲淹名传千古的《岳阳楼记》，留下了"先天下之忧而忧，后天下之乐而乐"的名言，更为其增添了无穷魅力。滕子京请大书法家苏舜钦书写了范仲淹的《岳阳楼记》，并请邵辣篆刻。人们把滕修楼、范作记、苏手书、邵篆刻称为"天下四绝"，并竖了"四绝碑"，碑石至今完好。现存岳阳楼为清同治六年（1867年）重建。全楼木构件，为榫卯连接，未用一钉。

（三）滕王阁

位于江西南昌西侧，建于唐朝。唐高祖李渊之子滕王李元婴出任洪州都督，耗资巨万，营造城阁，故取名为滕王阁。滕王阁载誉古今与王勃的《滕王阁序》是分不开的，后有王绪作《滕王阁赋》、王仲舒作《滕王阁记》，人称"三王文辞"。现滕王阁是根据中国著名的古建筑学家梁思成所绘草图，于1989年10月28日重建后对外开放的。

二、古塔

佛塔是在公元1世纪前后随佛教由印度传入我国的。塔在印度原称"窣堵坡"，我国古代通常称其为"浮图"或"浮屠"，用以保藏佛舍利或供奉佛经、佛像，形状为一半圆形的坟冢。佛塔传入中国后，与中国原有的传统建筑形式相结合，出现了许多新的塔形。中国佛塔可分为楼阁式、密檐式、覆钵式、金刚宝座式等类型。

（一）楼阁式塔

源于中国传统建筑中的楼阁形式，可以登高远眺。著名的有陕西西安大雁塔、山西应县木塔等。大雁塔是玄奘西行求法归国译经的纪念性建筑物，具有重要历史价值。应县木塔即佛宫寺释迦塔，是我国现存最古老最高的一座木构大塔。

（二）密檐式塔

以外檐层数多且间隔小而得名。塔下部第一层塔身特别高，以上各层塔檐则层层重叠，距离很近。密檐式塔大都实心，一般不能登临。著名的有河南登封嵩岳寺塔、西安小雁塔、云南大理千寻塔等。其中，嵩岳寺塔建于北魏正光年间（520—524年），是我国现存年代最早的砖塔。

（三）覆钵式塔

又称喇嘛塔，为藏传佛教所常用。流行于元代，明清继续发展。著名的有北京妙应寺白塔等。妙应寺白塔建于元朝至元八年（1271年），是我国建筑年代最早、规模最大的一座喇嘛塔。

（四）金刚宝座塔

其造型仿照印度佛陀迦耶精舍而建，具有浓厚的印度风格。其形式为：塔的下部为一方形巨大高台，台上建五个正方形密檐小塔（代表五方五佛）。北京真觉寺金刚宝座塔，是我国同类塔中年代最早、雕刻最精美的一座。

三、古桥

自汉代开始，我国古桥形成了索桥、浮桥、拱桥和梁桥四大基本类型。现存典型的古桥有：

（一）赵州桥

赵州桥又名"安济桥"，位于河北省赵县城南的洨河上，为隋代开皇大业年间（590—608年）李春创建。桥梁全长50.82米，桥面宽9.6米，跨径37.37米，由28条并列的石条组成，弧形平缓，桥拱肩两端各设两个小拱，即敞肩拱，是世界桥梁中的首创。因全部用石料建造，俗称大石桥。赵州桥是我国现存的最古老的桥梁，也是世界上现存最大的敞肩桥。

（二）卢沟桥

卢沟桥又名"芦沟桥"，位于北京市丰台区永定河上，始建于金代。该桥全长266.5米，宽7.5米，由11孔石拱组成。桥旁建有石栏，桥两边栏杆上雕刻有石狮子。"卢沟晓月"是著名的"燕京八景"之一。古代意大利旅行家马可·波罗在他的《马可·波罗游记》中称赞卢沟桥是"世界上最好的、独一无二的桥"。卢沟桥又以中国抗日战争的爆发地而载于史册。

（三）洛阳桥

洛阳桥又名"万安桥"，位于福建省泉州市，为著名的梁式古石桥，始建于公元1053年，历时六年零八个月而成。桥原长约1200米、宽约5米（现长834米、宽7米），有桥墩46座、扶栏500个、石狮28只、石亭7座、石塔9座（现存石亭2座、石将军2尊、石塔5座），规模宏大。洛阳桥以磐石铺遍桥底，是近代筏形基础的开端。同时，洛阳桥是我国最早采用"种蛎固基法"建造的桥梁，这也是世界上绝无仅有的造桥方法。

（四）泉州安平桥

泉州的安平桥有"天下无桥长此桥"的美称，它是国家第一批公布为全国重点文物保护单位的其中之一。它位于晋江市的安海镇，安海古称安平，桥因此得名；由于桥长有2500米（即5里），人们便称它为"五里桥"；位于安海镇西岸，俗称也叫"西桥"。

思考题

1.旅游团一位游客提出让你介绍一下长城的历史，并想知道和西安、南京等古都的城墙有什么联系，请你组织10分钟左右的语言，通俗易懂地向其介绍中国古代城防建筑的历史沿革和各朝代的主要代表及特点。

2.中国古代宫殿布局的特点是什么？这样的布局有什么含义？

3.在讲解古建筑时应该突出哪些方面的内容？

第五章

中国的古典园林

中国园林是为游览观赏、起居养性而建的，包括山石、水体、建筑、动植物在内的综合自然整体，它融建筑、绘画、雕塑、文学、金石等艺术形式于一体，被誉为中国文化的四绝之一，在世界园林中独树一帜，极具艺术魅力。

第一节　中国古典园林概述

一、中国古典园林的发展

（一）先秦时期——古代园林的雏形时期

据有关典籍记载，我国造园应始于商周，那时园林称为"囿"，如《说文解字》的："囿，养禽兽也"；《周礼地官》的："囿人掌囿游之兽禁，牧百兽"，等等，说明囿的作用主要是放牧百兽，以供狩猎游乐。在园、圃、囿三种形式中，囿具备了园林活动的内容，特别是从商到了周代，就有周文王的"灵囿"。据《孟子》记载："文王之囿，方七十里"，其中养有兽、鱼、鸟等，不仅供狩猎，同时也是周文王欣赏自然之美的场所。可以说，囿是我国古典园林的一种最初形式，特点是以自然景色为主，少事人工。

（二）秦汉时期——古代园林的生成时期

在秦汉时期，"囿"改称"苑"，它是古代帝王的园林。与先秦相比，这一时期苑囿有了较大的发展，这与大统一帝国的出现、经济的繁荣是分不开的。

当秦始皇完成了统一中国的大业后，连续不断的营建宫、苑，大小不下三百处，其中最为有名的应推上林苑中的阿房宫，内有离宫七十所，"离宫别馆，弥山跨谷"。可以想象，规模是多么宏伟。汉代继续修建上林苑，将其扩充，宫苑内饲养珍禽异兽，多植花木，凿池堆山。汉武帝为求长生，听信术士之言在建章宫内开凿太液池，池中堆筑蓬莱、方丈、瀛洲三岛，以象征传说中东海上的三座仙山，从而开创了皇家园林"一池三山"的主要模式。同时，亦有私人园林出现。此为中国园林的生成时期，这一时期的园林以模拟自然山水为特色。

（三）魏晋南北朝时期——自然山水园林形成时期

魏晋南北朝时期是中国古典园林史上的一个重要转折时期。这一阶段，社会的动荡和政治的分裂并未禁锢人们的思想，造园活动在帝王至贵族这一特定人群中普遍活跃，园林的发展相当繁荣，并最终形成皇家、私家、寺观园林三大主流类型共同进步的局面。

这一时期因连年战争，社会动荡，文人雅士厌烦战争，玄谈玩世，礼佛养性，寄情山水，风雅自居。豪富们纷纷建造私家园林，把自然式风景山水缩写于自己私家园林中。如西晋石崇的"金谷园"，是当时著名的私家园林。随着佛教的广泛流传，产生了大量的寺院建筑。佛教建筑在总的布局上，有供奉佛像的殿宇和附属的园林部分，因此构成佛寺园林。佛寺园林的建造，都需要选择山林水畔作为参禅修炼的洁净场所。这个时期的园林是山水、植物、建筑相互结合组成的山水园林，大多采用写实手法再现山水，可称之为自然山水园或写实山水园。

（四）唐宋时期——山水园林繁荣发展时期

隋唐结束了魏晋南北朝长期的战乱状态，社会经济一度繁荣。尤其是唐王朝的建立，开创了中国历史上一个意气风发、充满活力的全盛时代。园林的发展也相应地进入了它的兴盛期。园林艺术方面，因官僚及文人墨客参与造园，从而促进了山水诗、山水画与园林艺术的相互渗透，使得这一时期园林自然美与艺术美达到高度、巧妙结合，中国园林进入了成熟时期。著名的皇家园林有大明宫、兴庆宫、华清宫、艮岳、琼林苑、玉津园等；私家园林如王维的辋川别业和李德裕的平泉山庄等。唐朝长安还出现了我国历史上的第一座公共游览性质的大型园林——曲江池。

（五）明清时期——巅峰时期

明清时期，中国园林艺术达到巅峰。这一时期，造园理论有了重要的发展，出现了明末吴江人计成所著的《园冶》一书，这一著作是明代江南一带造园艺术的总结。园林规模更是前所未有，以圆明园、颐和园、避暑山庄等皇家园林为代表的北方园林和以苏州、杭州、无锡等地的私家园林为代表的江南园林都蓬勃发展起来。在园林艺术和技术方面，都达到了最高的水平。尤其是江南园林的艺术境界之高，最能体现文人墨客所追求的"诗情画意"，也使其成为北方皇家园林模拟和仿造的对象。

到了清末，由于外来侵略、西方文化的冲击、国民经济的崩溃等原因，园林创作由全盛到衰落。但中国园林的成就却被西方所认识，其造园手法被西方所推崇和模仿，中国园林成了全世界所公认的"园林之母"。

二、中国古典园林的艺术特征

中国古典园林除了满足人们生活、起居和宴饮的需要，更重要的是追求在小小的天地中，在有限的空间里，尽量再现大自然的山水美景，塑造出一个抒情寄志的生活空间。

（一）生境

生境就是自然美，园林的叠山理水，要达到虽由人作，宛若天成的境界。中国古典园林是典型的自然山水园，是人工与自然相结合的产物。中国文人自古就热爱大自然，崇尚大自然，以天地之美为美，故而山川形胜、万千景象莫不成为园林创作的蓝本和不绝的源泉。因此在造园时，无论聚石引泉，还是开涧植林，总是最大限度地再现自然山水，力求自然野致，旷达风流，从而体现"移天缩地在君怀"的意蕴。

追求生境主要体现在两个方面：其一是园林的总体布局要合乎自然。即园林的选址要与周围的环境相协调，因地制宜，因势利导。园林中山、水、石、树木花草等各要素的组合，要符合自然山水的组合规律，充分体现自然山水之美，让人身处其中，有回归自然的感觉。其二是园林中每一山水要素的形象组合也要合乎自然规律。如堆砌假山，石与石之间叠砌时要符合天然岩石的纹脉，尽量减少人工拼叠的痕迹。园林中的水，应随形而弯，就势而曲。树木花草的配置应疏密相间，妙趣天成。

（二）画境

画境就是艺术美。我国自唐宋以来，诗情画意就是园林设计思想的主流，明清时代尤甚。园林将封闭和空间相结合，使山、池、房屋、假山的设置排布，有开有合，互相穿插，以增加各景区的联系和风景的层次，达到移步换景的效果，给人以"柳暗花明又一村"的印象。

任何园林，它的实际空间都是有限的，而艺术意境则要求无限。造园家要想在这有限的空间里创造出丰富多样、各具个性的景观和不尽的意境，首先就得在宏观上加以把握，充分运用抑景、漏景、框景、借景等艺术手法，将园林空间进行分割，以增加风景的层次感，在视觉上扩大其空间感。

（三）意境

简单来说，意即主观的理念、感情，境即客观的生活、景物。意境产生于艺术创作中此两者的结合，即创作者把自己的感情、理念熔铸于客观生活、景物之中，从而引发鉴赏者之类似的情感激动和理念联想。这种意境往往以构景、命名、楹联、题额和花木等来表达。

江南的私家园林大多为封建时代的官员、文人、士大夫所筑，在园林建筑中普遍蕴含着天人合一的人生观和虚静淡泊的隐逸思想，他们把园林看作"一片冰心在玉壶"的壶中天地。比如苏州怡园中有座"锄月轩"，"锄月"二字取自陶渊明的诗句："晨兴理荒秽，戴月荷锄归。道狭草木长，夕露沾我衣。沾衣不足惜，但使愿无违。"陶诗的原意显而易见，隐逸乡间，自耕为食，不与当时的官场社会同流合污。怡园主人与陶渊明的隐居思想不谋而合，产生共鸣，故从陶诗中摘取"锄月"二字，以名其轩，以明其志。又如拙政园内遍植荷花（图5.1.1），主厅远香堂及其他亭阁的命名如"荷风四面亭""听雨轩""香洲"等与荷花有直接关系，这正体现了园主以荷花"出淤泥而不染"来自比高尚的品格。

图5.1.1 拙政园的荷花

所以，中国文人园林的创作过程是：首先创造自然美和生活美的"生境"，再进一步通过艺术加工上升到艺术美的"画境"，最后通过触景生情达到理想美的"意境"，达到三个境界互相渗透、情景交融的高潮，以此来体现"天人合一"的造园理念。

三、中国古典园林的分类

（一）按园主的身份分类

1. 皇家园林

皇家园林起源最早，约在奴隶社会便出现了，是专供帝王休憩享乐的场所，有的还有处理政务的功能。皇家园林往往利用真山真水，并且集中了各地建筑中的精华。黄色的琉璃瓦，朱红的廊柱，洁白的玉石雕栏，精美的雕梁画栋，色彩浓烈，装饰富丽堂皇。传统皇家园林力求形成"一池三山"的意境，这是中国皇家园林自汉代以来的传统模式，象征海上三山（传说中的海上三个仙岛：蓬莱、方丈、瀛洲），表示帝王身在园中犹如置身于神仙世界。保存到现在的著名皇家园林有北京颐和园、北海公园、承德避暑山庄等。

2. 私家园林

私家园林又称"府宅园林""宅园"，是供文人雅士，尤其是王公贵族、富豪商贾游乐之所，多依附于府宅院内。私家园林因财力有限，规模较小，一般占地一千多平方米，大者可达上万平方米。面积虽小，然营造精心，故艺术水平较高。园林中常用假山假水，建筑小巧玲珑，色彩淡雅素净。典型代表有：北京的恭王府、上海的豫园、苏州的网狮园等。

3. 寺观园林

宗教园林是指附属于宗教建筑、祭祀场所和陵寝的园林。多建于城郊旷野之处，以获得肃穆清静的环境。园林总体布局独具匠心，且广植松柏银杏等特定品种树木，以造就肃穆、庄严、神秘的意境，达到使人产生强烈感应的目的。典型代表有：南京的栖霞寺，浙江天台山的国清寺，当阳的玉泉寺，山东长清的灵岩寺，苏州的通玄寺、寒山寺，杭州的灵隐寺，武汉的宝通寺等。

（二）按园林所处的地理位置分类

1. 北方园林

北方园林的代表大多集中于北京、西安、洛阳、开封等古都，尤以北京皇家园林和王侯府邸园林最为典型。因北方地域宽广，又大多位于古都，因此面积广袤，建筑高大，装饰富丽堂皇；又因受自然条件所局限，河川湖泊、园石及常绿树木都较少。其风格比较粗犷，多野趣，各种人工建筑厚重有余，委婉不足。当然也不乏仿效江南私家园林的小巧之作，如颐和园中的谐趣园便是模仿无锡的寄畅园的杰作。

2. 江南园林

江南园林大多集中于南京、上海、无锡、苏州、杭州、扬州等地，其中尤以苏州最为典型。由于江南地区气候温润，自然风光秀丽，盛产叠山所需之湖石、黄石等，造园条件明显优于北方。而且自唐宋以来，江浙一带经济发达，商业繁荣，人口密集，文化昌盛，自古即以文人才子迭出著称。其中许多文人士大夫往往亲自参与园林的营造，因而使得江南园林成为典型的文人园林。

江南园林多属私园，以宅园为主。其规模小但充分利用一切空间造景，即使墙角、路面也精心点缀，故屈曲多致，虽小而足供观赏。多奇石秀水，玲珑纤巧，轻盈秀丽，色调朴素淡雅，栗柱粉墙，灰砖青瓦，韵味隽永，富有田园情趣，身入其境舒适恬淡，称之为"城市山林"最为贴切。苏州、杭州、无锡、扬州、镇江以"园林城市"而闻名。苏州的沧浪亭、拙政园、狮子林和留园被誉为"四大名园"。

3. 岭南园林

最早的岭南园林可上溯到南汉时的"仙湖"，它的一组水石景"药洲"尚保留至今。清初岭南地区经济比较发达，文化水准提高，私家造园活动开始兴旺，逐渐影响及于潮汕、福建和台湾等地，到清中叶以后而日趋兴旺。

岭南园林以宅园为主，多为庭院和庭园的组合。其发展历史比较晚，曾师法北方与江南园林，因而风格在二者之间。其建筑物高而宽敞，色调艳丽多彩，纤巧繁缛。因地处珠江三角洲，受商业和外来文化的影响，在建筑和布局上显出某些外域色彩。不仅某些局部和细部的做法如西洋式的石栏杆、西洋进口的套色玻璃和雕花玻璃等，甚至个别园林的规划布局亦能看到欧洲规整式园林的模仿迹象。顺德的清晖园、东莞的可园、番禺的余荫山房、佛山的梁园号称岭南四大名园，它们都完整保存下来，可视为岭南园林的代表作品。其中以余荫山房最为有名。

资料补充

余荫山房

余荫山房，又名余荫园，位于广州市番禺区南村镇。余荫山房为清代举人邬彬的私家花园，始建于清代同治六年（1867年），距今已有150多年历史。园占地面积1598平方米，以小巧玲珑、布局精细的艺术特色著称。

余荫山房坐北朝南，以廊桥为界，将园林分为东西两个区域。它吸收了苏杭庭院建筑艺术风格，整座园林布局灵巧精致，以"藏而不露"的手法，在有限的空间里分别建筑了深柳堂、榄核厅、临池别馆、玲珑水榭、来薰亭、孔雀亭和廊桥等。在面积并不大的山林里，浓缩了园林的主要设施和景致，使有限的空间注入了幽深广阔的无限佳景。其后门的对联"余地三弓红雨足，荫天一角绿云深"正是此园点题之句。

第二节 中国古典园林的构成要素

一、叠山

为表现自然，叠山是造园的最主要的因素之一。秦汉的上林苑，用挖太液池的土堆成岛，象征东海神山，开创了人为造山的先例。

明代的计成在《园冶》的"掇山"一节中，列举了园山、厅山、楼山、阁山、书房山、池山、内室山、峭壁山、山石池、金鱼缸、峰、峦、岩、洞、涧、曲水、瀑布等17种形式，总结了明代的造山技术。清代造山技术更为发展和普及，现存的苏州拙政园、常熟的燕园、上海的豫园，都是明清时代园林造山的佳作。

二、理水

为表现自然，理水也是造园最主要因素之一。不论在哪一种类型的园林中，水是其最富有生气的因素，无水不活。正因为如此，园林一定要凿池引水。

古代园林理水之法，一般有三种：一为掩。以建筑和绿化，将曲折的池岸加以掩映。临水建筑，不论亭、廊、阁、榭，前部皆架空挑出水上，水犹似自其下流出，用以打破岸边的视线局限；或临水布蒲苇岸、杂木迷离，造成池水无边的视觉印象。二为隔。或筑堤横断于水面，或隔水浮廊可渡，或架曲折的石板小桥，或涉水点以步石，正如计成在《园冶》中所说："疏水若为无尽，断处通桥"。如此则可增加景深和空间层次，使水面有幽深之感。三为破。水面很小时，如曲溪绝涧、清泉小池，可用乱石为岸，怪石纵横、犬牙交齿，并植配以细竹野藤、朱鱼翠藻，那么虽是一洼水池，却能令人感受到山野风致。

三、植物

植物是造山理池不可缺少的因素。花木犹如山峦之发，水景如果离开花木也没有美感。

自然式园林着意表现自然美，对花木的选择标准，一般有三个方面：一讲姿美：树冠的形态、树枝的疏密曲直、树皮的质感、树叶的形状，都追求自然优美。二讲色美：树叶、树干、花都要求有各种自然的色彩美，如红色的枫叶，青翠的竹叶、白皮松，斑驳的狼榆，白色广玉兰，紫色的紫薇等。三讲味香：要求植物的香味有自然的淡雅和清幽。

花木对园林山石景观起衬托作用，又往往和园林主人追求的精神境界有关。如竹子象征人品清逸和气节高尚，松柏象征坚强和长寿，莲花象征洁净无瑕，兰花象征幽居隐士，玉兰、牡丹、桂花象征荣华富贵，石榴象征多子多孙，紫薇象征高官厚禄等。

古树名木对创造园林气氛非常重要。古木繁花，可形成古朴幽深的意境。所以如果建筑物与古树名木矛盾时，宁可挪动建筑以保住大树。计成在《园冶》中说："多年树木，碍筑檐垣，让一步可以立根，斫数桠不妨封顶。"构建房屋容易，百年成树艰难。

除花木外，草皮也十分重要，或平坦或起伏或曲折的草皮，也能令人陶醉于向往中的自然。

四、动物

中国古典园林重视饲养动物。最早的范围中，就以动物作为观赏、娱乐的对象。魏晋南北朝园林中有众多鸟禽，使之成为园林山水景观的天然点缀。唐代王维的辋川别业中养鹿放鹤，以寄托"一生几经伤心事，不向空门何处销"的解脱情趣。宋徽宗所建艮岳，集天下珍禽异兽数以万计，经过训练的鸟兽，在徽宗驾到时，能乖巧地排立在仪仗队里。明清时园中有白鹤、鸳鸯、金鱼，还有天然鸟蝉等。园中动物可以用来观赏娱乐，可以隐喻长寿，也可以借以扩大和涤化自然境界，使人通过视觉、听觉产生联想。

五、建筑

园林中的建筑有十分重要的作用，它可满足人们生活享受和观赏风景的愿望。中国自然式园林，其建筑一方面要可行、可观、可居、可游，另一方面起着点景、隔景的作用，使园林移步换景、渐入佳境，以小见大，同时又使园林显得自然、淡泊、恬静、含蓄，这是与西方园林建筑很不相同之处。中国自然式园林中的建筑形式多样，有堂、厅、楼、阁、馆、轩、斋、榭、舫、廊、桥、墙等。

六、匾额、楹联与刻石

每个园林建成后，园主总要邀集一些文人，根据园主的立意和园林的景象，给园林和建筑物命名，并配以匾额题词、楹联诗文及刻石。匾额是指悬置于门楣之上的题字牌，楹联是指门两侧柱上的竖牌，刻石是指山石上的题诗刻字。园林中的匾额、楹联及刻石的内容，多数是直接引用前人已有的现成诗句或略做变通。如苏州拙政园的浮翠阁，引自苏东坡诗中的"三峰已过天浮翠"。还有一些是即兴创作的。另外还有一些园景题名出自名家之手。不论是匾额、楹联还是刻石，不仅能够陶冶情操，抒发胸臆，也能够起到点景的作用，为园中景色增加诗意，拓宽意境。

第三节　中国古典园林的主要构景手法

为丰富对于空间的美感，园林构景中常采用种种手法来布置空间、组织空间、创造空间，以表现自然，求得渐入佳境、小中见大、步移景换的理想境界。

一、抑景

中国传统艺术历来讲究含蓄，园林造景也忌讳"开门见山，一览无余"，抑景是中国园林中普遍采用的一种造园手法。抑景是先把园林中的景致隐藏起来，不使其被一览无余，先藏后露，欲扬先抑，给人以"山重水复疑无路，柳暗花明又一村"的感觉，以提高风景的艺术感染力和层次感。抑景不限于起始部分，处处都能灵活运用。

二、漏景

中国园林中在围墙和穿廊的侧墙上，常常设以漏窗来透视园外美景。漏窗的使用使被隔的景色更加朦胧、虚幻，具有探幽之趣，给园林增加了不少诗情画意的美感和意境。漏景以隐现为胜，常以漏窗、花墙、漏屏风、漏隔扇、甚至枝影横斜之中取景。"春色满园关不住，一枝红杏出墙来"，一枝红杏即属漏景（图5.3.1）。

图5.3.1 苏州园林中的漏景

三、添景

一个风景点在远方，或自然的山，或人文的塔，如没有其他景点在中间、近处作过渡，就显得虚空而没有层次，如果在中间、近处有乔木、花卉作为过渡景，景色显得有层次美，这中间的乔木和近处的花卉，便叫作添景（图5.3.2）。

图5.3.2 苏州园林的添景

四、借景

借景是将园外的景致，巧妙地收进园内游人的视野中来，与园内的景物融为一体，让游人的观赏能任意流动与收放。在中国园林造园中，借景占有极重要的位置。《园冶》中说："园林巧于因借"。借景有远借、邻借、仰借、俯借、应时而借之分。借远方的山，叫远借；借邻近的大树，叫邻借；借空中的飞鸟，叫仰借；借池塘中的鱼，叫俯借；借四季花或其他自然景象，叫应时而借。借景不仅可以突破园内有限的空间，丰富园景的色调层次，而且可使园林具有象外之象、景外之景的艺术效果（图5.3.3）。

图5.3.3　颐和园的借景

五、夹景

夹景是运用透视线、轴线突出对景物的欣赏的艺术手法。当其中并非全部景色都能引人入胜时，常用建筑物或植物把左右单调的风景屏障起来，只留中央充满画意的远景，从左右配景的夹道中透入游人的视线，以达到增强景深和障丑显美的作用。

六、对景

在园林中能够互相观赏、互相烘托的构景手法称为对景。在园林中，游人可登上亭、台、楼、阁去观赏堂、山、桥、树木，也可在堂、山、桥处观赏亭、台、楼、阁、榭。对景有近景、远景之分。近景对景，其所对之景为小空间近景，则其画面多为竹石、花、叠石小景等；远景对景，则多为自然山水和建筑，这种对景不但有峰峦丘壑、深溪绝涧、竹树云烟，还有楼台亭阁等建筑。

七、框景

园林中建筑的门、窗、洞或乔木树枝抱合成的景框，往往把远处的山水美景包含其中，这便是框景（图5.3.4）。框景能使散漫的景色集中，使自然美升华为艺术美。景色一经框住，就产生画面的感觉，处理得好，就像嵌在墙壁上或门洞里的一幅画。杜甫诗句："窗含西岭千秋雪，门泊东吴万里船"，讲的就是框景的效果。

图5.3.4　苏州园林中的框景

第四节　中国现存著名园林

一、颐和园

颐和园（图5.4.1）位于北京西北郊海淀区，是利用昆明湖、万寿山为基址，以杭州西湖风景为蓝本，汲取江南园林的某些设计手法和意境而建成的一座大型天然山水园，也是保存得最完整的一座皇家行宫御苑。

图5.4.1　颐和园

颐和园原是清朝帝王的行宫和花园。乾隆十五年（1750年），乾隆皇帝在这里改建为清漪园。咸丰十年（1860年），清漪园被英法联军焚毁。光绪十四年（1888年），慈禧太后以筹措海军经费的名义动用上千万两白银重建，改称颐和园，作消夏游乐之地。光绪二十六年（1900年），颐和园又遭"八国联军"的破坏，烧毁了许多建筑物。光绪二十九年（1903年）年修复。1949年，新中国成立后，政府不断拨款修缮。

颐和园景区规模宏大，占地面积约290万平方米，主要由万寿山和昆明湖两部分组成，其中水面占四分之三。园内建筑以佛香阁为中心，园中有景点建筑物百余座、大小院落20余处，面积7万多平方米，共有亭、台、楼、阁、廊、榭等不同形式的建筑3000多间。古树名木1600余株。其中佛香阁、长廊、石舫、苏州街、十七孔桥、谐趣园、大戏台等都已成为家喻户晓的代表性建筑。

园中主要景点大致分为三个区域：以庄重威严的仁寿殿为代表的政治活动区，是清朝末期慈禧与光绪从事内政、外交政治活动的主要场所。以乐寿堂、玉澜堂、宜芸馆等庭院为代表的生活区，是慈禧、光绪及后妃居住的地方。以长廊沿线、后山、西区组成的广大区域，是供帝后们澄怀散志、休闲娱乐的苑园游览区。

1998年，颐和园以其丰厚的历史文化积淀，优美的自然环境景观，卓越的保护管理工作被联合国教科文组织列入《世界遗产名录》。

二、承德避暑山庄

避暑山庄（图5.4.2）又名承德离宫或热河行宫，位于河北省承德市中心北部，是清代皇帝夏天避暑和处理政务的场所。始建于1703年，历经清朝三代皇帝：康熙、雍正、乾隆，耗时约90年建成。山庄占地564万平方米，是我国现存规模最大的古代皇家园林。

图5.4.2　避暑山庄

山庄的建筑布局大体可分为宫殿区和苑景区两大部分。宫殿区是皇帝处理朝政、举行庆典和生活起居的地方，由正宫、松鹤斋、万壑松风和东宫四组建筑组成。正宫是宫殿区的主体建筑，包括9进院落，分为"前朝""后寝"两部分。主殿叫"淡泊敬诚"，是用珍贵的楠木建成，因此也叫楠木殿。各种隆重的大典都在这里举行。其后的殿堂分别叫"四知书屋""烟波致爽""云山胜地"等，是皇帝处理朝政、读书和居住的地方。苑景区又可分成湖区、平原区和山峦区三部分。湖泊区在宫殿区的北面，有8个小岛屿，将湖面分割成大小不同的区域，层次分明，洲岛错落，碧波荡漾，富有江南鱼米之乡的特色。东北角有清泉，即著名的热河泉。平原区在湖区北面的山脚下，地势开阔，碧草茵茵，林木茂盛。山峦区在山庄的西北部，面积约占全园的五分之四，这里山峦起伏，沟壑纵横，众多楼堂殿阁、寺庙点缀其间。整个山庄东南多水、西北多山，是中国自然地貌的缩影。

三、苏州四大名园

"江南园林甲天下，苏州园林甲江南"。苏州园林多为宅地园林，由贵族、宦官、富商等所建，精致优雅。这些园林反映出历代园林的不同风格，同为中国园林艺术的代表作。

（一）沧浪亭

沧浪亭位于苏州城南，占地1.1万平方米。是苏州最古老的一座园林，为北宋庆历年间（1041—1048年）诗人苏舜钦所筑，以《楚辞•渔父》之意题园名。南宋初年为名将韩世忠的住宅。以崇阜广水为特色，园内古木参天，山石嶙峋。园外小河相傍，自然开朗。山巅沧浪亭为清康熙年重建，柱联"清风明月本无价，近水远山皆有情"为中国名联。

沧浪亭造园艺术与众不同，未进园门便见一泓绿水绕于园外，漫步过桥，始得入内。园内以山石为主景，迎面一座土山，隆然高耸。山上幽竹纤纤、古木森森，山顶上便是翼然凌空的沧浪石亭。山下凿有水池，山水之间以一条曲折的复廊相连，廊中砌有花窗漏阁，穿行廊上，可见山水隐隐迢迢。假山东南部的明道堂是园林的主建筑，与明道堂东西相对的是五百名贤祠。园中最南部的是建在假山洞屋之上的看山楼，看山楼北面是翠玲珑馆，再折而向北到仰止亭，出仰止亭可到御碑亭。沧浪亭清幽古朴，适意自然，如清水芙蓉，洗尽铅华，无一丝脂粉气息。

（二）狮子林

狮子林位于苏州城内东北部。元代至正二年（1342年），名僧天如禅师维则的弟子"相率出资，买地结屋，以居其师。"因园内"林有竹万固，竹下多怪石，状如狻猊（狮子）者"；又因天如禅师维则得法于浙江天目山狮子岩，为纪念佛徒衣钵、师承关系，取佛经中狮子座之意，故名"狮子林"。

狮子林的湖石假山（图5.4.3）多且精美，建筑分布错落有致，主要建筑有燕誉堂、见山楼、飞瀑亭、问梅阁等。全园结构紧凑，长廊贯通四周，曲径通幽，古树挺秀。东南多山，西北多水，四周高墙峻宇，气象森严。大型湖石假山群外表雄浑，内部空灵，洞壑幽深，曲折盘桓，犹如迷阵。

（三）拙政园

拙政园位于苏州娄门内，占地4.1万平方米，是苏州最大的一处园林，也是苏州园林的代表作。明代正德四年（1509年），官场失意还乡的朝廷御史王献臣建造此园，取晋代潘岳《闲居赋》中"灌园鬻蔬，以供朝夕之膳，是亦拙者之为政也"之意，名"拙政园"。后屡易其主，多次改建。现存园貌多为清末时所形成。

全园分中、西、东三部分。中部是拙政园的主景区，为精华所在。其总体布局以水池为中心，亭台楼榭皆临水而建，有的亭榭则直出水中，具有江南水乡的特色。以荷香喻人品的"远香堂"为中部主景区的主体建筑，位于水池南岸，隔池与东西两山岛相望，池水清澈广阔，遍植荷花，山岛上林荫匝地，水岸藤萝粉披，两山溪谷间架有小桥，山岛上各建一亭，西为"雪香云蔚亭"，东为"待霜亭"，四季景色因时而异。

西部主要建筑为靠近住宅一侧的三十六鸳鸯馆，是当时园主人宴请宾客和听曲的场所，厅内陈设考究。晴天由室内透过蓝色玻璃窗观看室外景色犹如一片雪景。三十六鸳鸯馆的水池呈曲尺形，其特点为台馆分峙，装饰华丽精美。回廊起伏，水波倒影，别有情趣。西园北半部还有浮翠阁、笠亭、与谁同坐轩（图5.4.4）、倒影楼等景点。

东部原为"归去来堂"，后废弃。

图5.4.3 狮子林假山

图5.4.4 与谁同坐轩

（四）留园

留园位于苏州阊门外，原是明嘉靖年间太仆寺卿徐泰时的东园。园内假山为叠石名家周秉忠所作。清嘉庆年间（1796—1820年），刘恕以故园改筑，名寒碧山庄，又称刘园。园中聚太湖石十二峰，蔚为奇观。光绪初年为盛康所得，修葺拓建，易名留园。现全园占地约3.3万平方米，分四个景区：中部以山池为中心，风景明净清幽；东部则厅堂宏丽轩敞，重楼叠阁；西部是土山枫林，景色天然清秀；北部是田园风采。其间以曲廊相连，迂回连绵，达700余米，通幽度壑，秀色迭出。全园建筑布局结构严谨，尤以建筑空间处理得当而居苏州园林之冠。留园中特别值得一提的是著名的留园三峰：冠云峰居中，瑞云峰、岫云峰分立左右。冠云峰（图5.4.5）高6.5米，玲珑剔透，相传为宋代花石纲遗物，系江南园林中最高大的一块湖石。留园以宜居宜游的山水布局，疏密有致的空间对比，独具风采的石峰景观，成为江南园林艺术的杰出典范。

图5.4.5　冠云峰

 **思考题**

1. 在故宫和景山公园游览中，如果有游客问你一些建筑或园林方面的专业名词，而你的确不会时，你将如何化解尴尬？

2. 在带团工作中，为了符合游客背景特点，需要做哪些事前准备？该怎样调整讲解的侧重点？

3. 怎样向中亚国家的客人讲述中国的园林艺术？

第六章

中国饮食文化

第一节　中国主要菜系

一、中国菜系的定义与划分

（一）菜系的定义

菜系一词产生于20世纪50年代，但最早以文字形式出现是20世纪70年代中叶以后。地方菜，在以前称"帮""帮口"等，"帮"用于表示菜的地方性，有其历史的必然性，但它带有旧制度下"行帮""行帮意识""行帮习气"的烙印。新中国成立后，这一称谓显然不合时宜，菜系的概念也就应运而生。

所谓菜系，是指一个地区的饮食经过漫长历史的演变而形成的一整套独特的烹调体系，它以有别于其他地方的独特的烹饪手法、有特殊的调味品和调味手段，有众多的烹饪原料为菜系的重要标志。菜系的形成要素主要为：有丰富的物产；有悠久的历史传统和饮食习俗；烹饪技术的广泛普及和一大批精于烹饪的技术人才；有一定数量和规模的本菜系的餐馆；烹饪文化相对发达。

（二）菜系的分类

我国是一个幅员辽阔、人口众多的国家，同时也是一个餐饮文化大国。中国的菜肴在烹饪中有许多流派。其中最有影响和代表性的也为社会所公认的有：鲁、川、粤、闽、苏、浙、湘、徽等菜系，即被人们常说的中国"八大菜系"。近年来，随着文化的不断交流，人们更习惯于以家常菜、地方菜、筵席菜、特色菜来进行划分。

二、地方菜系

（一）山东菜

山东菜即鲁菜，春秋战国时的齐国和鲁国（今山东省），形成于秦汉，明清时已形成稳定流派。山东菜的影响涉及黄河中下游、华北东部以及东北地区。曾传进宫廷，成为御膳的主体，因而其对宫廷菜、京菜的形成也有重要影响。

山东菜是我国20世纪50年代出现的四大菜系之一，素有"北方代表菜"之称。山东菜主要由济南菜、胶东菜和孔府菜组成。济南菜以炸、爆、炒著称，刀口、火候等要求非常严格，菜品清、鲜、脆、嫩、色、香、味、形俱佳。胶东菜源于福山，已有800多年的历史。胶东濒临大海，海产品极其丰富，以烹制海产品而驰名。胶东菜擅长蒸、扒、煮、炒、熘，口味以鲜为主，特别讲究花色。孔府菜在中国名菜系的发展中经历年代最久，而且深受孔子思想的影响。

在宴席类别上，有寿宴、喜宴、家宴、便宴等，在规模上有不同档次的燕窝席、海参席、如意席、全素席、全羊席、清真席及多达196道菜的"满汉全席"等。鲁菜的地方名菜有九转大肠、糖醋黄河鲤鱼、葱爆海参、德州扒鸡、油焖鱼、清汆赤鳞鱼、煎白条鱼饼、韭青炒海肠子、福山烧小鸡、烤小雏鸡等。

（二）四川菜

四川菜又称川菜，是我国四大菜系之一。西汉两晋时已初具轮廓。明清之际川味因辣椒的传入进一步形成稳定的味型特色。影响到西南云贵以及周边省、区临界地带风味的形成。

川菜主要由成都（上河帮）、重庆（下河帮）、自贡（小河帮）三个系统为主组成。

上河帮（蓉派，以成都和乐山菜为主），其特点是小吃，亲民为主，比较清淡，传统菜品较多。其著名菜品有麻婆豆腐、回锅肉、宫保鸡丁、盐烧白、粉蒸肉、夫妻肺片、蚂蚁上树、灯影牛肉、蒜泥白肉、白油豆腐、鱼香肉丝等。

下河帮（渝派，以重庆和达州菜为主），其特点是家常菜，亲民，比较麻辣，多创新。渝派川菜大方粗犷，以花样翻新迅速、用料大胆、不拘泥于材料著称，俗称江湖菜。渝派川菜近几年来在全国范围内大受欢迎，不少的川菜馆主要菜品均为渝派川菜。其代表作有：以酸菜鱼、毛血旺、口水鸡、水煮肉片和水煮鱼为代表的水煮系列；以辣子鸡、辣子田螺和辣子肥肠为代表的辣子系列；以泉水鸡、烧鸡公、芋儿鸡和啤酒鸭为代表的干烧系列；以泡椒鸡杂、泡椒鱿鱼和泡椒兔为代表的泡椒系列；以干锅排骨和香辣虾为代表干锅系列等。风靡海内外的麻辣火锅也发源于重庆。

小河帮（盐帮菜，以自贡和内江为主），其特点是大气，怪异，高端（其原因是盐商）。在盐帮菜的嬗变和演进过程中，积淀了一大批知名菜品，人见人爱，如火鞭子牛肉、冷吃兔、火爆黄喉等。

川菜的特点是取料广泛，技法中以小炒、小煎、小烧、干烧、干煸见长，味多、味广、味厚、味浓，素有"一菜一格""百菜百味"之称，以麻辣、鱼香、怪味等为其擅长，重用"三椒"（辣椒、花椒、胡椒）和鲜姜。

（三）江苏菜

江苏菜以淮扬菜为代表，淮扬菜系是淮安（今淮安市楚州区）、扬州、镇江三地风味菜的总称；"淮"即淮菜，以淮安为代表，"扬"即扬菜，以扬州、镇江一带为代表。淮扬菜是我国四大菜系组成之一，春秋战国时已露端倪，唐宋已成为"南食"中重要组成部分，元代已具规模，明清完全形成流派。

江苏菜主要由淮扬菜（扬州、两淮）、江宁菜（镇江、南京）、苏锡菜（苏州、无锡）、徐海菜（徐州、连云港）四大部分组成。主要特点是取料不拘一格而物尽其用，重鲜活。特别讲究刀工、火工和造型，擅长炖、焖、煨、焐。调味重清爽、鲜淡、平和（徐海菜以咸鲜为主）。著名代表菜有红烧狮子头、软兜长鱼、平桥豆腐、虾籽烧蒲菜、文楼汤包、松鼠鳜鱼等。

（四）广东菜

广东菜又称粤菜，是我国四大菜系组成之一，是起步较晚的菜系。南宋以后始具雏形，有"南烹""南食"之称。清中叶后，形成"帮口"，清末有"食在广州"之说。

广东菜以广州菜、潮州菜、东江菜三部分为主组成，并以广州菜为代表。主要特点是取料广博奇杂而重"生猛"，天上飞的，地上爬的，水中游的，几乎都能上席。鹧鸪、禾花雀、豹狸、果子狸、穿山甲、海狗鱼等飞禽野味自不必说；猫、狗、蛇、鼠、猴、龟，甚至不识者误认为是"蚂蝗"的禾虫，亦在烹制之列，而且一经厨师之手，顿时就变成异品奇珍、美味佳肴，令人叹为"异品奇珍"。

在烹调上以炒、爆为主，兼有烩、煎、烤，讲究清而不淡，鲜而不俗，嫩而不生，油而不腻，有"五滋"（香、松、软、肥、浓）、"六味"（酸、甜、苦、辣、咸、鲜）之说。广东菜代表菜有鸡烩蛇、龙虎斗、脆皮烤乳猪、太爷鸡、盐焗鸡、白灼虾、白斩鸡、烧鹅、蛇油牛肉等。

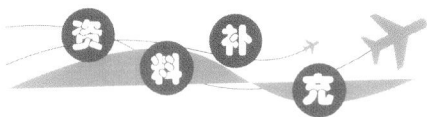

资料补充

> **龙虎斗**
>
> "龙虎斗"又名"豹狸烩三蛇""龙虎凤大烩""菊花龙虎凤"，是闻名中外的广东传统名菜。
>
> "龙虎斗"一菜相传始于清同治年间（1862—1875年），当时有个名叫江孔殷的人，生于广东绍关，在京为官。回到家乡后，经常研究烹饪，想创制新名菜。有一年，他七十大寿时，为了拿出一道新名菜给亲友尝鲜，便尝试用蛇和猫制成菜肴，蛇为龙、猫为虎，因二者相遇必斗，故名曰"龙虎斗"。亲友们品尝后都觉得不错，但感到猫肉的鲜味还不足，建议再加鸡共煮。江根据大家的意见又在此菜中加了鸡，其味更佳，这样此菜便一举成名。后来改称"豹狸烩三蛇""龙虎凤大烩"，但人们仍习惯称它为"龙虎斗"。此菜在岭南地区广泛流传，成为广东菜馆的主要特色名菜，盛名世界。中外宾客来到广州，都要品尝此菜，不然曰："虚此一行。"

（五）浙江菜

浙江菜也叫浙菜，具有悠久的历史。主要由杭州菜、宁波菜、绍兴菜三部分组成，最负盛名的是杭州菜。口味重鲜、嫩、清、脆。菜式小巧玲珑、清俊秀丽。以炖、炸、焖、蒸见长，重原汁原味。主要名菜有西湖醋鱼、东坡肉、赛蟹羹、荷叶粉蒸肉、西湖莼菜汤、龙井虾仁、杭州煨鸡、叫花童鸡、宁波汤团、湖州千张包子等数百种。

东坡肉

　　相传出自宋代大文学家苏东坡的故事。宋元祐年间（约1090年），苏东坡出任杭州刺史，发动民众疏浚西湖，大功告成，为犒劳民工，吩咐家人将百姓馈赠的猪肉，按照他总结的经验：慢着火少着水，火候足时他自美，烹制成佳肴。与酒一起分送给民工，家人误将酒肉一起烧，结果肉味特别香醇可口，人们传颂东坡的为人，又将此独特风味的块肉命以"东坡肉"，

　　"东坡肉"经历代厨师的不断总结发展，而被公推为杭州第一名菜。其操作方法是：选用带皮猪五花肉，刮洗干净，切成75克重的正方块，放入水锅内焯透捞出；取一大砂锅，用竹箅子垫底，铺上葱、姜块，再放上猪肉，加入白糖、绍酒、酱油，加盖密封，烧开后，用微火焖2小时，焖至酥烂，撇去浮油，皮朝上装入陶罐内，盖上盖，上屉蒸30分钟至酥透即可。特点是油润柔糯，味美异常。

（六）福建菜

　　福建菜也叫闽菜。主要由福州菜、闽南菜、闽西菜三部分组成，并以福州菜为其代表。福州菜偏酸甜，闽南菜多香辣，闽西菜喜浓香。代表菜有佛跳墙、七星丸、沙茶鸡丁、菜干扣肉、全折瓜、鸡丝燕窝等。

　　佛跳墙，已有100多年历史。据传，此菜是清光绪二年（1876年）福州扬桥巷官钱局一官员，在宴请布政司周莲时，由其妻烹制的，后由衙厨仿效其法并加以改革，传入饮食业。

　　此菜是将鱼翅、鱼唇、海参、鱼肚、鲍鱼、干贝、鸡肉、鸭肉、猪肚、火腿、鸽蛋、冬菇、冬笋等多种海鲜和荤料，同装在一个酒坛中，加上葱、姜、桂皮、冰糖、味精、酱油、熟猪油等调味料，用荷叶封严坛口，用慢火煨炖至酥烂入味，坛盖揭开，满堂荤香，令人陶醉，曾有着"坛启荤香飘四邻，佛闻弃禅跳墙来"的美誉。

（七）湖南菜

　　湖南菜也叫湘菜。主要由湘江流域（以长沙、湘潭、衡阳为中心）、洞庭湖区（以常德、岳阳、益阳为中心）、湘西山区（以吉首、怀化、大庸为中心）三部分组成。湘菜最大的特色是制作精细，用料广泛，讲究原料的入味。采用熏、蒸、腌、腊、泡等方法。代表菜有麻辣仔鸡、冰糖湘莲、海参盆蒸、腊味合蒸、走油豆豉扣肉等。

（八）安徽菜

　　安徽菜也叫徽菜。主要由皖南菜、沿江菜、淮北菜三大部分组成，皖南菜是主要代表，口味以咸、鲜、香为主。以烹制山珍野味著称，擅长蒸、炖、烧。代表菜有葡萄鱼、臭鳜鱼等。

（九）北京菜

　　北京菜也叫京菜。现在的北京菜已发展为集鲁菜、清真菜、宫廷菜、官府菜和江南风味于一体的京

都风味。北京菜以油爆、酱爆、白扒、烤、涮等烹调方法为见长；取料广泛，花色繁多，调味精美，口味以咸、甜、酸、辣、糟香、酱香为特色。擅长烹制羊肉菜肴，如涮羊肉等。代表菜有贵妃鸡、白煮肉、满汉全席、酱爆鸡丁、北京烤鸭、涮羊肉、锅烧鸭子和黄焖鱼翅等。

（十）上海菜

上海菜也叫沪菜。沪菜的特点是选料严谨，制作精致。菜品追求口味清淡，款式新颖秀丽，形式高雅脱俗，刀工精细，配色和谐，滋味丰富，口感平和。上海菜的菜品多样，主要以烹制河鲜、海鲜、禽、畜和时令菜蔬著称。其烹饪工艺主要以滑炒、生煸、红烧、清蒸见长。代表菜有清蒸鲈鱼、清蒸大闸蟹、生煸草头、脆皮乳鸽等。

第二节　特色风味菜

一、宫廷菜

宫廷菜原指历代皇宫内由御厨制作的专供皇帝、后妃们食用的菜肴。由于明朝以前的宫廷菜我们只能见到一些零星的文字记载，真正流传至今的可谓凤毛麟角，唯有清代的宫廷菜较为完整地流传下来。商周至清朝末，宫廷菜肴的烹制不断朝着精益求精的方向发展，最终成为中国古代烹饪技艺的经典和集大成者，成为中华菜肴的杰出代表。历代宫廷肴馔风味，因受建都地点的影响而分为南味和北味两大风格。南味以金陵、益都、临南、郢都为代表，北味以长安、洛阳、开封、北京、沈阳为代表。尽管历代宫廷菜风味有南北味之分，但都具有一种共同的特点，即华贵珍奇、配菜讲究典式规格。现代人们所说的宫廷菜，一般是指清代的宫廷风味菜。清代宫廷菜主要是在山东风味、满族风味和苏杭风味这三种各具特色的风味菜的基础上发展而来的。代表菜肴有黄焖鱼翅、雍亲王府烧鹿筋、清宫万福肉、凤凰扒窝、燕窝贺字锅等。

二、官府菜

官府菜以清淡、精致、用料讲究闻名，过去北京官府多，府中讲求美食，并各有拿手好菜，以招待同僚或比自己职位高的官员。官府菜主要有孔府菜和谭家菜。

（一）孔府菜

孔府菜，历史悠久，烹调技艺精湛，独具一格，是我国延续时间最长的典型官府菜。其烹调技艺和传统名菜都是代代承袭。孔府菜的形成，主要是由于孔府的历代成员，秉承孔子食不厌精、脍不厌细的遗训，素精饮馔。对菜肴的制作极为考究，要求不仅料精，细作，火候严格，注重口味，而且要巧于变换调剂，应时新鲜，以饱其口福。

孔府菜用料极其广泛，高至山珍海味，低到山林野菜等，都可烹制出佳蔬美味。孔府菜做工精细，善于调味，讲究盛器，烹调技法全面。

孔府菜的命名极为讲究，寓意深远，有些系沿用传统名称，此类多属家常菜；有的取名古朴典雅，富有诗意。孔府烹饪基本上分为两大类：一类是宴会饮食；一类是日常家餐。宴席菜和家常菜虽然有时互相通用，但烹饪是有区别的。

（二）谭家菜

谭家菜产生于中国清朝末年的官人谭宗浚家中。谭宗浚父子酷爱珍馐美食，谭家女主人都善烹调，而且不惜重金聘请京城名厨学艺，不断吸收各派烹饪名厨所长，久而久之，独创一派谭家风味菜肴。由于谭家菜选料考究，制作精细，尤其重火功和调味的工艺特点，深受各界食客的赞赏与推崇，当时作为一种家庭菜肴就已闻名北京。以后由于谭家官运不佳，家道中落，不得不以经营谭家菜为生，从而使得谭家菜得以进一步发展。

谭家菜的菜品有四大特点：一是选料考究；二是下料好；三是火候足；四是慢火细做，追求香醇软烂。凡吃过谭家菜后，皆感觉到谭家菜香气四溢，食后留香持久，皆称"不为枉费""回味无穷"。正因为谭家菜与众不同，曾有人发出"人类饮食文明，到此为一顶峰"的赞叹。谭家菜以燕窝和鱼翅的烹制最为有名。

第三节　中国名酒与名茶

一、中国名酒

酒是用高粱、麦、米、葡萄或其他水果等原料经糖化、发酵制成的含有食用酒精等成分的饮料。

（一）酒的起源与发展

中国是世界上最早的酿酒国家之一，早在5000年前就已开始酿酒。商周时期已出现了制曲方法、酿酒职官和酿酒工艺。南北朝贾思勰的《齐民要术》记录了9种酒曲的制作法、39种酒的酿造法和两种药酒的配制法。宋代出现了较全面的酿酒专著——朱翼中的《北山酒经》，详细记述了制曲酿酒的方法。根据现有资料的记载，酿酒的起源归于何人的发明，谁是酿酒的祖宗等等，皆不足以考据，但作为一种文化认同现象，传说如下：

1. 仪狄酿酒

仪狄酿酒相传是在夏禹时期。仪狄酿酒的记载始见于先秦官吏（亦有说汉代）所撰的《世本》。《世本》述"仪狄始作酒醪，变五味。"公元前2世纪史书《吕氏春秋》云："仪狄作酒。"汉代刘向编写的《战国策》则进一步说明："昔者，帝女令仪狄作酒而美，敬之禹，禹饮而甘之，曰'后世必有饮酒而亡国者'。遂疏仪狄，绝旨酒。"显然，人们有理由将其视为酿酒鼻祖。

2. 杜康酿酒

另一种传说认为酿酒始于杜康（亦为传说中的夏朝时代的人）。东汉许慎《说文解字》中解释"酒"字的条目中有："杜康作秫酒。"《世本》也有同样的说法。更有影响力的则是曹操乐府诗《短歌行》中的名句："慨当以慷，忧思难忘。何以解忧？唯有杜康。"在今河南汝阳有为纪念杜康而建造的酒祖殿。

3. 酿酒始于黄帝时期

这一传说则表明在黄帝时代人们就已开始酿酒。《黄帝内经·素问》中记载了黄帝与岐伯讨论酿酒的情景，黄帝问道："为五谷汤液及醪醴如何？"岐伯答曰："必以稻米，炊之稻薪，稻米则完，稻薪则坚。"书中还提到一种古老的酒——醴酪，即用动物的乳汁酿成的甜酒。但《黄帝内经》一书实乃后人托名黄帝之作，其可信度尚待考证。

（二）中国酒的分类

1. 按酒类的酒度分类

凡含有酒精（乙醇）在0.5%～65%的饮料酒均可称作酒类。酒饮料中酒精含量称为"酒度"。酒度有三种表示法：

容积百分比：以％（V／V）为酒度，即每100毫升酒中含有纯酒精毫升数。如我国茅台酒酒度为53度，即茅台酒每100毫升中有纯酒精53毫升。

质量百分数：以％（m／m）为酒度，即每100克质量酒中含有纯酒精的克质量，我国和多数国家测定标准酒度均采用20度测定。

标准酒度：欧美常用此表示蒸馏酒中酒精含量的一种方法。古代把蒸馏酒泼在火药上，能点燃此火药的最低酒精度为标准酒度100度。

按酒的酒度分类如下：

低度酒——酒中含酒精组分在20％（V／V）以下的酒类。

中度酒——酒中含酒精组分在20％～38％（V／V）的酒类。

高度酒——酒中含酒精组分在38％（V／V）以上的酒类。

2. 按酿造方法和酒特点分类

发酵酒：又称酿造酒。这类酒酿造后，只经过简单澄清、过滤、贮藏以后即作为成品。其特点为：酒度低，一般在3％～8％（V／V）之间，保质期短，不宜长期贮存。

蒸馏酒：这类酒是用各种原料酿造产生酒精后的发酵液、发酵醪或酒醅等，经过蒸馏技术，提取其中酒精等易挥发性物质，再冷凝而制成。其特点是：含酒精高，一般在30％（V／V）以上，致醉性强。

配制酒：此类酒品种特别多，制造技术也极为不同，它是以酿造酒、蒸馏酒或食用发酵酒精为酒基，用混合蒸馏、浸泡、萃取液混合等各种方法，混入香料、药材、动植物、花等组成，使之形成独特的风格。这类酒差异很大，但共同特点是经过风味物质、营养物质或疗效性物质等强化的酒。其酒精浓度通常介于发酵酒和蒸馏酒之间，一般在18％～38％（V／V）范围内。

3. 按原料分类

白酒，又分粮食白酒、薯干白酒和代粮白酒三种。

黄酒，又分稻米黄酒、玉米黄酒和小米黄酒三种。

果酒，根据原料水果不同，果酒可分成葡萄酒、梨酒、苹果酒、猕猴桃酒、山楂酒等。

4. 按酒的香型分类

白酒是以各种含淀粉或糖分的原料、辅料、酒曲、酒母、水等，经过糖化发酵后，用蒸馏法制成的40°~65°的高浓度酒。白酒，尤其是国家名酒，由于酿酒原料、生产工艺、设备等条件的不同，形成了不同香型和风味特点。目前被国家承认的有酱香型、窖香型、清香型、米香型、兼香型五种。

酱香型，又称茅香型。在白酒中酱香型酒为数很少，除贵州茅台酒为代表外，四川古蔺郎酒、湖南常德武陵酒也属此类型。采用超高温制曲、凉堂、堆积、清蒸、回沙等酿造工艺，在石窖或泥窖内发酵制成。其特点是：酱香突出，幽雅细致，酒体醇厚，回味悠长，甚至盛过酒的空杯仍留有香气。

窖香型，又名浓香型，以泸州老窖特曲为代表。该香型比较适合全国广大消费者口味，因此在白酒中所占比例最大。采用混蒸续渣工艺，在陈年老窖或人工酒窖内发酵制成。其特点是：窖香浓郁，绵柔甘洌，香味协调，回味悠长。除泸州老窖特曲外，五粮液、古井贡酒、全兴大曲、剑南春、洋河大曲、双沟大曲、宋河粮液、沱牌曲酒等也属此香型。

清香型，以汾酒为代表，比较适合北方消费者的需要。采用蒸馏清渣工艺，在地缸内发酵制成。其特点是：清香纯正，口味协调，微甜绵长，余味爽净。另外还有特制黄鹤楼酒、宝丰酒也属此香型。

米香型，又称蜜香型，以广西桂林三花酒为代表。采用酱香、浓香两种香形的某些特殊工艺酿造而成。其特点是：蜜香清雅醇和，入口柔绵，落口爽洌，回味怡畅。

兼香型，兼有两种白酒香型的特点，所以还称为混香型、复合型或其他香型，工艺独特，发酵时间长。如贵州遵义董酒、陕西西凤酒。

5. 黄酒

黄酒是中国最古老的酒，也是中国特有的酿造酒。多以糯米为原料，蒸熟后加入专门的酒曲和酒药、糖化、发酵后压榨而成。酒度一般在16°~18°，含糖、氨基酸等多种成分，具有相当高的热量，是营养价值很高的低度饮料。黄酒主要产于中国长江下游一带，绍兴加饭酒和龙岩沉缸酒最为有名。

6. 葡萄酒

我国用葡萄酿酒的历史悠久，汉代西域地区就以酿葡萄酒驰名。我国西北地区在唐代已用葡萄蒸制葡萄烧酒，饮葡萄酒之风非常盛行。中国最早的近代葡萄酒酿造企业是1892年华侨张弼士创建的山东烟台张裕葡萄酒厂。

按加工方法，葡萄酒分为酿造葡萄酒（又称原汁葡萄酒或静止葡萄酒）、加香葡萄酒、起泡葡萄酒和蒸馏葡萄酒。

按糖分含量，分为干葡萄酒（小于0.5%，口感无甜味）、半干葡萄酒（0.5%~1.2%，有极微弱甜味）、半甜葡萄酒（1.2%~5%，口感较甜）和甜葡萄酒（大于5%，口感很甜）。

按色泽，分为红葡萄酒、玫瑰红葡萄酒和白葡萄酒。

红葡萄酒采用红葡萄为原料，连皮带汁发酵酿造，葡萄皮保留时间越长，酒色越红。一般来说，红葡萄酒必须经过5~6年才会产生丰润的味道，最短的时间也必须3~5年，经过数十年贮藏的才会成为佳酿。它的最佳饮用温度为15℃~18℃（高温）。它助消化，是烤肉类或铁扒类菜肴的最佳佐餐酒。

玫瑰红葡萄酒并没有任何玫瑰花的成分，它是用去皮后的红葡萄酿制，在发酵前经过短时间（一般只是几个小时）的浸皮，因此在酿制完成后有粉红色泽留下。

白葡萄酒是以白葡萄(黄色、绿色系列)为主要原料,只需陈年2~5年即可,其最佳饮用温度为8℃~12℃(冰镇)。它果香芬芳,微酸爽口,是鱼贝类、禽类的最好佐餐酒。

7.啤酒

啤酒是用大麦芽和啤酒花为主要原料,再加上水、淀粉、酵母等辅料,经酵母发酵制成的一种含二氧化碳的低度酒精饮料,也叫麦酒。它含有丰富的营养,如氨基酸、维生素等,有"液体面包"的美誉。

根据是否杀菌,啤酒可分为鲜啤酒(生啤酒)和熟啤酒;根据啤酒的麦汁浓度、酒精含量(质量)不同,可分为低浓度啤酒(7°~8°,2%)、中浓度啤酒(11°~12°,3.1%~3.8%)和高浓度啤酒(14°~20°,4.9%~5.6%)三种;根据颜色深浅,可分为黄啤酒(淡色啤酒或浅色啤酒)和黑啤酒(浓色啤酒或绿色啤酒)。

8.配制酒

用白酒、葡萄酒或黄酒为酒基,再配合中药材、芳香原料和糖料等制成。1963—1984年三届全国评酒会评出配制酒的国家名酒有:山西竹叶青、湖北园林青。

二、中国名茶

茶叶是以茶树新梢上的芽叶嫩梢(称鲜叶)为原料加工制成的产品。

中国是茶树的原产地,又是最早发现茶叶功效并栽培茶树、制成茶叶的国家。自古以来茶叶就与陶瓷、丝绸共同被列为我国的三大特产,也是世界三大饮料(茶叶、咖啡、可可)之一。唐代茶圣陆羽的《茶经》是中国也是世界第一部茶叶科学专著。

(一)茶叶的分类

根据商业习惯,茶叶可分为绿茶、红茶、乌龙茶、白茶、紧压茶和花茶六大类。

1.绿茶

绿茶是最古老的茶叶品种。绿茶是不发酵的茶叶,其基本工艺流程分为杀青、揉捻、干燥三个步骤。杀青方式有加热杀青和蒸汽杀青两种,其中以蒸汽杀青制成的绿茶称"蒸青绿茶"。干燥依最终干燥方式不同有炒干、烘干和晒干之别,最终炒干的绿茶称"炒青",最终烘干的绿茶称"烘青",最终晒干的绿茶称"晒青"。因多酚类全部不氧化或少氧化,叶绿素未受破坏,故绿茶香气清爽,味浓,收敛性强。冲泡后,汤澄碧绿,清香芬芳,味爽鲜醇。绿茶产量大,品种多,其中以西湖龙井茶、太湖碧螺春茶、黄山毛峰茶最为著名。

2.红茶

红茶出现于清朝,用全发酵法制成,多酚类充分氧化。红叶红汤,香甜味醇,具有水果香气和醇厚的滋味,还具有耐泡的特点。红茶的基本特征是叶红汤红,其工艺流程是萎凋、揉捻、发酵、干燥。所谓发酵,其实质是茶叶中原先无色的多酚类物质,在多酚氧化酶的催化作用下,氧化以后形成了红色的氧化聚合产物——红茶色素。这种色素一部分能溶于水,冲泡后形成了红色的茶汤,一部分不溶于水,积累在叶片中,使叶片变成红色,红茶的红汤红叶就是这样形成的。

红茶多以产地命名,以安徽祁门红茶、云南红茶尤为出众。祁门红茶在国际市场上与印度大吉岭茶、斯里兰卡乌伐茶齐名,并称为世界三大高香名茶。

3. 乌龙茶

乌龙茶也称青茶，始出现于清朝，属半发酵茶。制作方式介于红茶与绿茶之间，制茶时经轻度萎凋和局部发酵，然后采用绿茶的制作方法，进行高温杀青，鲜叶不充分氧化，使茶叶形成"七分绿，三分红"，具有"绿叶红镶边"的独到之处。特点是叶色青绿，汤色金黄，香气芬芳浓醇，既具有红茶的醇厚，又具有绿茶的清香。乌龙茶的产地主要集中在福建、广东及中国台湾一带，名品有福建的武夷岩茶、铁观音，广东的凤凰单枞，中国台湾的乌龙等。

4. 白茶

白茶是不发酵的茶叶，加工过程中不揉捻，仅经过萎凋便将茶叶直接干燥制成。白色茸毛多，色白如银，汤色浅淡、素雅，初泡无色，滋味鲜醇，毫香明显。主要名品有产于福建政和、福鼎等地的白毫银针、白牡丹。

5. 黄茶

黄茶的品质特点是"黄叶黄汤"，这种黄色是制茶过程中进行闷堆渥黄的结果。黄茶的制法有点像绿茶，不过中间需要闷黄三天。名品有君山银针、蒙顶黄芽、北港毛尖、鹿苑毛尖等。

6. 紧压茶

紧压茶是用绿茶、红茶等作为原料，经过蒸软后压制成各种不同形状的再加工茶，由于此茶大部分销往边疆少数民族地区，所以又称"边销茶"。有沱茶、砖茶、方茶、饼茶、圆茶等类型。

7. 花茶

花茶是以茉莉、珠兰、桂花、菊花等鲜花经干燥处理后，与不同种类的茶胚拌和窨制而成的再制茶。还有香片、香花茶等名称，是我国独特的一种茶类。花茶使鲜花与嫩茶交融在一起，相得益彰，香气扑鼻，回味无穷。花茶分花绿茶、花红茶、花乌龙茶三大类。

8. 黑茶

黑茶的基本工艺流程是杀青、揉捻、渥堆、干燥。其原料较粗老，加之制造工序中往往堆积发酵时间较长，因而叶色油黑或黑褐，故名黑茶。黑茶主要供边区少数民族饮用，所以又称边销茶。黑毛芽是压制各种紧压茶的主要原料，各种黑茶的紧压茶是藏族、蒙古族和维吾尔族等兄弟民族日常生活的必需品，有"宁可一日无食，不可一日无茶"之说。黑茶因产区和工艺上的判别有湖南黑茶、湖北老青茶、四川边茶和滇桂黑茶之分。

（二）茶艺

泡茶既要讲究实用性、科学性，又要讲究艺术性。首先对泡茶用水选择，一是甘而洁，二是活而鲜，三是贮水得法。泡茶用水，一般都用天然水。按来源可分泉水、溪水、江水、湖水、井水、雨水、雪水等，自来水是通过净化后的天然水。自来水有时使用过量氯化物消毒，气味很重，应先将水贮存在罐中，放置24小时后再用火煮沸泡茶。水的硬度与茶汤品质关系密切，当水的pH值（酸碱度）大于5时，汤色很深，pH值达到7时，茶黄素倾向于自动氧化而消失。软水易溶解茶叶有效成分，故茶味较浓。因此泡茶宜选软水或暂硬水为好。在天然水中，雨水和雪水属软水，溪水、泉水、江水属暂硬水，部分地下水为硬水，蒸馏水为人工软水。

在选好水质之后，就要选择泡茶器皿。一般而言，饮用花茶，宜选择较大的瓷壶泡沏，然后斟入瓷杯饮用；喝绿茶，多用有盖瓷壶泡茶；福建、广东、台湾以及东南亚一带，特别喜爱乌龙茶，宜选用紫砂茶具；四川、安徽等地区流行喝盖碗茶(盖碗是由碗盖、茶碗和茶托三部分组成)；喝西湖龙井等名绿茶则选用无色透明玻璃杯最为理想。品饮名绿茶，无论使用何种茶杯，均宜小不宜大，否则容易使茶叶烫熟而失去滋味。除此之外，还有一些配套茶具，如放茶壶用的茶船(又名茶池，分盘形、碗形两种)，盛放茶汤用的茶盅(又名茶海)，尝茶时盛用的茶荷，沾水用的茶巾，舀水用的茶匙，放置茶杯用的茶盘和茶托，专门存放茶叶用的铁罐、陶罐、木罐等贮茶器具。

另外，还要讲究茶叶用量。茶叶用量为泡茶三要素(用量、水量、冲泡时间及次数)之首。冲泡一般红、绿茶，茶与水的比例掌握在1：50或1：60，即每杯放3克左右茶叶，加沸水150～200毫升；如饮用普洱茶、乌龙茶，每杯放量5～10克，如用茶壶冲泡，则按茶壶容量大小适量掌握比例。

泡茶水温也很关键。泡茶水温的掌握因茶而定。高级绿茶，特别是芽叶细嫩的名绿茶，一般用80℃的沸水冲泡，水温太高容易破坏茶中维生素C，咖啡因容易析出，致使茶汤变黄、滋味较苦。饮泡各种花茶、红茶、中低档绿茶，则要用90％～100％的沸水冲泡，如水温低，茶叶中有效成分析出少，茶叶味淡。冲泡乌龙茶、普洱茶和沱茶，因茶量较多而且茶叶粗老必须用100％的沸水冲泡。少数民族饮用的紧压茶，则要求水温更高，将砖茶敲碎熬煮。通常茶叶中的有效物质在水中的溶解度跟水温密切相关，60℃水浸出的有效物质只相当于100℃的沸水浸出量的45%～65%。

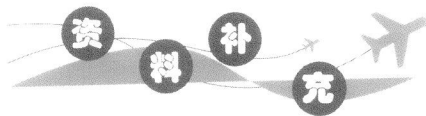

资料补充

绿茶的冲泡技法

绿茶是我国产茶区域最广泛的茶类，其饮用也极为普遍。冲泡高档细嫩名绿茶，一般选用玻璃杯或白瓷杯，而且无需用盖，一是便于人们赏茶观姿，二是防嫩茶泡熟，失去鲜嫩色泽和清香滋味。而对于普通绿茶，因不注重欣赏茶的外形和汤色，重在品赏滋味或佐食点心，也可选用茶壶泡茶，即"嫩茶杯泡、老茶壶泡"。泡饮之前，先欣赏茶的色、香、形：其色或碧绿、或深绿、或黄绿；其香或奶油香、或板栗香、或清香；其形或条、或扁、或螺、或针。采用透明玻璃杯泡饮细嫩名绿，便于观察茶在水中的缓慢舒展、游动、变幻过程，称为"茶舞"。然后视茶叶的嫩度及茶条的松紧程度，分别采用"上投法""下投法"。所谓"上投法"，即先冲水后投茶，适用于特别细嫩的茶，如碧螺春、蒙顶甘露、径山茶、庐山云雾、涌溪火青等。先将75℃～85℃的沸水冲入杯中，然后取茶投入，茶叶便会徐徐下沉。"下投法"，即先投茶后注水，适合于茶条松展的茶，如六安瓜片、太平猴魁等。在冲泡茶过程中，品饮者可以看茶的展姿、茶汤的变化、茶烟的弥散以及最终茶与汤的成相，汤面水汽夹着茶香缕缕上升，如云蒸霞蔚，趁热嗅闻茶香，令人心旷神怡。

（三）茶道

中国是最早发现茶的用途、最早实行人工栽培、最早加工茶的国度，所以茶是中国的国饮、国粹。茶，不仅仅是健康饮料，还可以入诗入画。茶是艺术，是文化。

1.茶艺与茶道的关系

茶艺就是泡茶的技艺和品茶的艺术。其中又以前者为主体，因为只有泡好茶之后才谈得上品茶。茶道源于中国的饮茶技艺，但又不同于茶艺。茶道不但讲究表现形式，而且注重精神内涵。如果饮茶讲究环境、气氛、音乐、冲泡技巧及人际关系等，则可称之为"茶艺"；而在茶事活动中融入哲学、伦理、道德，通过品茗来修身养性、陶冶情操、品味人生、参禅悟道，达到精神上的享受，这才是饮茶的最高境界——茶道。

2.中国茶道的基本精神

茶道是中国特定时代产生的综合性文化，带着东方农业民族的生活气息和艺术情调，追求清雅、和谐，基于儒家的治世机缘，倚于佛家的淡泊节操，洋溢着道家的浪漫理想，借品茗贯彻和普及清和、俭约、廉洁、求真、求美的高雅精神。

思考题

1.如果游客到了济南百脉泉，问杭州西湖龙井配上百脉泉的泉水是不是最佳搭配，结合茶艺相关知识，你将如何给游客解答？

2.川菜和湘菜都辣，主要区别是什么呢？请你组织3～5分钟左右的语言，通俗易懂地向游客介绍其最主要的区别。

3.鲁菜近年来因油腻、味重等原因，不受南方客人的欢迎，请问你将如何组织一段语言来说服广东客人体验鲁菜呢？

第七章

中国风物特产

第一节　陶瓷器

一、陶瓷器

陶瓷器是陶器制品和瓷器制品的总称。

陶器是用黏土成型，经700℃～800℃的炉温焙烧而成的无釉或上釉的日用品和陈设品。

陶器的发明，是人类历史上最早通过火的作用使一种物质转变成另一种物质的创造性活动。陶器的出现，标志着新石器时代的开始，使人类的定居生活更加稳固。

我国当代陶器以江苏宜兴、广东石湾、安徽界首、山东淄博、湖南铜官、云南建水、甘肃天水、河北唐山等地所产最为著名。

瓷器是在陶器的基础上制成的器物，具有以下特点：第一，瓷器胎料的成分主要是高岭土，瓷胎烧结后，胎色白，质地致密，胎体吸水率不足1%，具有透明或半透明性，叩之发出清脆悦耳之声；第二，瓷器的烧成温度必须在1200℃以上，胎釉经高温烧结后不易脱落。

中国是世界著名的陶瓷古国，制造历史悠久，早在七八千年前的新石器时代，我国的先民就已经制造和使用陶器。瓷器更是中国古代的伟大发明，早在商代就烧出原始瓷器，东汉时期（又据最新考古发现证实，在战国初期无锡越国贵族墓中已有真正瓷器）烧制出真正的瓷器。至宋、元、明、清，中国制瓷业进入兴盛时期。陶瓷是中国著名的三大特产（茶叶、丝绸、瓷器）之一，中国素有"瓷国"之称。

我国当代瓷器主要产于江西景德镇、湖南醴陵、福建德化、浙江龙泉、山东淄博和河北唐山等地。

我国著名的陶瓷名品主要有：

（一）宜兴紫砂器

创始于宋代，盛行于明中叶以后，一直为人们所喜爱，至今仍长盛不衰。系用一种质地细腻、含铁量较高的特殊陶土制成的无釉陶器，色彩一般呈浅黄、赤褐或紫黑色。前人总结紫砂陶茶具有很多优点：泡茶不失原味，色香味皆蕴，使茶叶越发醇郁芳沁；壶经久耐用，即使不放茶叶，注入白水，照常会有香浓的茶味；传导性慢，不烫手，耐热耐寒，冬入沸水不炸，夏入冷水不裂，还可日夜以炉之微火焙之，不会爆裂；砂壶使用越久越美观耐看，茶水本身在冲泡过程中也可养壶；紫砂壶的泥色与经常冲泡的茶叶有关，泡红茶时，砂壶由红棕色变成红褐色，泡绿茶时，砂壶由红棕色变成棕褐色，壶色多变，耐人寻味。而且紫砂陶器造型美观大方，具有浓郁的民族风格，故其有"天下神品"之称。

（二）洛阳仿唐三彩

产于我国唐朝洛阳一带，是唐代的彩釉陶塑工艺品及日常生活用品。用低温烧成、釉彩多样，胎体大部分是以烧制瓷器的高岭土做原料，因此胎质比一般釉陶洁白细腻，焙烧的温度也比较低，约在800℃～1100℃，并采用黄、绿、褐等三色为主色釉，在陶器上构成色彩斑斓的装饰，故称"唐三彩"。经过人们的不断创新，后来又增加了紫、白、蓝、黑等多种色彩，但至今人们仍习惯沿用"唐三彩"之名。

（三）淄博美术陶瓷

淄博美术陶瓷产于山东省淄博。早在汉代就已能制作出粟黄、茶黄、翠绿、淡绿等4种色彩的美术釉陶。其陶瓷产品"雨点釉"，又名油滴瓷，以其沉静优雅、凝重高贵的艺术风格，被国内外顾客称为"中国之奇、陶瓷之谜"。雨点釉在日本被称"天目釉"，是日本茶道中的茶具精品。此外，"茶叶末釉"，是因其在橄榄色的釉面上均匀地布满了茶叶末似的细微晶粒而得名，具有装饰新颖、造型古朴、色彩绚丽的艺术风格。

（四）景德镇名瓷

江西省景德镇是我国著名的瓷都，原名昌南镇。所产瓷器向有"白如玉，薄如纸，明如镜，声如磬"的美誉。早在汉代就生产陶器，魏晋南北朝时逐渐发展到制作瓷器。唐宋时，景德镇瓷器的制作进入了兴盛时期。唐代已出现了有"假白玉"之称的白瓷。北宋真宗景德年间，官府开始在此设置官窑，并将此窑瓷器的底部印上"景德年制"，景德镇遂由此得名。著名的"影青刻花瓷"就是在此时诞生的。元代以后，北方的瓷工纷纷南下聚集此地，使景德镇因集我国历代南北瓷系之大成，成了"工匠八方来，器成天下走"的瓷业中心。明清两代以来景德镇瓷器造型优美，色彩绚丽。青花瓷、青花玲珑瓷、粉彩瓷、薄胎瓷是景德镇瓷器中闻名中外的四大传统名瓷。

（五）醴陵釉下彩瓷

是湖南醴陵烧制的一种日用餐具瓷，是具有独特艺术风格的传统产品。在瓷坯上描绘的彩色纹饰上覆盖一层透明的釉料，在高温中焙烧。釉下彩瓷器的画面色彩从透明的釉下显露出来，犹如罩了一层透明的玻璃罩，画面色彩从透明的釉下显露出来，并具有无铅毒、耐酸碱、洁白如玉、晶莹润泽的特点。虽经长期使用和存放，瓷器的花纹仍能始终保持原来的色彩，特别适合宾馆及家庭盛装菜肴之用，品种主要有成套餐具、茶具及艺术瓷、礼品瓷等。醴陵釉下彩瓷，驰名中外，被誉为"东方艺术的精华"。

（六）德化白瓷塑

福建德化是我国著名的白瓷产地，早在唐宋时期，当地的瓷工们就以善制白瓷而闻名天下，它与江西省的景德镇、湖南省的醴陵并列为当时中国的三大瓷都。

明代的嘉靖、万历年间，德化著名民间雕塑艺人何朝宗将雕塑与瓷艺相结合，特别擅长制作白瓷观音。他所制作的白瓷观音仪态生动，端庄慈祥，因而以"何来观音"扬名（他创作的渡海观音，通体呈象牙白色，鬓纹错落有致，风巾披后，一串珍饰略露胸间，双手藏于袖内作左拱势，衣临风飘举，足踏水波似渡海归来。观音的面部神态突出，富有节奏感的衣褶线条简明概括，生动神妙令人叹为观止。后人有诗赞曰："除非观音离南海，何来大士现真身。"后来，人们把何朝宗塑造的观音称为"何来观音"，久而久之，"何来"就成了何朝宗的雅号）。

德化白瓷在世界陶瓷史上有"中国白"之称，具有质地洁白、细腻如玉，釉面光润、明亮如镜，瓷胎坚密、击声如磬的特点。其特制的薄胎产品，薄如蝉翼，精美绝伦，是我国著名的出口工艺品。

（七）龙泉青瓷

产于浙江省丽水地区及附近的武义、永嘉、文成、龙泉一带，这里自古就制作青瓷，瓷工们在继承传统工艺的基础上，对胎料进行筛选，再通过高超的焙烧技巧，烧制出如玉石般温润美丽的青瓷。龙泉青瓷具有青如玉、明如镜、声如磬的特点。

第二节　三大名锦与四大刺绣

一、三大名锦

中国三大名锦分别为云锦、蜀锦、宋锦，是中华民族优秀传统文化的杰出代表。

1. 云锦

产于南京，因其锦文如云而得名。始于南朝，明清尤盛。传统品种有妆花、金宝地（满地织金，上列彩花）、织金（库锦，缎地上以金或银线织出各式花纹）、库缎（缎地上起本色花）等。其中妆花（缎地上以各色彩绒织出花纹，有时以片金绞织于花纹边缘）最富丽，为云锦代表。云锦常用图案有团花、散花、满花、缠枝、折枝等。题材有各种飞禽走兽、花卉鱼虫、八仙庆寿等；纹样则以云纹和串枝莲为典型。

2. 蜀锦

产于成都地区织锦的统称。战国前成都已有织锦业，汉代已很发达，因此成都有"锦官城"之称。蜀锦织造精细，品种和纹样丰富，取材广泛，生活气息浓郁，同时色彩绚烂鲜艳，浓淡相和，对比强烈，具有民族风格和地方特色。至今蜀锦仍沿袭传统的染色熟丝织造法，图案有流霞锦、雨丝锦、散地锦、浣花锦、方方锦、铺地锦等种类。

3. 宋锦

产于苏州，因是具有宋代织锦风格的锦缎而得名。始于北宋，明末失传，清初又恢复。宋锦色彩多用调和色，不用对比色，纹样多为几何纹骨架，间饰团花或折技小花，规整工致，几何纹有八达晕、连环、飞字、龟背等。宋锦主要用于装裱书画和礼品装饰之用。

二、四大刺绣

刺绣是用针引线在绣料上穿刺出一定图案和色彩花纹的装饰织物，是中国民间传统手工艺之一。苏绣、湘绣、粤绣、蜀绣被誉为中国四大名绣。

1.苏绣

苏绣主要产地在江苏苏州、南通一带，已有两千六百多年历史，在宋代已具相当规模，明代逐步形成自己独特的风格，清代为盛期。苏州刺绣，素以精细、雅洁著称。图案秀丽，色泽文静，针法灵活，绣工细致，形象传神。技巧特点可概括为"平、光、齐、匀、和、顺、细、密"八个字。针法有几十种，常用的有齐针、抢针、套针等。最能体现苏绣艺术特征的是"双面绣"，《猫》是双面绣的代表作（图7.2.1）。

图7.2.1　苏绣《猫》

2.湘绣

以湖南长沙为中心的刺绣品的总称。是在湖南民间刺绣的基础上，吸取了苏绣、湘绣和粤绣的优点而发展起来的。早期湘绣以绣制日用装饰品为主，以后逐渐增加绘画性题材的作品。湘绣的特点是构图严谨、色彩鲜明，各种针法富于表现力。常以中国画为蓝本，色彩丰富鲜艳，十分强调颜色的阴阳浓淡，形态生动逼真，风格豪放，曾有"绣花能生香，绣鸟能听声，绣虎能奔跑，绣人能传神"的美誉。湘绣以特殊的鬃毛针绣出的狮、虎等动物，毛丝有力、威武雄健，有"苏猫湘虎"的说法（图7.2.2）。

图7.2.2　湘绣《虎》

3. 粤绣

粤绣亦称"广绣",产地在广东。粤绣历史悠久,相传最初创始于少数民族——黎族。粤绣构图繁而不乱,色彩富丽夺目,针步均匀,针法多变,纹理分明,善留水路。粤绣品类繁多,欣赏品主要有条幅、挂屏、台屏等;实用品有被面、枕套、床楣、披巾、头巾、台帷和绣服等。一般多作写生花鸟,富于装饰味,常以凤凰、牡丹、松鹤、猿、鹿以及鹅等为题材,混合组成画面。如女衣袖、裙面,则多作满地折枝花,铺绒极薄,平贴绸面。配色选用反差强烈的色线,常用红绿相间,炫目耀眼,宜于渲染欢乐热闹气氛。金银丝线绣是粤绣中最具特色的技法之一,它能使绣品上的景物形象富有立体感。粤绣的代表作有《百鸟朝凤》(图7.2.3)等。

图7.2.3 粤绣《百鸟朝凤》

4. 蜀绣

蜀绣又名"川绣",是以四川成都为中心的刺绣品的总称。据晋代常璩《华阳国志》载,当时蜀中刺绣已很闻名,同蜀锦齐名,都被誉为蜀中之宝。清代道光时期,蜀绣已形成专业生产,成都市内发展有很多绣花铺,既绣又卖。蜀绣以软缎和彩丝为主要原料。题材内容有山水、人物、花鸟、虫鱼等。针法经初步整理,有套针、晕针、斜滚针、旋流针、参针、编织针等100多种。品种有被面、枕套、绣衣、鞋面等日用品和台屏、挂屏等欣赏品。以绣制龙凤软缎被面和传统产品《芙蓉鲤鱼》最为著名。蜀绣的特点:形象生动,色彩鲜艳,富有立体感,短针细密,针脚平齐,片线光亮,变化丰富,具有浓厚的地方特色。

第三节　文房四宝、年画和风筝

一、文房四宝

"文房四宝"是指笔、墨、纸、砚四种古代文房用具，作为书写绘画必不可少的工具和材料，被中国历代文人视为珍宝。

（一）笔

笔，指书写汉字的毛笔。它是我国特有的书写工具，柔软而富有弹性，结构十分简单。但它的特殊功能，使它成为传播汉字文化的重要媒介，而且使汉字书法在艺苑中独放异彩，散发出优美动人的魅力。最早的毛笔，可追溯到二千多年之前，起源于殷商之前。蒙恬为毛笔的改良者。

毛笔的种类，如果按其性能来区分，则大致可分为三类，即"柔毫""硬毫""兼毫"。柔毫是选取弹性较弱、硬度较小而柔软的动物毛为原料制作的，最常见的是羊毫，羊毫是以青羊或黄羊之须或尾毫制成。硬毫是用一种弹性较强、硬度较大的动物毛制作而成的，如山兔毛或黄鼠狼毛、山马毛等，因其毛之不同而名称有异。紫色兔毛制成的称为"紫毫"，黄鼠狼尾毛制成的称"狼毫"，紫毫笔乃取野兔项背之毫制成，因色呈黑紫而得名，狼毫笔就字面而言，是以狼毫制成。兼毫是用两种或两种以上弹性不同的动物毛，按一定比例配制而成的。它是一种介乎柔毫和硬毫之间的中性笔，其特点是软硬适中，刚柔相济。如以三成兔毫和七成羊毫配制而成的"三紫七羊毫"，其他如"九紫一羊""七紫三羊""五紫五羊""二紫八羊"等。

（二）墨

人工墨的历史起始于周宣王。据《述古书法纂》记载："邢夷始制墨，字从黑土，煤烟所成，土之类也"。邢夷制墨也就是人工墨的开始。人工墨的出现，从它的质量、使用价值以及审美观等方面都大大超过了天然墨，而天然墨渐渐被淘汰。

墨分"松烟墨"和"油烟墨"两种。松烟墨以松树烧取的烟灰制成，特点是色乌，光泽度差，胶质轻，只宜写字。油烟墨多以动物或植物油等取烟制成，特点是色泽黑亮，有光泽，最常见的桐烟墨，坚实细腻，具有光泽。中国画一般多用油烟，只有着色的画偶然用松烟。但在表现某些无光泽物如墨蝴蝶、黑丝绒等，也最好用松烟。过去墨顶上印有："青烟""选烟""顶烟"等小字，表示都是好墨。对于写字画画的人而言，磨墨是一件耗费时间的差事，墨汁则带来了便利，如"中华墨汁""一得阁""曹素功"等，可以代墨使用。

（三）纸

根据文献和实物资料，最早的人们是采用结绳来记事的。青铜器产生后，又在青铜器上铸刻铭义，即"金文"或"钟鼎文"。在用竹、木削成的片上，称"竹木简"。纸是在东汉由蔡伦发明的。现在世界上纸的品种虽然以千万计，但"宣纸"仍然是供毛笔书画用的独特的手工纸。宣纸质地柔韧、洁白平滑、色泽耐久、吸水力强，在国际上享有"纸寿千年"的声誉。

纸的种类可分为强吸墨纸类、宣纸与彷宣、毛边纸、元书纸、棉纸等。

（四）砚

砚，也称"砚台"。以笔蘸墨写字，笔、墨、砚三者密不可分。

砚的起源很早，殷商初期，笔墨砚就已见雏形。刚开始时以笔直接蘸石墨写字，后人在坚硬东西上研磨成汁。殷商时青铜器发达，且陶石随手可得，砚就随着墨的使用而逐渐成形。古时以石砚最普遍，至今经考验仍以石质最佳。

砚也是综合性的工艺品，在文房四宝中最富有收藏价值，就这个意义上说，"四宝砚为首"。自唐以来，我国出现了端、歙、洮、红丝四大名砚。后来，澄泥代替了红丝。四大名砚之所以为人们称誉，有它各自的特征和优点，有它各自的地方特色和雕刻风格。

二、木版年画

木版年画是中国历史悠久的传统民间艺术形式，有着一千多年的历史。到了清代中晚期，民间年画达到了鼎盛阶段。

在中国民间，年画就是年的象征，不贴年画就不算过年。年画已不仅是节日的装饰品，它所具有的文化价值和艺术价值，使它成为反映中国民间社会生活的百科全书。木版年画有大大小小几十个产地，其中著名的有：重庆梁平、天津杨柳青、河北武强、山东潍坊、苏州桃花坞、河南朱仙镇、四川绵竹等地。清末民初年间，年画的使用地区覆盖了除西藏以外的全国各地，包括中国台湾在内。

2008年6月7日，木版年画经国务院批准列入第二批国家级非物质文化遗产名录。

（一）杨家埠木版年画

潍县杨家埠木版年画是一种流传于山东省潍坊市杨家埠的民间版画，是我国民间艺术宝库中的一朵奇葩，以浓郁的乡土气息和淳朴鲜明的艺术风格而驰名中外。杨家埠村在潍坊市东北15千米处，由于盛产木版年画而远近闻名。

杨家埠木版年画始于明朝末年，繁荣于清代，至今已有四百多年历史，是我国著名的三大民间年画之一。清代乾隆年间，是杨家埠年画发展的鼎盛时期。当时的杨家埠村已有"画店百家，画种上千，画版数万"之说，年画销售量每年高达数千万张，除满足当地民间需要外，还远销江苏、安徽、山西、河南、河北、东北三省和内蒙古等地，曾以品种多、规模大、销售范围广而与天津杨柳青、苏州桃花坞年画三足鼎立，成为名噪一时的中国民间三大画市之一。诸如吉祥如意、欢乐新年、恭喜发财、富贵荣华、年年有余、安乐升平等，像亲人的祝福、似好友的问候，成了农民祈盼新春祥和欢乐、富贵平安的象征。杨家埠木版年画体裁形式新颖多样，从大门上的武门神、影壁墙上的福字灯、房门上的美人条、金童子到房间内的中堂、炕头画，再到窗户两旁的月光画、窗户周围的窗旁、窗顶，乃至院内牛棚禽圈上的栏门槛、大车、粮囤上也都有专用张贴的年画。真可谓无处不及、无所不有，把一个农家院落里里外外打扮装饰得喜气洋洋。作为中国黄河流域地道的农民画，杨家埠木版年画根植于民间。

（二）天津杨柳青木版年画

中国著名民间木版年画，与苏州桃花坞年画并称"南桃北柳"。约产生于明代崇祯年间，清雍正、乾隆至光绪初期为鼎盛期。制作方法为"半印半画"，即先用木版雕出画面线纹，然后用墨印在纸上，套过两三次单色版后，再以彩笔填绘、勾、刻、刷、画、裱等纯手工制作。具有笔法细腻、人物秀丽、色彩明艳、内容丰富、形式多样、气氛祥和、情节幽默、题词有趣等特色。

杨柳青年画通过寓意、写实等多种手法表现人民的美好情感和愿望，尤以直接反映各个时期的时事风俗及历史故事等题材为特点。如年画《连年有余》，画面上的娃娃"童颜佛身，戏姿武架"，怀抱鲤鱼，手拿莲花，取其谐音，寓意生活富足，已成为年画中的经典，广为流传。杨柳青年画取材内容极为广泛，诸如历史故事、神话传奇、戏曲人物、世俗风情以及山水花鸟等，特别是那些与人民生活密切关联的题材，以及带有时事新闻性质的题材等，不仅富有艺术欣赏性，而且具有珍贵的史料研究价值。以这些优秀作品为代表的现实主义和浪漫主义相结合的优良传统，形成杨柳青年画艺术的主流，一直发展至今。杨柳青年画的艺术特点是多方面的，形成其艺术特点的条件也是多方面的。其中较为显明突出的则是表现在制作上。

（三）苏州桃花坞木版年画

桃花坞年画源于宋代的雕版印刷工艺，由绣像图演变而来，到明代发展成为民间艺术流派，清代雍正、乾隆年间为鼎盛时期，每年出产的桃花坞木版年画达百万张以上。桃花坞年画的印刷兼用着色和彩套版，构图对称、丰满，色彩绚丽，常以紫红色为主调表现喜悦的气氛，基本全用套色制作，刻工、色彩和造型具有精细秀雅的江南民间艺术风格，主要表现吉祥喜庆、民俗生活、戏文故事、花鸟蔬果和驱鬼避邪等民间传统审美内容。民间画坛称之为"姑苏版"。

桃花坞木版年画的特点是：以木版雕刻，用一版一色传统水印法印刷。构图丰满，色彩明快，富有装饰性；多用民间故事、神像、戏文、时事等为题材，以象征、寓意、夸张手法，来表达人们美好的愿望。曾广泛流传于江南一带和中国许多地方，而且远渡重洋流传到日本、英国和西德，特别是对日本的"浮世绘"产生了重要影响，被海外媒体誉为"东方古艺之花"。代表作有《五子登科》《庄子传》《珍珠塔》《荡湖船》《拜月图》。

三、风筝

风筝是由古代劳动人民发明于中国东周春秋时期，至今已2000多年。

中国风筝问世后，很快被用于传递信息等军事需要。唐宋时期，由于造纸业的出现，风筝改由纸糊，很快传入民间，成为人们的休闲娱乐的玩具。从传统的中国风筝上到处可见吉祥寓意和吉祥图案的影子。在漫长的岁月里，我们的祖先不仅创造出优美的凝聚着中华民族智慧的文字和绘画，还创造了许多反映人们对美好生活向往和追求、寓意吉祥的图案。它通过图案形象给人以喜庆、吉祥如意和祝福之意；它融合了群众的欣赏习惯，反映人们善良健康的思想感情，渗透着中国民族传统和民间习俗，因而在民间广泛流传，为人们喜闻乐见。有着两千多年历史的风筝，一直融入在中国传统文化之中，受其熏陶。在传统的中国风筝中，随处可见这种吉祥寓意之处："福寿双全""龙凤呈祥""百蝶闹春""鲤鱼跳龙门""麻姑献寿""百鸟朝凤""连年有鱼""四季平安"等，这些风筝无一不表现着人们对美好生活的向往和憧憬。

　　传统中国风筝的技艺概括起来有四个字：扎、糊、绘、放。简称"四艺"。简单地理解这"四艺"，即扎架子、糊纸面、绘花彩、放风筝。但实际上这四字的内涵要广泛得多，几乎包含了全部传统中国风筝的技艺内容。如"扎"包括：选、劈、弯、削、接。"糊"包括：选、裁、糊、边、校。"绘"包括：色、底、描、染、修。"放"包括：风、线、放、调、收。而这"四艺"的综合活用就要达到风筝的设计与创新的水平。

第八章

中国港澳台地区和主要客源国概况

我们国家非常重视非物质文化遗产的保护，2006年5月20日，风筝制作技艺经国务院批准列入第一批国家级非物质文化遗产名录。

第一节　中国港澳台地区

一、香港特别行政区

（一）地区概况

香港有"东方之珠"的美誉。它地处中国华南，在广东省珠江口以东；北面与深圳市隔深圳河遥遥相望；西面与澳门隔海相对，距离仅为61千米；南临中国南海。香港由香港岛、新界、九龙及262个大小岛屿（离岛）组成，香港岛及九龙半岛是香港的政治、经济、文化及交通中心。总面积约1104平方千米。

九龙与香港岛之间的维多利亚港，是世界三大天然良港之一。香港最初就是从维多利亚港两岸的平地开始发展的，该地区至今仍然是香港经济的命脉之所在。深圳河是香港和中国内地之间的分界线。

香港属亚热带季风气候，全年气温较高，年平均温度为22.8℃。夏天炎热且潮湿，温度约在26℃～30℃之间；冬天凉爽而干燥，但很少会降至5℃以下。香港平均全年降雨量为2214.3毫米，雨量最多月份是8月，雨量最少月份是1月。7月至9月是香港台风较多的季节。

香港人早餐多到茶楼喝茶，吃粤式点心或者到餐室饮"西茶"（奶茶、柠檬茶、咖啡、面包）；午餐一般都吃工作餐。晚餐是正餐，多为传统粤式饮食方式。

香港人宴请客人时，多在晚上9点开席。入席一般随意，但客人要在主人说"起筷"时才能开始进食。用餐时，胳膊不能枕桌；不能伸筷子取远处碟子中的菜；不能将碟子拿起来倒菜；喝汤不能出声；用完餐时碗中不能有剩余；上鱼时，鱼头要朝着客人的方向；吃鱼时不能翻转鱼身。

香港人的菜名很讲究，一般都取一些吉祥的名字，松子黄鱼叫年年庆有余；蜜汁金华火腿叫金玉满堂红；蟹肉西兰花叫花开添富贵。另外，对于一些饮食中含有不吉祥字的，要改为吉祥的叫法，如猪肝叫猪润，因"肝"与"干枯"同音；丝瓜称胜瓜，因"丝"字与"输"字谐音；"舌"叫"利"，因"舌"与"蚀"同音。

（二）著名旅游城市和景点

1.维多利亚港

维多利亚港简称维港，位于香港岛与九龙半岛之间，是亚洲第一大港，世界第三大港。

维多利亚港的名字来自英国的维多利亚女王。凭借着港阔水深的天然良港优势，一直影响着香港的历史和文化，主导着香港的经济和旅游业的发展，是香港成为国际化大都市的关键点之一。

维多利亚港的海岸线很长，南北两岸的景点不胜枚举。海港的西北部是世界最大的集装箱运输中心之一的葵涌货柜码头。每天日出日落，繁忙的渡海小轮穿梭于南北两岸之间，渔船、邮轮、观光船、万吨巨轮和它们鸣放的汽笛声，交织出一幅美妙的海上繁华景致。

2.香港海洋公园

香港海洋公园是世界最大的海洋公园之一，位于香港南部香港仔海洋公园。建成于1977年。公园三面环海，东濒深水湾，南临东博寮海峡，西接大树湾，占地87万平方米，是亚洲最大的海洋公园。公园建筑分布于南朗山上及黄竹坑谷地。两园间设有架空缆车，游客只需乘坐1.4千米的缆车，便可来往于两园之间，形成一个完整的公园景区。在缆车内还可观赏深水湾、浅水湾海景。公园景点包括海洋天地、集古村、绿野花园、雀鸟天堂、山上机动城、急流天地、水上乐园、儿童王国等八区。

3.香港迪士尼乐园

香港迪士尼乐园是世界上的第五个迪士尼乐园，占地面积约8.4万平方米，是目前为止全球面积最小的迪士尼乐园。乐园大致上包括七个主题区，与其他迪士尼乐园相近，包括"美国小镇大街""反斗奇兵大本营""探险世界""幻想世界""明日世界""灰熊山谷""迷离庄园"。除了家喻户晓的迪士尼游乐设施外，香港迪士尼还结合香港当地的文化特色，构思了一些专为香港而设的游乐设施、娱乐表演和巡游。在乐园内，随处可见卡通人物米奇老鼠、小熊维尼、花木兰、灰姑娘、睡美人公主等。

4.星光大道

星光大道位于尖沙咀海滨长廊，全长440米。从香港艺术馆旁延伸至新世界中心对面。香港星光大道仿照美国好莱坞星光大道设计，耗资四千万港元建成，于2004年4月28日正式开放。

星光大道地面装嵌了73名电影名人的牌匾，当中30多块有名人手印。大道入口处亦设有金像奖铜像及一个供表演活动的小舞台。大道沿途有小食亭、纪念品小卖亭、数座与电影相关的雕塑和休憩座椅供游人享用。此外，你亦可发现一些穿上滚轴溜冰鞋的星光大使在大道上穿梭来往，为游人提供及时的协助及服务。在星光大道漫步，游客可以从容地欣赏香港著名的维多利亚港景色、香港岛沿岸特色建筑物以及香港崭新的多媒体灯光音乐会演"幻彩咏香江"。

5.铜锣湾

铜锣湾位于香港岛北部，是香港最主要的购物区之一，也是繁荣的商业和美食中心。区内有多家大型百货公司及大型商场，包括崇光百货、时代广场、利舞台广场以及世贸中心。铜锣湾购物区亦是全世界租金最贵的地段。

位于时代广场的连卡佛是顶级名牌聚集的高级百货店，不少顶级品牌以店中店的形式在这里设置分店。铜锣湾更是世界各大奢侈品牌开设顶级旗舰店的必争之地，在这里你几乎可以找到世界任何一家奢侈品牌的店铺。购物地点以时代广场、崇光百货、皇室堡等最为闻名，世界各地的名牌时装、时尚产品、首饰精品、家用电器，应有尽有。

此外铜锣湾还汇集了许多很好的中西菜馆，除粤菜外，日、韩、台、越、泰、印度及欧洲等各地的菜系也十分常见，因此铜锣湾也有美食天堂的美誉。

6. 尖沙咀

尖沙咀位于九龙半岛的南端，是九龙区内最重要的商业中心、旅游区和购物天堂。它还是一个文化和教育的中心，香港文化中心、香港艺术馆、香港太空馆、香港科学馆和香港历史博物馆等都着落于此。尖沙咀最著名的景点有前九广铁路钟楼、尖沙咀海滨和星光大道等。尖沙咀也是国际名店最集中的地区，同时也是旅游者的购物天堂。各国的名牌美容化妆品在这里都可以找到。

二、澳门特别行政区

（一）地区概况

澳门特别行政区，是中华人民共和国的两个特别行政区之一。位于南中国海的北岸，在珠江口以西，东面与香港只相距63千米，北接广东珠海。澳门全境由澳门半岛、氹仔、路环以及路氹城等部分组成。澳门半岛是澳门发展的中心；氹仔和路环本是两个分离的离岛，但现已通过填海工程相连起来，填海后的新生地建设成为路氹城。它和香港一样，背靠中国大陆，有利于加强与中国内地的联系；南面为南海，面向国际大市场，有利于对外贸易，发展海上运输和外向型产业。

澳门位于北回归线以南，气候分类属夏季多雨的暖温带气候，每年以10月中旬至12月天气最佳，最为舒适。

澳门对吉祥话、吉祥物和吉祥数字较为偏爱，如"恭喜发财""鱼""8""6"等是他们最喜欢用的语言。澳门人不习惯在家中招待客人。开张庆典要舞狮耍龙，摆放供台，点香祈求神灵保佑。新船下海，要燃放鞭炮，求助平安。生儿育女要设汤饼宴，分送姜醋与邻里或亲友品尝，外省人则分送红鸡蛋。

澳门人忌讳"13"和"星期五"两个数字，忌讳询问他们的年龄、婚姻状况、经济收入等。

（二）澳门旅游景点

1. 镜海长虹

"镜海长虹"包括"镜海"与"长虹"两部分。"镜海"本是澳门的古地名之一，泛指澳门半岛与氹仔岛之间的海面，几百年来一直为澳门对外贸易的航道。如今的"镜海"架起两座大桥——澳氹大桥和友谊大桥，两桥"长虹"横跨"镜海"，不仅成为澳门的交通大动脉，也是澳门极为壮观的一处美景。

澳氹大桥在西侧，长2.5千米，1974年落成通车，是当时世界上最长的钢筋混凝土桥梁之一。东侧的友谊大桥，是一座吊索桥，它全长4.7千米。澳氹大桥中部凸出一个高35米的航道口，供港澳客轮从桥下通行，而友谊大桥则有两个凸出的航道口，也像半面小提琴横卧水面。由于这两座大桥酷似长虹横跨在澳门与氹仔岛之间的海面上，因此称为镜海长虹。它是澳门八景之一。

2. 大三巴牌坊

位于大三巴斜港，是圣保罗教堂火灾后的前壁遗迹。"三巴"是"圣保罗"的译音，又因教堂前壁遗迹貌若中国传统的牌坊，所以称"大三巴牌坊"。大三巴牌坊已有350多年历史，是澳门最为大众所熟悉的标志，也是著名的旅游景点，初来澳门的游客绝不会错过来此参观、留影的机会。大三巴牌坊被视为一座不朽的祭台。

从下往上看，在底层大门上方刻有耶稣会（IHS）祭记和学院名称（天主圣母），第二层立有四位耶稣会圣人全身塑像，第三层正中为无原罪玛利亚升天，两边由身着白袍的修士石刻围绕，极富东方特色。第四层正中为天父之子耶稣雕像，两旁刻着其救赎苦难的象征。牌坊顶部十字架下的三角形，象征着天父的召唤，正中有一幅鸽子形状的铜像，传说代表圣神，四周环绕的太阳月亮星辰象征圣母童贞怀孕时的刹那时光。

3. 妈阁庙

妈阁庙原称妈祖阁，是澳门最古老的庙宇，已有500多年的历史。妈阁庙坐落在澳门半岛的东南面，是澳门的三大禅院之一。其中由石窟凿成的弘仁殿，历史最悠久，后因香火日盛，先后增建石殿、大殿，三殿均祀天后。

每年春节和三月廿三的娘妈诞，庙内香火最为鼎盛。春节除夕夜开始，到此祀拜祈福的善男信女络绎不绝，场面热闹。而在诞期前后，澳门民众会用竹竿在庙前空地上搭起临时舞台表演神功戏。

4. 灯塔松涛

又名东望洋山。因山上遍植松树，又称"松山"。登临山顶，可以俯瞰澳门各区面貌。山顶有17世纪留下的古炮台堡垒和建于1865年远东历史上最古老的灯塔。灯塔至今仍在夜间通宵向澳门四周照射，为船只引航。灯塔旁有一座望远镜，在天清气爽时可看到香港最大的岛屿大屿山。

三、中国台湾省

（一）地区概况

位于中国的东南沿海，北临东海，东临太平洋，南临南海，西隔台湾海峡与福建省相望，是我国不可分割的一部分。台湾地区包括台湾本岛及兰屿、绿岛、钓鱼岛等21个附属岛屿和澎湖列岛64个岛屿。另外，台湾省包括台湾当局控制的福建省的金门、马祖等岛屿，总面积为36188平方千米。

台湾岛多山，高山和丘陵占全部面积的三分之二以上。台湾岛位于环太平洋地震带和火山带上，地壳不稳，是一个多地震的地区。最高峰玉山海拔3952米，是中国东南沿海的最高峰。

台湾同胞互送礼物，比较讲究实用，钢笔、领带、进口酒或食品都较受欢迎。台湾同胞也有不少送礼的禁忌：忌讳送人手巾、扇子、雨伞、剪子、甜果、粽子。因为台湾同胞只有办丧事时才送手巾，有"送巾断根"之说；扇子过夏便可抛弃，有不想相见的意思；伞则与"散"同音，送人不吉；剪刀为利刃，有威胁或"一刀两断"之意；甜果常用于祭神，不宜送礼；粽子与居丧有关联，十分忌讳。还忌讳给坐月子的人送鸭子，一则鸭属凉性，不利产妇；二则台湾有"七月半的鸭子——不知死期"的民谚，是不祥之兆。

（二）著名旅游城市和景点

1. 台北

台北市，位于台湾岛北部的台北盆地，是台湾政治、经济、文化、商业与传播的中心。面积为台湾第16位，人口为台湾第4位，人口密度为台湾第1位。这里是台湾近代历史发展的大舞台，集台湾文化与人文地景之大成，是台湾的核心城市，也是台湾的工商业中心，全岛规模最大的公司、企业、银行的总部都设在这里。

台北市是台湾北部的游览中心，除阳明山、北投风景区外，还有省内最大、建成最早占地8.9万平方米的台北公园和规模最大的木栅动物园。台北市名胜古迹颇多，其中台北城门、龙山寺、保安宫、孔庙、指南宫、圆山文化遗址等处，均为风景优美，适宜游览的好地方。另外，台北故宫博物院、台北国父纪念馆、总统府、101大楼等，也是世界闻名的旅游景点。

2. 日月潭

日月潭是台湾著名的风景区，是台湾八景中的绝胜，也是台湾岛上唯一的天然湖泊，其天然风姿可与杭州西湖媲美。湖面海拔740米，面积7.73平方千米，湖周长35千米，平均水深40米。潭中有一小岛名拉鲁岛，旧名珠仔屿，海拔745米。以此岛为界，北半湖形状如圆日，南半湖形状如一弯新月，日月潭因此而得名。

日月潭之美在于环湖重峦叠峰，湖面辽阔，潭水澄澈；一年四季，晨昏景色各有不同。七月平均气温不高于22℃，一月不低于15℃，夏季清爽宜人，为避暑胜地。

3. 阿里山

阿里山在嘉义县东北，是大武峦山、尖山、祝山、塔山等十八座山的总称，主峰塔山海拔2600多米，东面靠近台湾最高峰玉山。阿里山的森林、云海和日出，被誉为三大奇观。这里所产的世界罕见的高级建筑木材，如台湾杉、铁杉、红桧、扁柏和小姬松，称为阿里山特产"五木"。到了阳春三月，阿里山又成为一个绯艳绚丽的樱林。这里的樱花驰名中外，每年2月至4月列为花季，登山赏樱的游人络绎不绝。山上建有高山博物馆，陈列各种奇木异树，高山植物园内种有热带、温带、寒带数百种植物，游人既可饱览林海在微风中泛起层层波澜的胜景，还可增加见识。

阿里山美景纷陈早为人所称道，因此有"不到阿里山，不知阿里山之美，不知阿里山之富，更不知阿里山之伟大"的说法。由于山区气候温和，盛夏时依然清爽宜人，加上林木葱翠，是全台湾最理想的避暑胜地。

4. 台北故宫

台北故宫博物院位于台北市基隆北岸上林镇外双溪，始建于1962年，1965年夏落成，占地面积1.03万平方米。中国宫殿式建筑，共有4层，白墙绿瓦。院前广场耸立由6根石柱组成的牌坊，气势宏伟，整座建筑庄重典雅，富有民族特色。

院内设有20余间展览室，现代化的空气调节、防火、防潮、防盗等设施，以维护珍贵的文化瑰宝。院内收藏有自北京故宫博物院及沈阳故宫、热河行宫运到台湾的24万余件文物，所藏的商周青铜器，历代的玉器、陶瓷、古籍文献、名画碑帖等皆为稀世之珍，展馆每三个月更换一次展品。到台湾观光的旅客都不会错过到故宫一饱眼福的机会。

第二节　亚洲主要客源国概况

一、韩国

（一）国家概况

韩国是大韩民国的简称。它位于亚洲朝鲜半岛的南半部。西临黄海，与中国山东省隔海相望，最短距离约为190千米，东濒日本海(亦称东海)，东南隔朝鲜海峡与日本相对，北以北纬38°为界与朝鲜民主主义人民共和国山水相连。

韩国国土面积约9.93万平方千米，地势东北高、西南低，多丘陵和平原，山地约占总面积的70%，由于长期风雨侵蚀，山顶多成浑圆状态。丘陵大多位于南部和西部，西海岸河流沿岸有辽阔的平原。最高的山峰是位于济州岛中部的汉拿山。较大的河流有汉江、洛东江等。韩国湖泊较少，最大的天然湖是位于济州岛汉拿山顶火山口的白鹿潭。

韩国海岸线全长约1.7万千米（包括岛屿海岸线），海岸多悬崖绝壁，港湾风光秀丽，海域岛屿星罗棋布，其中最大的岛屿是半岛南面的济州岛，还有巨济岛、江华岛、珍岛、南海岛等。韩国风景秀丽，山清水秀，海滨、山岭、河川景色如画，有"宁静的晨曦之国"的称号。

韩国地处北纬33°～38°的北温带，属温带季风气候，四季分明，北部为大陆性气候，南部具有海洋性气候特点。夏热冬寒，年均降水量约为1500毫米，降水量由南向北逐步减少。

朝鲜民族十分注重礼节。长幼之间、上下级之间、同辈之间的用语有严格区别。讲究父慈子孝，尊敬长者、孝顺父母、尊重老师是全社会风俗。上下班时必互致问候，隆重场合或接待贵宾见面时低头行礼。对师长和有身份的人，递接物品时要用双手并躬身；用餐时一般要待老人举匙后，全家方能开始用餐；年轻人未经许可，不得在长者面前吸烟、喝酒。朝鲜民族还有尊重长兄的传统，特别是父亲去世后，一般都由长兄主持家业。重大事宜要由长兄做主，节假日还要到长兄家团聚。到韩国人家中做客最好带一些小礼品，如鲜花等。

韩国人对国旗、国歌和国花十分珍视，绝不可不敬。每日傍晚5时，全国均播放国歌，向国旗行礼，即便是外国人若在街道行走亦须停步致意。韩国人若持有或抽外国烟均会被罚款，所以不宜送外国烟给韩国友人。禁忌"四"字，因"四"在韩语中与"死"同音。韩国人喜欢单数，不喜欢双数。不能伸一个手指指人，要伸出手，掌心向上指。招呼人过来手心要向下。客人进门脱鞋，鞋头要朝内。

（二）著名旅游城市和景点

1. 首尔

首尔（旧译"汉城"）是韩国的首都，是韩国的政治、经济、文化中心，也是韩国陆、海、空的交通枢纽，位于朝鲜半岛中部，地处盆地，汉江迂回穿城而过，距西海岸约30千米。首尔历史悠久，是一座群山围绕、高楼林立于古刹之间的千年古都，古老建筑和现代设施共存，它既是一座现代化城市，又是一座历史文化古城。相传始建于公元前18年，古时因位于汉江之北，得名"汉阳"，1392年朝鲜王都建于此，改名为汉城，15—19世纪时是李氏王朝的都城，历代王朝在此修建了许多宫殿，故享有"皇宫之城"的美誉。2005年1月，原市长李明博在汉城市政府举行记者招待会，宣布把汉城市的中文名称改为"首尔"。这里名胜古迹颇多，素称韩国瑰宝，主要有景福宫、昌德宫、昌庆宫、德寿宫和秘苑（御花园）等。近代建筑有青瓦台（现总统府）、国立中央博物馆、国立民俗博物馆和世宗纪念馆等。近郊有首尔游乐场、爱宝乐园、韩国民俗村及板门店等观光游览地。

2. 釜山

位于韩国东南端，东南濒临朝鲜海峡（韩国称大韩海峡），与日本对马岛相望，西北山地耸峙，因山势像釜而得名，人口约400万，是韩国第一大港口、第二大城市，也是世界五大港湾城市之一，海外贸易活跃。釜山在旧石器时代就开始有人居住，是历史悠久的城市，1876年由日本建为贸易港，逐渐发展成为城市，1950年韩国战争时被认定为临时的首都。釜山西部靠江，南部临海，冬暖夏凉，有很多海水浴场、温泉等，度假游客众多。著名旅游景点有梵鱼寺、太宗台、海云台浴场、松岛、东莱温泉、龙头山公园、忠烈祠等景观，是韩国最富魅力的观光地之一和最大的海鲜市场。

3. 济州岛

济州岛是韩国最大最著名的岛屿，一座典型的火山岛，面积1800多平方千米，位于韩国最南端的北太平洋上，北距南部海岸90多千米，东与日本的九州岛隔海相望，扼朝鲜海峡门户，地理位置极为重要。岛屿呈东西长南北窄的椭圆形，形成于120万年前的火山活动，海岸平直，岛中央的汉拿山海拔1950米，是韩国的最高峰，山顶有巨大的火山口湖白鹿潭。以济州岛中央的汉拿山（死火山）为中心，四周分布着360多座休眠火山和海岸地带的瀑布、柱状节理。火山地形覆盖了整个岛屿，非常美丽。这里古为"耽罗国"，有其独特的风俗习惯、方言和文化，有着与众不同的景观，人称这个岛有"三无、三多、三宝"。三无指无小偷、无乞丐、无大门；三多指石多、风多、海女多；三宝也称三丽，指美丽的自然、民俗和传统工艺，也指农作物、水产品和旅游三大资源，还指浓厚的人情味、美丽的自然和独特的土特产品。

济州岛地貌十分奇特，处处岩浆凝石，2007年包括汉拿山天然保护区、城山日出峰和拒文岳熔岩洞窟在内的济州火山岛及熔岩洞窟被列入了世界自然遗产名录。济州岛现辟为国家公园，名字改为济州国际自由城市，成为拥有神秘的自然景观及传统文化之美的世界旅游胜地、理想的垂钓胜地，有"韩国的夏威夷"之称。

二、日本

（一）国家概况

日本是一个四面临海的岛国，自东北向西南呈弧状延伸。位于亚洲东部太平洋上，东濒太平洋，北临鄂霍次克海，西隔东海、黄海、朝鲜海峡、日本海与中国、朝鲜、俄罗斯相望。同中国是一衣带水的近邻，九州北部的长崎同上海市相距851.92千米，南端的先岛群岛同中国台湾省相隔仅111.12千米。

日本领土面积37.78万平方千米，由北海道、本州、九州、四国四个大岛及琉球群岛、北方四岛等3900多个小岛组成。这些岛屿呈狭长的弧形由东北向西南延伸，长达3800千米，习惯上称日本列岛。

从日本的自然环境来看，基本特征是崎岖多山，火山众多，地震频繁，温泉丰富，河湖众多，森林繁茂，矿产贫乏，海岸线漫长曲折，多港湾，近海鱼类丰富。山地丘陵占国土面积的76%，火山有200多座，占世界火山总数的10%，其中活火山有77座，素称"火山之国"之称。著名的富士山是一座典型的圆锥形活火山，海拔3776米，为日本第一高峰，是日本人心目中的"圣岳"。日本又是典型的地震之国，每年可感觉到的地震多达1500多次，平均每天约有3～4次。历史上有记录的大地震就达2000多次。与此相关的是温泉丰富，全国温泉达2万多处，是世界最大的温泉国。日本森林种类不多，但覆盖率却高达67%，主要树种有杉树、松树、柏树、山毛榉树、毛竹等，南部多樱树，美丽的樱花是日本的国花，有300多个樱花品种，日本也因此被称为"樱花之国"。

日本是著名的礼仪之邦。见面多行鞠躬礼。鞠躬礼分立礼和跪坐礼两种。立礼即站立鞠躬礼，根据礼节轻重程度的不同，分最敬礼（手掌垂至膝下，多用于拜神或对长辈行礼）、敬礼（指尖垂至膝盖，多用于对长辈或尊者行礼）和普通礼（指尖在膝盖上方即可）；跪坐礼即跪坐时的鞠躬礼，以正座的姿势上身弯下，两手放在前面然后低头，也分最敬礼（头距地板的高度为1～2厘米）、敬礼（头距地板的高度为15～20厘米）、普通礼（头距地板的高度为25～30厘米）。

日本人见面常用的礼节语是"您好""拜托您了""打搅您了""对不起""请多关照"等。与人说话不要凝视对方。路上遇到熟人要讲话时，按"不给别人添麻烦"的原则，到路边或一旁低声说话。两人并排行走，自己主动走在靠车道一侧，以照顾对方安全。正式见面时日本人习惯准备一些见面礼品。拜访别人应避开清晨、晚上8点以后及吃饭时间。首次见面应自我介绍（或递名片）或为他人介绍。进日本人房间前要脱鞋、脱大衣、摘帽，进房间后依主人安排就座。

日本人忌绿色和紫色，认为绿色为不祥的颜色，紫色是悲伤的色调。还忌讳荷花，因其是用于祭奠的丧花。数字方面最忌讳"4""6""9"，因为日语中"4"与死同音，"6"的发音为"劳苦"，而"9"与"苦"同音。还忌14、24、19、13、42等数字，在喜庆场合、剧场、影院、医院、饭店等场所，一般不使用这些"不吉利"的数字。日本人讨厌金银眼的猫，认为看到这种眼睛的人要倒霉。商人还忌讳"2月""8月"，因为这是营业淡季。送礼时忌送梳子和手绢。因梳子发音与"死苦"相同，而手绢会联想擦眼泪，意味着分离。

（二）著名旅游城市和景点

1. 东京

东京是日本的首都，全国的政治、经济、文化和交通中心。位于本州岛东南部，包括关东地区南部和伊豆、小笠原诸岛。1868年明治天皇迁都至此，改名为东京。

日本的旅游一向以东京为起点，这里旅游景观极为丰富。有明治神宫、浅草神社等诸多神社，不时举行各种祭扫活动，其中神田祭为日本三大祭礼之一；高333米的东京塔是仿法国著名的埃菲尔铁塔而建，并比埃菲尔铁塔还要高10米的铁塔，与樱花、富士山同为日本的象征；东京的迪士尼乐园既是日本最大游乐场，也是亚洲第一座迪士尼风格的游乐园；繁华的银座大街，名牌店铺鳞次栉比，高档商品琳琅满目，假日禁止车辆通行，以方便公众购物或散步，被称为"步行者天国"；上野公园是东京著名的赏樱胜地，樱花盛开季节，每天有几十万人前来赏花。夜幕下的东京灯火辉煌，为日本三大夜景之一。东京还是日本国际、国内交通的中心。东京站汇集着东海道新干线等许多铁路线，新东京国际机场是日本最大机场；从东京海港可乘船到北海道、九州等地。

2. 京都

位于本州岛中西部，为日本三大古都之一，也是日本的宗教、文化中心和著名旅游城市。公元794年至1868年，京都取代奈良，成为日本的首都，历时千年，故有"千年古都"之称。京都古称平安京，历史上乃仿照中国唐代的洛阳城和长安城而建，故又简称为"洛"，是日本文化艺术的摇篮，文物古迹众多。仅寺院和神社就有1877座，重要文物有1646件，其中被定为"国宝"的有211件。游览京都的寺院，是许多日本人一生的梦想。著名的古迹有清水寺、三十三间堂、金阁寺、银阁寺、平安神宫、二条城、桂离宫、天龙寺、龙安寺、平等院凤凰堂等，每年要举行各种名目的祭典活动，著名的有京都三祭：葵祭、时代祭和祇园祭；每至8月16日晚上8点开始，环绕京都的各山上纷纷点燃各种形状的篝火，呈现"五山送火"的奇观；京都西北的岚山以樱花和红叶闻名于世，有"京都第一名胜"之称。1979年在此立有周恩来的纪念诗碑，碑上刻着由廖承志手书、周恩来于1919年游访岚山时写下的一首诗篇——《雨中岚山——日本京都》。此外，京都的丝织、锦缎、漆器、陶瓷、纸扇、娃娃等手工艺在此世代相传。京都在日本还享有"学都"美称，有20多所高等院校，其中最著名的是京都大学（原名京都帝国大学）。

3. 大阪

大阪古称浪速、难波，是日本的第二大都市，濒临本州岛西南部的大阪湾，面积212平方千米，人口880.2万。因运河联网，故称"水都"，1889年设市后工业迅速发展，工业生产规模仅次于东京，是日本西部的商业及工业中心。大阪城、万国博览会纪念公园、四天王寺（593年建）等是旅游者常去之处，有国立大阪大学等多所高等学校。比较著名的景点有天守阁和心斋桥购物区等。

天守阁指的是大阪城内主要的建筑主体，本来是于16世纪由丰臣秀吉所建。高13米的天守台上矗立着高39.8米的天守阁，最高的第八层楼上则可以眺望大阪市景，其他层楼则展示了包括各种的武器、丰臣秀吉的木像、书简以及以模型展示当年作战的作战图等。经过1997年重新翻修之后，现今天守阁有着白色的墙面配以绿色的屋瓦，并在每个飞翘的檐端装饰着用金箔所塑造的老虎与龙头鱼身（有鲤跃龙门之意）的动物造型，看起来金碧辉煌，也仿佛重现了丰臣秀吉当年的雄心与曾有的辉华。

心斋桥位于大阪南部地区，是大阪最知名的购物区，距今已有380年历史。在弧形天棚下的商店街里，集中了众多的大型百货店和服装、鞋类、珠宝、时尚服饰专卖店以及各种风味的餐饮店。由于游客众多，所以很多店铺都配有中文导购，并且可以用银联卡进行支付。需要提醒的是，虽然有很多所谓的免税店，但是价格往往比一般商店还贵，请留心注意。

4. 横滨

横滨位于日本本州中部东京湾西岸，仅次于东京、大阪，是日本的第三大城市、最大的海港，也是亚洲最大的港口之一。日本于1859年向国外开放贸易门户，横滨港是最早的对外开放港口之一。此后，该地区在与世界各国人民的交往中，融合了各种民族文化。横滨市内有极具中国历史文化特色的"唐人街"——横滨中华街，有着"空中走廊"美誉的横滨港湾大桥以及风景迷人的山下公园。

富士山作为日本自然美景的最重要象征，是距今约一万年前，由于地壳变动而与本州岛激烈互撞挤压时所隆起形成的山脉，是一座曾经有过十几次喷火纪录的活火山。山顶为直径约800米、深度200米的火山口，据说在空中鸟瞰则犹如一朵灿开的莲花般美丽。山体呈圆锥状，共喷发18次，最后一次喷发在1707年，此后虽然处于休眠状态，但仍有喷气现象。富士山形成约有1万年，是典型的层状火山。基底为第三纪地层，第四纪初，火山熔岩冲破第三纪地层，喷发堆积形成山体，后经多次喷发，喷发物层层堆积，最终成为锥状成层火山。

5. 北海道

北海道是日本最北的一个岛，世界著名旅游地，以自然之美著称。札幌是北海道的首府，号称"北国之都"，最诱人的是每年冬季三天的"雪祭"。在公园和广场上塑造各式各样的冰雕和雪像，灯烛映照，光怪陆离。洞爷湖为日本第三大湖，湖畔到处散布温泉、温泉旅馆、饭店，鳞次栉比，还有展示火山喷火时的资料的设施，游客可以体会火山喷发时动人心魄的真实感。登别是日本著名的温泉之乡，温泉泉质多达11种，有硫质泉、铁质泉等。登别有世界最大规模的熊牧场，还有重现江户时代武士街道的主题公园。富良野地处北海道地理中心，每年7月到8月期间，满山遍野盛开的薰衣草，充满着紫色梦幻魅力，相当美丽和壮观，这里不仅是著名的观光胜地，也是拍摄日本影视剧的重要取景地。

三、马来西亚

（一）国家概况

马来西亚位于东南亚的核心地带，地处太平洋与印度洋之间，北与泰国接壤，南与新加坡、印度尼西亚相邻，北端与菲律宾只有一水之隔，位于欧洲、亚洲、大洋洲、非洲四大洲的海上交通的交汇处。

马来西亚地形复杂，多山地丘陵，自然资源丰富。马来西亚西部地势北高南低，中部是山，向东西两侧逐渐降低，只有沿海为平原。马来西亚东部的沙捞越地区地势由东南向西北倾斜，沙巴地区地势由中部向东西两侧递降，克罗山的主峰基纳巴卢山海拔4101米，是东南亚最高峰。沙捞越和沙巴是马来西亚热带原始雨林集中的地方，特别是沙捞越森林覆盖面积占90%以上，是极佳的旅游胜地。

马来人在生活中非常重视礼节。传统的马来人见面礼十分独特，他们互相摩擦一下对方手心，然后双掌合十，摸一下心窝互致问候。男子的抚胸鞠躬礼和女子的屈膝鞠躬礼也是常用的一种见面礼。现在西式的握手问好在马来西亚是最普遍的见面礼，对不熟悉的女士不可随便伸手要求握手。到马来人家做客，应准时赴约，主人必须用马来糕、点心、菜、咖啡等招待客人，客人必须吃一点，喝一点，否则被视为对主人不敬。如果主人安排坐在地板上的垫子上，男性应盘腿而坐，女性则应把腿偏向左边而坐。

马来人认为左手是最脏之物，同马来人握手、打招呼、传递东西或馈赠礼品，忌用左手。忌讳摸头，认为摸头是对人的一种侵犯和侮辱。除了教师和宗教人士之外，任何人不可随意触摸马来人的背部，否则将意味着厄运来临。不可用食指指人，若要指示方向，只能用拇指。不要把脚底展露在他人面前，用脚底对着人是对别人的侮辱。在马来西亚，公开表示亲热是不受欢迎的，要避免接触异性。在和马来人交谈时，不要把双手贴在臀部上，这表示发怒。马来人忌讳乌龟，认为乌龟是一种不吉祥的动物。马来西亚有很多寺庙，除了中国庙宇和外国教堂，其他的寺庙都有一个规定：在进入寺庙之前，每个人都必须脱掉鞋子，赤脚走进庙宇。进入清真寺的女性必须身穿长袍，头披纱巾。

（二）著名旅游城市和景点

1. 吉隆坡

马来西亚首都，位于西马来西亚的中西部，赤道地带，是马来西亚的政治、经济和交通中心，全国最大的城市。面积约244平方千米，市区人口约为150万，其中华人约占55%。有新首都之称的政府行政中心普特拉贾亚位于吉隆坡以南35千米处，人口约7000。吉隆坡在马来语的意思是"泥泞的河口"，1857年建立于鹅麦河与巴生河的交汇处，当时大量华侨来此开采锡矿，后逐步发展成城市，1963年成为马来西亚联邦的首都。市内风景秀丽，城市街道整齐，典型的穆斯林建筑和中国式建筑交相辉映，既有现代大都会的气派，也有古旧的风味。铜顶建筑物和现代的摩天大厦并肩而立，相互争辉，狭窄的街道上古雅商店鳞次栉比，别有东方城市特有的情趣。吉隆坡曾经有"世界锡都、胶都"之美誉，旅游景点众多。国家清真寺造型优美，大尖塔耸入天空，是最具代表性的伊斯兰教建筑；国家石油公司双塔大楼是当前世界最高建筑之一，著称于世；印度佛教古庙、东西文化交融的国家英雄纪念碑、吉隆坡塔、国家博物馆、国家美术馆、独立广场、议会大厦、高等法院、国家体育馆、火车站也是著名建筑。美丽的热带风光和众多风景名胜使该城成为受欢迎的旅游胜地。

2. 槟榔屿

槟榔屿是马来西亚西北部一个风光明媚的龟形小岛，南北长24千米，东西宽15千米，面积285平方千米，因盛产槟榔而得名，是马来西亚十三个联邦州之一。它扼守马六甲海峡北口东岸，与马来半岛隔一条3千米宽的海峡相望，地理位置十分重要。槟榔屿充满多姿多彩的宗教和文化特色，州立博物馆、艺术馆、佛教寺庙和清真寺遍布全岛，如中国式的极乐寺、缅甸式的卧佛寺、印度式的玛利安曼庙等，使之有"宗教建筑博物馆"之称，反映了自18世纪以来诸多民族共同开发这个美丽岛屿的灿烂历史。全岛绿意盎然，植被苍翠，森林覆盖率达30%，素有"东方花园"的美誉。槟榔屿的首府槟城，又称"乔治亚市"或"乔治市"（因英王乔治三世而得名），位于槟榔屿的东北端，始建于1786年，是马来西亚最大的国际自由商港和全国第二大城市，也是马来西亚的工业中心。

3. 马六甲

马六甲是马来西亚历史最悠久的古城，是马六甲州的首府，位于吉隆坡以南150千米，马六甲海峡北岸，与苏门答腊岛遥望相对，马六甲河穿城而过。马六甲建于1403年，曾是马六甲王国的都城，内以传统建筑最具特色，汇集有包括中国在内的多国风格的文化遗产。中国明代航海家三保太监郑和下西洋，曾以马六甲为大本营，建立城墙和鼓楼，建设仓库储存钱粮百货。至今马六甲还保存不少郑和遗迹，三保山为郑和船队在马六甲扎营的地点，是马来西亚保留中国史迹最完整、最丰富的地方，在山脚有供奉郑和的三保庙及一口相传郑和下令挖掘的三保井。华人领袖郑芳杨于1567年建造的青云亭，是马来西亚最早的庙宇。葡萄牙式古迹有圣地亚哥古城堡和圣保罗教堂等，荷兰式建筑有史达特斯教堂、荷兰红屋等。荷兰红屋是荷兰殖民地时期所遗留至今的红色建筑物，在大约1650年由荷兰人所建立，300多年来，它一直是政府机关所在地，直至1980年才改为马六甲博物馆。馆内藏有马六甲、葡萄牙、荷兰和英国的历史文物。荷兰红屋在18世纪前本是白色，在1820年才被换成红色直到现今。目前是外国游客必到的游览胜地。

4.沙巴

位于世界第三大岛加里曼丹岛（也译作婆罗洲岛）的北上端，马来西亚最东端，西临中国南海，处于台风地带之下，不受任何气候剧变的干扰，故有"风下之乡"的美誉，人口200多万，沙巴州首府是哥打基纳巴卢。沙巴气候宜人，蓝天白云，地理环境得天独厚，有绵延的海岸线，各具特色的岛屿，绵软细腻的沙滩，极为特殊的珊瑚等海洋生物；有世界上第二大的原始热带雨林，诸多的红树林，还有世界罕见的珍禽昆虫、奇花异草、名贵药材；有高耸入云的神山，不仅是旅游胜地，还是自然爱好者、动植物学家、登山潜水爱好者的天堂，更是喜爱亲近大自然人士的好去处。

5.莫鲁山国家公园

莫鲁山国家公园位于沙捞越州北部，靠近文莱边境，面积约5.3万平方米，是世界上最复杂的热带喀斯特地区，1985年对公众开放。公园地处婆罗洲倾斜地带，地形复杂多变，包含了所有主要的岩石类型，拥有世界上最大的地下溶洞群。这里生物物种丰富多样，有17个植物带，约3500多种植物，特别是棕榈植物极为丰富，有20多个属类的109种植物。莫鲁山国家公园举世无双的热带岩洞、独特的喀斯特现象和生态系统保存完好，几乎没有遭到破坏，具有很高的研究价值。

四、新加坡

（一）国家概况

新加坡是梵语"狮城"之谐音，由于当地居民受印度文化影响较深，喜欢用梵语作为地名，而狮子具有勇猛、雄健的特征，遂有"狮城"之称。

新加坡共和国位于马来半岛南端，是一个一面临海、三面由海峡环抱的岛屿国家，北隔柔佛海峡与马来西亚相邻，南面与印度尼西亚隔新加坡海峡相望，西面是马六甲海峡。新加坡地处马六甲海峡的咽喉地带，扼守太平洋与印度洋、亚洲和大洋洲两大旅游区的通航要道，地理位置十分重要，素有"东方直布罗陀"和"远东十字路口"之称。

新加坡属热带海洋性气候，常年高温多雨，年平均气温24℃～27℃。植物繁茂，终年常绿，热带植物种类繁多，花园遍布，绿树成荫，素以整洁和美丽著称。全国耕地无几，人口多居住在城市，因此被称为"城市国家"。

新加坡人待人接物十分注重礼节，举止文明，彬彬有礼，处处体现着对他人的尊重，与客人相见时，一般都施握手礼。但各民族因风俗习惯及宗教信仰，礼仪各不相同。马来人行双手握礼，再把手收回放到自己胸部；华人见面以鞠躬为礼；印度人见面合掌致意，平时进门脱鞋，社交活动只用右手。

新加坡人忌讳数字"7"，忌讳猪的图案，不喜欢乌龟。与新加坡人谈话，一般忌谈宗教与政治方面的话题。新加坡人严禁说"恭喜发财"，他们将"发财"理解为"不义之财"，说"恭喜发财"将被认为是对别人的侮辱和嘲骂。新加坡人对留胡须长发的男人极为厌恶，众多的家长和学校严禁男青年留长发。新加坡人忌用左手吃东西、传递物品，用餐时勿把筷子放在碗和盘上，也勿交叉摆放，应放在托架上。不可触摸别人头部，不可露出脚心和鞋底。与印度族和马来族人进餐时，勿用左手。印度族人以牛为圣物，不吃牛肉。

（二）著名旅游城市和景点

1. 新加坡

首都新加坡市亦称星洲、叻埠，位于新加坡岛东南部，南临新加坡海峡。市区人口占全国人口的90%，其中华人占3/4，新加坡是世界上人口密度最高的地区之一。通常人们并不把新加坡岛与新加坡市严格区分开。新加坡市历史并不长，但发展很快。由于特殊的地理位置，它已经成为国际贸易中心之一、海上交通中心之一，是世界上仅次于荷兰鹿特丹的第二大港口，东南亚最大的海港，也是世界著名的转口港。

新加坡市花卉遍地，绿树成荫，以清洁、绿化、美丽、繁荣著称，被称为"花园城市"和东南亚的"卫生模范"。城市建设布局合理，每一栋或每一组房屋前后左右，都有草坪、花坛、树木，形成一个小花园。新加坡市还注重文明建设，开展"礼貌运动""敬老运动"，讲究卫生与社会安全。另外，交通便利，舒适的现代化服务，廉价的食宿和优良的会议设施，是新加坡发展会议旅游的宝贵资源，新加坡多次被国际会议联盟选为亚洲最佳会议城市。新加坡规定建筑不得超过280米的高度，目前有三座建筑达到这个高度——华联银行中心、大华银行大厦和共和大厦。新加坡城市既有人们喜爱的鱼尾狮像、市政广场、马里安曼兴都庙、天福宫、国家博物馆、唐人街、双林寺、苏丹伊斯兰清真寺、供有18手观音菩萨像的龙山寺等一些著名游览景点，又有开放式的动物园、圣淘沙公园、范克利夫水族馆、白沙碧海、植物园、海洋公园、热带原始雨林等旅游资源，对游人具有很大的吸引力，已经成为欧洲以东、夏威夷以西最吸引人的旅游中心。

2. 圣淘沙岛

从市中心出发，仅15分钟即可到达圣陶沙岛，这是一座风景旖旎的度假岛屿。这里有纯净的海滩、世界级的旅游胜地、海上运动场所、高尔夫球场和度假休闲中心。在马来语中，圣淘沙即"和平宁静"的意思，是位于新加坡本岛南部500米的外海第三大岛，面积为3.5平方千米，岛上青葱翠绿，沙滩洁白，有引人入胜的探险乐园、天然幽径、博物馆和历史遗迹等等，是新加坡最佳的度假地。圣陶沙岛曾为英国海军基地，旧名绝后岛。西端的西罗索古堡仍保存着5世纪的古炮台等军事古迹，1972年被建成一座田园诗般的海岛度假区，集主题乐园、热带度假村、自然公园和文化中心于一体，被视为新加坡旅游与娱乐业的璀璨明珠。高37米的鱼尾狮塔，可让游人从圣淘沙远眺市区的高楼大厦及环绕四周小岛的景色。岛上建有海事展览馆、蜡像馆、蝴蝶园和世界昆虫博物馆、珊瑚馆、艺术中心、奇石博物馆、日军投降纪念馆、亚洲文化村和海底世界等景点及娱乐设施。绵延3200米的圣陶沙海滩由丹戎海滩、巴拉湾海湾和西乐索海滩三个各具特色的海滩组成，为人们提供了一个极为舒适的度假环境，被誉为欢乐宝石。在主题公园方面，有圣淘沙名胜世界、梦幻岛、火焰山和高尔夫乐园。

3. 乌节路

乌节路意为"果园路"，在19世纪初之前，该地区曾经到处是果园和种植园，结果所有豆蔻树种植园毁于一种神秘的植物病。在20世纪70年代，随着诗家董百货公司、狮城大厦和文华大酒店等建筑物的建成，这里逐渐向娱乐中心的方向发展。随着一砖一瓦，一街一区，一座又一座钢铁和玻璃高层建筑取代了过去的泥土小路，乌节路逐渐成为世界上最著名的购物地带之一。

五、泰国

（一）国家概况

泰国位于中南半岛中南部，东南临泰国湾（太平洋），西南濒安达曼海（印度洋），西和西北与缅甸接壤，东北与老挝交界，东南与柬埔寨为邻，南部疆域沿克拉地峡向南延伸至马来半岛，与马来西亚相接。

泰国国土面积约51.4万平方千米，地势北高南低，地形复杂，大体分为四部分：西北部是山区，森林繁茂，以出产柚木、红木、紫檀等名贵硬木闻名；东北部是高原区，矿藏丰富，以锡矿和天然宝石为著名；西南部为狭长的丘陵区，盛产许多热带经济作物和热带水果，如橡胶、椰子和芒果等，有"水果王国"之称；中部是湄南河平原区，有"东南亚谷仓"之称。湄南河在泰语中意为"河流之母"，为全国第一大河，贯穿泰国中部，全长1200千米，其中下游平原两岸和三角洲地区，因气候适宜、土壤肥沃，是富庶的谷仓，盛产泰国大米。

性情温和的泰国人素以"礼仪之邦"著称，自古就有"微笑之邦"的美誉。泰国人热情友好，总是以微笑迎客。泰国人十分注重礼节，见面时行合掌礼，即双手合十于胸前，头稍稍低下。由于辈分不同，合十双手的位置也不同，双手举得越高，表示尊重程度越高。晚辈对长辈，双手合十于前额；平辈相见时，双手略为举起至鼻子高度；长辈对小辈，只要举到胸部高度即可。泰国人也行握手礼，但只在政府官员与知识分子中流行；男女之间不准握手。泰国人的坐姿也很讲究，尤其有长辈在座的场合下，小辈为了表示对他们的礼貌，应该是两手掌相叠，放在腿上，上身微躬而坐；若是有尊者或达官贵人在座，小辈的上身还要下躬，使两肘放在大腿上，两手掌相叠于膝盖稍上处。泰国人交谈时，喜欢谈论食品、气候等，不喜欢谈论政治、腐化、王室，更不喜欢谈论个人问题。在社交聚会上，男子不应同已婚女子交谈过久。对于特邀来访的贵宾，主人亲自给客人戴上鲜花编成的花环，客人不可随意扔掉，最好回到下榻处再取下，以示对东道主的尊敬。

泰国人重视头部，轻视双脚，不能随便摸人的脑袋，小孩子的头也不能摸，否则是对人的不恭，不赞美别人的婴儿（以免引起恶鬼注意）。长辈在场时，晚辈必须坐在地下或跪坐，以免高于长辈头部。睡觉时不能头朝西，忌用脚指东西、踢门，不能盘腿而坐，不能脚心对人。递物品应用右手，右手吃饭，左手拿不洁之物；忌红色，因为写死人姓氏是用红颜色的墨，绝不用红笔签名；忌讳双腿交叉，否则会被认为是对交谈者失礼。在泰国人眼里，佛永远是至高无上的，购买佛饰时，严禁说"购买"，必须说"求租、尊请"之类的词语，以防亵渎神灵；与泰国人交谈绝不能讲对佛祖和国王不敬的话；对寺庙、佛像、和尚等做了轻率的行为，会被认为是滔天罪行，更不用说爬到佛像身上拍照。

（二）著名旅游城市和景点

1. 曼谷

曼谷是泰国的首都，全国第一大城市，是全国政治、经济、文化、交通的中心，是联合国亚太经社委员会总部、世界佛教联谊会总部以及世界银行、世界卫生组织等20多个国际机构的区域办事处所在地。市区面积290平方千米，人口约600万，位于曼谷湾的湄南河下游三角洲地区。城内河流众多，水道蜿蜒纵横，有"东方威尼斯"之称。自1782年曼谷王朝拉玛一世建都于此起，曼谷就成了汇集泰国新旧生活方式的万花筒，有"天使之城""微笑之都"和"千面风情之都"的美称。曼谷历史悠久，到处是橘红色的庙宇屋顶和金碧辉煌的尖塔，佛庙林立，云集了佛教精华，市内有大小寺庙400多座，有"佛庙之都"之称，其精致美丽的建筑外观、精致美丽的内部装饰，使其成为曼谷独特的风景。泰国人认为国王居住的宫殿是宇宙的中心，所以整个曼谷的建筑以皇宫为中心向外扩散，第一圈是寺庙和官方建筑，第二圈是商业圈，第三圈是住宅区，最外面是贫民区。王宫和佛寺大多建在湄南河圈，建筑金碧辉煌。大王宫、玉佛寺、金佛寺、卧佛寺、云石寺、郑王庙等著名古迹，都焕发着使人敬畏、教人目眩的东方佛教色彩，足以证明泰国在艺术方面的超卓成就。

2. 清迈

清迈位于泰国北部的湄南河支流宾河两岸，是清迈府首府，泰北政治、经济、文化中心，是泰国第二大城市和著名的历史文化古城。1296年成为泰国史上的第一个独立国家蓝纳泰王朝的首都，以其丰富且完整的文化古迹闻名，除了原有的古城址、护城河、古旧佛寺、纪念碑之外，还有泰北的艺术宝藏和建筑物、庙宇，兼容并蓄地保留了缅甸与泰国的风格。清迈处于海拔300米的丘陵地上，周围群山围绕，放眼尽是翁郁的森林和山峦叠翠，空气清新，气候凉爽，景色旖旎，因城中多玫瑰花，而有"北方玫瑰"之称。清迈是泰国手工艺品中心，有珠宝首饰、银器、陶器、木雕、丝绸等，远销国外。清迈人民有着自己的方言、传统的服饰、独特的建筑特色与传统美食，多元化的风采充满着情趣。清迈市有寺庙100多座，帕辛寺是清迈城内最大的佛寺，清迈寺是市内的第一座寺院，建于1411年、拥有巨大四方形佛塔的斋里銮寺是座具有斯里兰卡和印度混合风格、等级最高的寺院。

3. 芭堤雅

芭堤雅也称为帕塔亚，位于印支半岛与马来半岛之间的曼谷湾，西距曼谷154千米。面对广阔的海湾，素以阳光、沙滩、海鲜名扬天下，是世界著名的新兴海滨旅游度假胜地，享有"东方夏威夷"和"亚洲度假之后"的美誉，是泰国旅游业最发达的地区之一。20世纪70年代，芭堤雅仍是一个人烟稀少的小渔村，直到1961年其得天独厚的海滨旅游条件被政府发现，便拨出专款并鼓励国内外投资开发，迅速发展壮大，一举成名。芭堤雅由此被划为特区，市区面积为208平方千米，成为一个10多万人的旅游不夜城。每当夜晚，灯火通明，霓虹灯闪烁耀目，马路上行人摩肩接踵，车水马龙，通宵达旦。芭堤雅气候宜人，终年温差不大，风光旖旎，主要由芭堤雅海滩、东芭文化村、小人国（缩影公园）三部分组成。最吸引人之处在于拥有全泰国最优美的长达40千米的沙滩，阳光明媚，蓝天碧水，沙白如银，滑水、冲浪等水上娱乐活动新奇刺激，一派东方热带的独特风光，是良好的海滨游泳场，每年接待游客100多万人次。东芭文化村有着秀丽的热带园林景色、古雅朴实的东南亚土风舞，大象表演令人难忘。小人国是一座微缩主题公园，展出了100多座小型建筑物，与实物的比例为1:25，包括泰国古代和现代各种有代表性的名胜。

4. 素可泰

素可泰位于泰国北部永河左岸，素可泰府首府，是泰国历史上第一王国素可泰王朝的都城和文化艺术的主要发源地，泰国著名的旅游胜地，也是泰国有名的宗教文化名城。在这里诞生了泰国文字，还诞生了泰国的第一部文学作品和第一部历史记录，被誉为"泰国文明的摇篮"。素可泰古城离新城8千米，规模宏大，现存三道围墙，长约2.6千米，宽约2千米，四面各有一座城门，古城内外有大量佛教古迹，包括王宫、寺庙、古塔、佛像、碑石等。1991年联合国教科文组织将其作为文化遗产，列入《世界遗产名录》。摩河陀院是素可泰规模最大、最庄严的寺院，寺内有尊巨型佛祖像，曾是素可泰皇室成员祈福作礼的神庙。

5. 普吉岛

普吉岛一语源自马来西亚，所代表的意思就是山丘。它是泰国南部最小的府城，距离首都曼谷有862千米，是泰国境内唯一有行省辖治地区的岛屿，占地共有543平方千米，南北长48千米，东西宽21千米，面积大概与新加坡相近，是泰国最大的锡矿产地。海岸蜿蜒曲折，海滩水清沙细，风光旖旎，素有"海月仙阁""泰南珍珠"之称。岛上的主要地形是绵延的山丘，期间或点缀着盆地，并有39个离岛。普吉岛最自豪的，便是拥有岛的西边、临近安达曼海的十多个美丽海滩，像巴东海滩、素林海滨、奈函海滨等。普吉湾内，石灰岩岛屿星罗棋布，怪石奇岩屹立，人称"小桂林"。每年十二月初举行的国王船赛，是泰国目前非常热门的竞赛项目。特别是由普吉岛出发，向东航行可以抵达攀牙湾，这儿的海景因为耸立在海中的数百座石灰岩而显得壮丽无比，有些孤零零地挺立在海上，有些则是弯曲或被海水所侵蚀，特殊的景观只能以"目瞪口呆"来形容。

六、印度尼西亚

（一）国家概况

印度尼西亚共和国简称印尼，位于亚洲东南部，北连马来西亚，西北隔马六甲海峡与马来西亚和新加坡相望，东北与菲律宾隔苏拉威西海相望，东与巴布亚新几内亚、东帝汶相邻，东南与澳大利亚隔海相对。

印尼东临太平洋，西濒印度洋，东西延伸5000多千米，南北相距2000多千米，领土面积约190.44万平方千米，由星罗棋布的散布在两大洋之间的约1.37万个岛屿组成，素有"千岛之国"之称，其中苏门答腊岛、苏拉威西岛、爪哇岛以及加里曼丹岛（南部）、伊里安岛（西部）5大岛屿占总面积90%，岛屿之间构成许多海峡和内海，内海面积约是陆地面积的3倍，海岸线长3.5万千米。印尼是一个地跨南北半球及亚洲、大洋洲、拥有岛屿最多的群岛国家。

印尼地处世界三大板块的交界之处，是世界上火山、地震最频繁的地区之一，也是世界上地热资源最丰富的国家之一，有"火山之国"之称。全国拥有400多座火山，其中活火山120多座，如坦博拉火山、喀拉喀托火山和阿贡山，均以喷发猛烈而闻名于世。印尼各岛地形以山地和高原为主，仅沿海有平原。

印度尼西亚人很重视礼节，讲究礼貌。"谢谢""对不起""请原谅""请"等敬语经常挂在嘴上。与人见面点头或行握手礼，一般不主动与异性握手。印尼人对来访的客人并不一定要求非送礼不可。但出于礼节，可以送给主人一束鲜花，或最好说上几句感谢的话等。在与印尼人谈话时，要摘掉墨镜，最好避开与当地政治、社会和国外对他们的援助等方面的话题。印尼人注重面子，有分歧时不会公开辩论。印尼爪哇人在社交场合接送礼物时要用右手，对长辈要用双手，受礼后不能当面打开礼品。印尼有敬蛇的习俗，认为蛇是善良、智慧、本领、德行的象征，敬蛇如敬神，也偏爱茉莉花，喜爱带蛇或茉莉花图案的商品。

印尼人忌讳用左手接触别人的身体、吃东西、和指着对方，也不能用左手递送物品，忌用手碰别人头部。忌讳乌龟、老鼠，认为乌龟是一种令人厌恶的低级动物，给人以"丑陋"的印象；认为老鼠是一种害人的动物，给人以"瘟疫"和"肮脏"的印象。爪哇岛人最忌讳有人吹口哨，认为这是一种下流举止，并会招来幽灵。伊斯兰教是印尼的主要宗教，忌讳有猪图案的物品，忌食猪肉，不饮酒。除伊斯兰教的一般禁忌外，印尼女子怀孕后有很多禁忌，如孕妇不能吃鲨鱼肉，否则胎儿会奇丑无比；女子有身孕，丈夫不能宰杀鸡，否则婴儿出生后脖子上会有刀痕；妇女分娩时要搬出卧房搬进村中临时搭盖的棚子里去住，分娩当天与产后三天，只能由巫婆和另外一个女子照料，丈夫和所有男子不能靠近产棚，否则，男子在外出时会挂彩。

（二）著名旅游城市和景点

1. 雅加达

雅加达意为"胜利和光荣之堡"，是印尼的首都，位于爪哇岛西北岸的芝里翁河口，濒临雅加达湾，是全国的政治、经济、文化中心和海陆空交通枢纽，是印尼和东南亚最大的城市，重要的旅游城市。雅加达是太平洋与印度洋之间的交通咽喉，也是亚洲通往大洋洲的重要桥梁，早在14世纪就已成为初具规模的港口城市，以输出胡椒和香料闻名，当时叫"巽他加拉巴"，意思是"椰子"，华侨称其为"椰城"。1527年，印尼穆斯林领袖法勒特汉率领人民赶走葡萄牙侵略者，为纪念法勒特汉，把这个城市改名为查雅加尔达，简称为雅加达，1961年改为大雅加达特区至今。雅加达建城日为6月22日，每年这一天都要举行大型纪念活动。大雅加达特区面积为650.4平方千米，人口约850万，市区分为两部分，以中央区为界，北面的旧市区称为下城，南面的新市区是国家的行政中心，称为上城。旧市区是繁荣的经济和商业中心和主要旅游区，历史古迹多，有伊斯蒂赫拉尔清真寺等各类寺庙、教堂数百座，有著名的中央博物馆、独立广场、水族馆、植物园、印尼缩影公园、印尼最大的游乐场——安佐尔梦幻公园等著名的旅游景点。

2. 巴厘岛

巴厘岛位于爪哇岛以东小巽他群岛西端，大致呈菱形，面积约5620平方千米，人口约280万，人口密度仅次于爪哇，是世界旅游胜地之一和印尼众多岛屿中最耀眼的一个。巴厘岛地处热带，日照充足，温和多雨，全岛山脉纵横，地势东高西低，岛上的最高峰阿贡火山海拔3142米，被称为"世界的肚脐"。巴厘岛是印尼旅游业的领头雁，连续几年占印尼旅游收入的45%，以金色的海滩、蔚蓝的海洋、众多的庙宇、优美的舞蹈、美丽的湖光山色、灿烂的民族艺术、独特的工艺产品和迷人的风土人情闻名于世，素有"诗之岛""舞之岛""千庙之岛""神仙岛"的美誉，人们用"诗一般的情调，画一般的美丽"来形容巴厘岛的景色。巴厘岛北有风景优美的比都库湖、巴都湖，东南部的格龙宫是著名的古代巴厘王朝法庭所在地，宫殿气派雄伟，布撒基寺是众多寺庙中最著名、面积最大的一座印度教寺庙群，位于岛中部的鸟穆是绘画中心，玛斯是著名的木雕中心。巴厘人以狮子舞与剑舞为代表的古典舞蹈典雅多姿，雕刻（木雕、石雕）、绘画和手工业品技艺精湛、风格独特，居民每年举行的宗教节日近200个，每逢节日，歌舞杂陈。

3. 日惹

日惹是位于爪哇中南部的直辖特区，北邻中爪哇省，南临印度洋。首府日惹是古代马特兰地区的中心，1755年日惹王国在此建都，悠久的历史孕育了日惹灿烂的文化，是爪哇国和爪哇文化的发源地。日惹名胜古迹云集，主要旅游景点有巴玛南神庙、婆罗浮屠、日惹王宫、麦拉比火山等。

第三节 欧洲主要客源国概况

一、英国

（一）国家概况

英国全称大不列颠及北爱尔兰联合王国，是欧洲西部大西洋上的岛国，由大不列颠岛和爱尔兰岛东北部及其附近许多岛屿组成的岛国。英国国土面积24.41万平方千米（包括内陆水域）。其中英格兰13.04万平方千米，苏格兰7.88万平方千米，威尔士2.08万平方千米，北爱尔兰1.41万平方千米。

海岸线总长11450千米。陆地南北最长966千米，东西最宽483千米，隔北海、多佛尔海峡、英吉利海峡与欧洲大陆相望。

英国人不喜欢被称为"英国人"（即"英格兰"人），他们被称为"不列颠人"会感到满意。英国人习惯以握手表示友谊。与人握手时，无论男女，无论天多冷，都应先把手套脱掉，而且脱得越快越能体现对对方的尊重。在接到英国人邀请之后，去与不去都应明确告诉邀请人，以便其安排，并且早到是不礼貌的，晚到10分钟最佳。离开后的第二天要发一封便函向主人致谢，并随附一件小礼品，如一盒巧克力或一些鲜花等。英国人时间观念强，比较保守。他们习惯按规矩办事，往往不愿做出或看到突然变化。不爱交际，不喜欢将自己的事情随便告诉别人。乘车时常常埋头看报，茶不离口，报不离手。尊重女性，女士优先是英国男子绅士风度的主要表现之一。保持克制，耐心行事是英国人性格特征之一。在一般情况下，明显流露出烦躁情绪或发火会被认为没有修养。在英国，人们在演说或别的场合伸出右手的食指和中指，手心向外，构成V形手势，表示胜利；如有人打喷嚏，旁人就会说上帝保佑你，以示吉祥。

英国人认为13和星期五是不吉利的，尤其是13日与星期五相遇更忌讳，这个时候，许多人宁愿待在家里不出门。与英国人聊天忌问私事，如收入、婚姻、职业、年龄、政治倾向等，并保持至少50厘米的距离。在众人面前，忌讳交头接耳。如果与多个人相会或道别，不应越过另外两个人握着的手而去和第四个人握手，因为交叉握手正好形成一个十字架，据说这样做会招致灾难。烟友聚在一起，切忌一火点三支烟。据说一火点三支烟，会给三个人中的一个人招来不幸。英国人遵守纪律，在公共场合都有排队的习惯，插队是一种令人不齿的行为。他们重契约，安排日程要求准确，旅游活动中应尽量避免日程的突然变动。购物时，英国人不喜欢讨价还价，认为这是很丢面子的事情。吃饭时刀叉碰响水杯，若不及时终止声响，被认为会带来不幸。英国人不喜欢孔雀、黑猫和大象，忌送百合花、菊花，送花枝数和花朵数不能是13或双数，鲜花不用纸包扎。

（二）著名旅游城市和景点

1. 伦敦

伦敦是英国首都，英国政治、经济、交通中心和最大港口，也是国际大都会和文化艺术名城。伦敦位于英格兰东南部，横跨泰晤士河两岸，大体呈三个圈层的同心圆式，包括伦敦城、内伦敦（伦敦城外的12个市区）、外伦敦（内伦敦以外的20个市区），总面积1580平方千米。伦敦城是今日伦敦的发祥地，它是伦敦的"城中城"，是世界著名的金融中心。伦敦是有2000年悠久历史的世界著名城市，是世界十大城市之一，一直是英国历史上的政治中心，其名胜古迹和现代化建筑多姿多彩，美不胜收。主要旅游景点有白金汉宫、唐宁街10号、议会大厦、格林尼治天文台、圣保罗大教堂、西敏寺、海德公园、伦敦塔、伦敦塔桥大英博物馆、图索德夫人蜡像馆、皇家植物园等。

2. 牛津和剑桥

牛津因世界一流学府的地位和遍布各地的古迹而闻名，使它成为人们极度梦想的城市。在牛津处处都是优美的哥特式尖塔建筑，因此有"尖塔之城"之称。牛津大学创立于1168年，是英国最古老的大学。英国历史上41位首相中有29位毕业于该校，因而被誉为"象牙之塔"。现在牛津已经成了熙熙攘攘的世界城市。尽管还是那个古老的大学城，但遍布城市各个角落的商业企业，特别是高科技企业使牛津这座古老的城市焕发了青春的活力。

剑桥与牛津一样，也是座令人神往的传统大学城。剑桥大学创立于1209年，位于风景秀丽的剑桥镇，著名的康河横贯其间，成为英国最热门的旅游景点之一。剑桥大学在自然科学的成就尤其突出，曾哺育出牛顿、达尔文这样开创科学新纪元的科学大师，73位诺贝尔奖奖金得主曾在剑桥留下了足迹，这在全世界都是少有的荣光。

牛津和剑桥的风格迥然不同。牛津是雍容富丽，具有王者气派的，而剑桥则幽雅出尘，宛若诗人风骨，人们称牛津是"大学中有城市"，而剑桥是"城市中有大学"。

3. 利物浦

利物浦是一个美丽的港口城市，位于英格兰的西北部默西河口，濒临爱尔兰海，是默西塞得郡的首府。优越的地理位置，是利物浦兴起的重要原因，深入内陆的海湾西经北海峡，南下圣乔治海峡，都可通往大西洋，因此利物浦是世界著名的天然良港。公元8世纪时，斯堪的纳维亚人就移居于此，以捕鱼为生。1207年，在利物浦兴建城堡和港口。到18世纪，利物浦已经具有相当规模。现在利物浦是英国的第二大海港和重要的船舶修造中心。利物浦属于海洋性气候，降雨平均，风景秀丽，是旅游、度假、休闲的天堂所在，是英国国家旅游局认定的英国最佳旅游城市。那里有让人着迷的两支英超球队利物浦和埃弗顿，还有著名的圣乔治大教堂、新哥特式的回教大教堂、仿古典式的天主教大教堂、市政厅、圣乔治大厅、大剧院和音乐厅。

4. 巨石阵

巨石阵又称索尔兹伯里石环、环状列石、太阳神庙、史前石桌、斯通亨治石栏、斯托肯立石圈等名，是欧洲著名的史前时代文化神庙遗址，位于英格兰威尔特郡索尔兹伯里平原，约建于公元前4000—2000年，属新石器时代末期至青铜时代。这个巨大的石建筑群位于一个空旷的原野上，占地大约11万平方米，主要是由许多整块的蓝砂岩组成，每块约重5万千克。巨石阵不仅在建筑学史上具有的重要地位，在天文学上也同样有着重大的意义：它的主轴线、通往石柱的古道和夏至早晨初升的太阳，在同一条线上；另外，其中还有两块石头的连线指向冬至日落的方向。因此，人们猜测，这很可能是远古人类为观测天象而建造的，可以算是天文台最早的雏形了。巨石阵的主体由几十块巨大的石柱组成，这些石柱排成几个完整的同心圆，巨石阵的外围是直径约90米的环形土沟与土岗，土岗内侧紧挨着的是56个圆形坑，最外侧是一圈直径为400米的圆环，环内有100多块石头。

5. 尼斯湖

尼斯湖位于苏格兰高原北部的大峡谷中，湖长39千米，宽2.4千米，是苏格兰境内最著名及参观游客最多的游览地点。尼斯湖面积不大，平均深度却达200米，最深处有300米。湖水水温非常低，但终年不结冰，两岸陡峭，青山环翠，风景怡人，但它最能吸引人的却是因为它的传闻。传闻尼斯湖内有一水怪，使这里增添了神秘的色彩，探险家、观光客均闻风而至，希望能一睹水怪的真貌。湖中有船接载游客游湖寻找水怪行踪。这传闻令尼斯湖成为世界上无人不知的旅游点，游客到了苏格兰，亦不能错过游览尼斯湖的机会。

二、法国

（一）国家概况

法国全称法兰西共和国，位于欧洲西部，与比利时、卢森堡、德国、瑞士、意大利、摩纳哥等国接壤，西南与西班牙、安道尔为邻，西北隔英吉利海峡与英国相望，两国间的海底隧道业已开通。

法国国土略呈六边形，三面临水：南临地中海，西濒大西洋，西北隔英吉利海峡与英国相望。地中海上的科西嘉是法国最大岛屿。濒临四大海域：北海、英吉利海峡、大西洋和地中海。面积约为55.16万平方千米，为欧洲面积第三大的国家，西欧国土面积最大的国家。法国地势东南高西北低，平原占总面积的三分之二。主要山脉有阿尔卑斯山脉、比利牛斯山脉、汝拉山脉等，许多高峰终年积雪。法意边境的勃朗峰海拔4810米，为西欧最高峰。河流主要有中部的卢瓦尔河、南部的罗讷河、北部的塞纳河。欧洲最大河流之一的莱茵河从法国边界流过，形成法德的分界线。法国的运河总长达8000多千米，在欧洲国家中是运河最多的国家之一。法国领土中还包括150多个岛屿，地中海上的科西嘉岛是法国最大岛屿。

法国是一个讲文明礼貌的国家，现在欧美流行的许多礼仪源于法国。在社交场合，见面打招呼，最常见的方式莫过于握手，并处处体现着女士优先原则，如为女性让道、为女性开门、为女性让座、上下车女性先行等，故以"殷勤的法国人"著称。法国是第一个公认以吻表示感情的国家，法国人的吻有严格的界限：亲友、同事间是贴贴脸或颊，长辈对小辈则是亲额头，爱人和情侣之间，才亲嘴或接吻。法国人是世界上最著名的"自由主义者"，纪律较差，与法国人打交道，约会必须事先约定，并且准时赴约，但是他们会姗姗来迟，迟到一刻钟甚至半小时是常事。到法国人家里做客，送礼是友好的表示，礼物不一定贵重，但讲究包装，鲜花是备受欢迎的礼物。

法国人大多信奉天主教，其次是新教、东正教和伊斯兰教。法国人大多喜欢蓝色、白色与红色，忌讳黄色、墨绿色。他们视孔雀为祸鸟，认为仙鹤是蠢汉和淫妇的象征，还视菊花为丧花，认为核桃、杜鹃花、纸花也是不吉利的。他们很忌讳"13"这个数字，认为"13""星期五"都是不吉利的，甚至是大祸临头的一种预兆。他们把对老年妇女称呼"老太太"视为一种污辱的语言，忌讳男人向女人赠送香水，否则，就有过分亲热或有"不轨企图"之嫌。他们忌讳别人打听他们的政治倾向、工资待遇以及个人的私事。

（二）著名旅游城市和景点

1. 巴黎

巴黎是法国首都，历史名城，世界著名的最繁华的大都市之一，素有"世界花都"之称。这座美丽的城市不仅是法国的政治、文化、经济和交通中心，同时又是四大世界级城市之一。

历史上，巴黎为法国历代王朝的都城，是历届资产阶级共和国的首都，也是法国资产阶级革命的发源地。今天，法国政府的许多行政机关，党派团体及省级行政机构依然设在这里，一些重要的国际组织也设在巴黎。巴黎还是法国的经济中心，全国最大的工商业城市。巴黎的工业生产总值约占全国的1/4。巴黎的工人数量约占全国的1/5。汽车工业居全国首位。在轻工业中，巴黎有传统的服装、化妆品、装饰品和家具等，这些产品都享有世界声誉。巴黎香水驰誉全球，有"梦幻工业"之称，被法国人视为国宝。巴黎的金融、证券、保险业十分繁荣。这里还有法国的金融中心，世界重要金融市场之一的巴黎金融市场。商业也很兴隆。欧洲最大的商场——四季商场就坐落在巴黎的拉德芳斯区。著名的巴黎国际博览会、现代化的特罗卡德罗展览馆，形成一个可供常年展出的"博览会城"。巴黎是法国的交通枢纽，每天客流量达1300万人次。全国的陆路交通都向巴黎集中，形成一个辐射式的交通网。

巴黎的标志——埃菲尔铁塔，像一个钢铁巨人高高地耸立在巴黎市中心的塞纳河畔。卢浮宫位于塞纳河右岸，以收藏丰富的古典绘画和雕刻而闻名于世，是法国文艺复兴时期最珍贵的建筑物之一。位于塞纳河中心城岛上的巴黎圣母院是一座法国哥特式建筑，它不仅因雨果的著名小说《巴黎圣母院》而出名，更因为它是巴黎最古老、最大和建筑史上最出色的天主教堂。此外，凯旋门和凡尔赛宫等，都是人们参观游览的必到胜地。

2. 里昂

里昂位于法国的东南部，是法国第二大都市和经济文化中心，是历史悠久的古老城市。该市位于罗讷河与索恩河两河会合处，自古以来就是法国水陆交通的枢纽，又是连接欧洲的重要十字路口。里昂在罗马帝国之前就很繁荣，旧城的最中心布满了中世纪的建筑和教堂，这就使它获得了"拥有一颗粉红的心脏"之城的美称，1998年被联合国教科文组织列为世界人文遗产城市。里昂的丝绸纺织业在城市的繁荣和发展中占有十分重要的地位，是法国乃至欧洲享有盛名的丝都。从16世纪起，纺织成为这里最重要的手工业，到了17世纪，里昂变成了全欧洲最重要的丝绸产地，里昂的丝绸一时遍布全法最大的城堡和宫殿。今天，里昂依然是世界高级丝绸的重要产地。里昂是法国第二大博览会中心，每年一度的国际博览会吸引三四十万人参观。著名的旅游景点有里昂大教堂、古罗马剧场所遗址、高卢-罗马文化博物馆、沃士广场、富尔维耶尔山丘等。

3. 普罗旺斯-阿尔卑斯-蓝色海岸

普罗旺斯-阿尔卑斯-蓝色海岸是法国东南部一个大区的名称，是法国最美丽的地区之一，法国人常把该区缩写为PACA地区，它东接意大利，南邻地中海，下辖六个临山靠海的省份。这些省份中的高山和大海构成了当地独特的地理环境和特殊的地方性小气候，充溢着热带情怀的南国风光，湛蓝的海岸线一望无际、清爽的空气、充足的阳光、变幻的天气，这里是名副其实的蓝色海岸。花是法国的灵魂，世界上最美丽的薰衣草遍植法国的普罗旺斯，一年四季都有着截然不同的景观。这里的人们热情、活泼、开朗，被称作为"法国最亲切的人"。该区是世界屈指可数的海滨旅游胜地、游客首选的旅游目的地之一，无论是夏季还是冬季，无论从接待游人数还是从旅游者的度假天数看，都名列法国各旅游区之首。

4. 戛纳

戛纳是法国东南部城市，欧州有名的旅游胜地和国际名流社交场所，因国际电影节而闻名于世。位于尼斯西南约26千米，濒地中海，是阿尔卑斯滨海省政府会。这里海水蔚蓝、棕榈葱翠，气候温和，风光明媚，与尼斯和蒙特卡洛并称为南欧三大游览中心。戛纳拥有世界上最洁白漂亮的海滩，是度假的好场所。戛纳电影节一年一次，它颁发的"金棕榈奖"被公认为电影最高荣誉之一。电影节的建筑群坐落在500米长的海滩上，其中包括25个电影院和放映室，中心是6层高的电影节宫。戛纳主要景点有海滨大道、老城区、11世纪城堡等。

5. 卢瓦尔河谷城堡群

卢瓦尔河全长1012千米，是法国第一大河，是欧洲唯一的一条没有被驯服的河流，也是最美丽的一条河。卢瓦尔河最出名的不是它的自然风光，而是中游河谷间无数古老而美丽的城堡，这些城堡掩映在绿树从中，景色优美，有"法国的后花园"的美称。这些古老的宫堡在法国辉煌的历史上各领风骚，是法国文明的见证。许多古堡兴建于中世纪战乱时期，英法百年战争期间，法国王室曾到卢瓦尔河谷避难，因此卢瓦尔河谷也被称作"帝王谷"。法国全境建有大小城堡36000多座，保存完好的是卢瓦尔河谷城堡群，包括香博堡、舍农索城堡、舍维尼城堡、雪瓦尼城堡及昂布瓦兹皇家城堡等。

三、德国

（一）国家概况

德国全称德意志联邦共和国，位于欧洲中部，东邻波兰、捷克，南接奥地利、瑞士，西接荷兰、比利时、卢森堡、法国，北与丹麦相连并临北海和波罗的海，是欧洲邻国最多的国家。

德国国土面积约为35.7万平方千米，地势北低南高，可分为四个地形区：北德平原，平均海拔不到100米；中德山地，由东西走向的高地块构成；西南部莱茵断裂谷地区，两旁是山地，谷壁陡峭；南部的巴伐利亚高原和阿尔卑斯山区，其间拜恩阿尔卑斯山脉的主峰祖格峰海拔2963米，为全国最高峰。地势从南德的阿尔卑斯山向北倾斜，直至北海和波罗的海沿岸。主要河流有莱茵河、易北河、威悉河、奥得河、多瑙河。较大湖泊有博登湖、基姆湖、阿莫尔湖、里次湖。

在德国，朋友见面以握手礼为主，十分要好、长时间未见的朋友相见或长期分开时可以相互拥抱。在交往过程中，大多数人往往用"您"以及姓氏之前冠以"先生"或"女士"（也称"夫人"）作为尊称。只有亲朋好友和年轻人之间互相用"你"以及名字称呼。对女性，不管其婚否或长幼，都可以称"某女士"，但对已婚妇女应以其夫姓称之。应邀去别人家里做客时，应备鲜花、画册或书等礼物，所送礼物要事先用礼品纸包好。德国人不习惯送重礼，所送礼物多为价钱不贵、但有纪念意义的物品，以此来表示慰问、致贺或感谢之情。在收到礼后应打开观看，并向送礼人表示感谢。

德国人多数信奉基督教，另有少数人信奉东正教和犹太教。他们忌讳13和星期五，忌讳在公共场合窃窃私语，不喜欢他人过问自己私事。别人买了一样东西，即使喜欢，也不要问价格。遇到别人生病，除伤风感冒或外伤等常见的病外，不要问及病因及病情，否则会招来好窥视别人秘密之嫌。按德国的习俗，生日不得提前祝贺。访友时，切不可搞"突然袭击式"的登门拜访，都要事先约定。在他人的办公室或家中，非经邀请或同意，不要自行参观，更不要随意翻动桌上的书籍或室内的物品。德国人讨厌菊花、蔷薇图案、蝙蝠图案，还忌讳核桃。服饰和其他商品包装上忌用纳粹标志。

（二）著名旅游城市和景点

1. 柏林

首都柏林是一座古老而美丽的城市，早在13世纪时已成为贸易集镇，17世纪发展成为地方性的政治、经济和文化中心。柏林位于东西欧交通要道，地理位置具有重要意义，在东西莫斯科与巴黎、南北斯德哥尔摩与罗马的交界上，地处欧洲心脏。来自欧洲各个国家的潮流汇聚在此，塑造着一个全新、独特的世界。城市边缘为森林、湖泊、河流环抱，有"森林与湖泊之都"的美誉。柏林的建筑多姿多彩，蔚为壮观，市内分布着古老的大教堂、各式各样的博物馆和巍然挺立的高楼。有亚历山大广场电视塔、长3千米的库尔费斯腾达姆商业街、欧洲最著名的林荫大道菩提树街、勃兰登堡门、有800年历史的圣母教堂、市政厅、博物馆岛上的古老建筑群、"水晶宫"、共和国宫、洪堡大学等。古老的夏洛特堡宫周围分布着埃及博物馆、古董博物馆、史前早期博物馆和应用美术馆等重要文化建筑。柏林还是德国主要的文化名城，全年几乎都有文化节。

2. 法兰克福

法兰克福位于莱茵河中部的支流美因河的下游，是德国重要的工商业、金融服务业和交通中心。法兰克福机场是欧洲第二大机场。欧洲央行和德国中央银行均位于美因河畔，是欧洲的金融中心。此外法兰克福还是著名的国际会展中心城市，世界图书业的中心，每年至少有5万个会议在这里召开，无数观光客涌入此地参加各种会展，这里是欧洲大陆最繁忙的会议场所。工业以化学工业最为发达，其次是电子机械等。法兰克福不仅是德国的经济中心，同时它又是一座文化名城。这里是德国著名诗人歌德的诞生地，有歌德大学、博物馆等。第二次世界大战时曾遭严重破坏，战后重建为现代化大城市。法兰克福有17个博物馆和许多的名胜古迹，主要景点有歌德旧居与歌德博物馆、旧市政厅、雷玛大教堂、尼古拉教堂、帕乌尔斯教堂、恩哈依玛塔、国家美术馆、美因河沿岸的美术馆街等。

3. 慕尼黑

慕尼黑位于德国南部阿尔卑斯山北麓的伊萨尔河畔，是德国的第三大城市，主要的经济、文化、科技和交通中心之一，也是欧洲最繁荣的城市之一。慕尼黑同时又保留着原巴伐利亚王国都城的古朴风情，被人们称作"百万人的村庄"。

慕尼黑依山傍水、景色秀丽，这里有"四多"，即博物馆多、喷泉多、雕塑多和啤酒多。慕尼黑有无数的大小公园，各种喷泉2000多个。许多喷泉都有百年以上的历史，如位于巴赫广场的维特巴赫喷泉、勒歇尔-安娜喷泉等。哥特式、古罗马式、巴洛克式古建筑以及各式现代化的建筑比比皆是，城市中各种雕塑栩栩如生，它享有"欧洲建筑博物馆"的美誉。圣母教堂建于1488年，高109米，是慕尼黑的标志性建筑，橘红的屋顶和两座有绿色圆顶的高塔，是其最特别之处。自中世纪起，慕尼黑就以啤酒而闻名，是著名的"啤酒之都"，世界第三大啤酒生产地。一年一度的啤酒节让整个城市都沉浸在欢乐的气氛中。这里还是高科技产业中心，宝马、西门子等世界性大企业的总公司就设在慕尼黑，慕尼黑工科大学的科研开发堪称世界一流。

主要的景点有圣母玛利亚教堂、圣彼得教堂、玛利亚广场、老王宫、宝马博物馆、宁芬城堡、奥林匹克公园、西部公园等。

4. 科隆

科隆位于莱茵河畔，是德国第四大城市，拥有自罗马时代悠久的历史和文化，同时还是世界著名的会展城市。早在公元前38年罗马人就在此设要塞，公元50年发展成为罗马帝国的一个城市，至今犹存的罗马塔就是那时城垣的一部分。中世纪时，由于处于交通要道及宗教大主教的驻地等原因使科隆非常繁荣，当时人口有4万多，超过了巴黎和伦敦，是德国最大的城市。如今科隆城还保留了部分罗马时代的古迹、中世纪的部分城墙和城门。19世纪中叶后，随着鲁尔煤田的开发和铁路的修筑，发展更迅速，建起了内外环绿化带和博览会场设施，城市面貌大为改观。二战中，科隆遭到了猛烈轰炸，战后重建。科隆是一座古老而美丽的城市，也是一座现代化气息极强的大都市，市中高楼大厦鳞次栉比，商店比比皆是，许多消费行业的国际性博览会在此举行，其中主要有国际食品博览会、国际图像博览会、国际家具博览会等。主要景点有科隆大教堂、罗马日耳曼博物馆、东亚艺术博物馆、科隆的展览中心和莱茵河等。

5. 新天鹅石堡

新天鹅石堡是德国南部著名的城堡，也称新天鹅石宫，位于德国浪漫大道的南端，这座城堡是巴伐利亚国王路德维希二世的行宫之一。建于1869—1886年，具有新罗马建筑风格并模仿德国中世纪的骑士城堡。最初它是按巴伐利亚国王路德维希二世的梦想所设计，国王是艺术的爱好者，一生受瓦格纳歌剧的影响，他构想了那传说中曾是白雪公主居住的地方，邀请剧院画家和舞台布置者绘制了建筑草图，梦幻的气氛、无数的天鹅图画，加上围绕城堡四周的湖泊，确实如人间仙境。路德维希二世并不喜欢政事，只注重于督促自己城堡的兴建，在当时，城堡的建造也花费相当巨额，被认为不适于统治而去位。国王生前并未看到自己的梦想完工，城堡是后人逐年完成的，因此城堡有着前人与后人合作的痕迹。美国迪士尼乐园的灰姑娘城堡就是以此为蓝本设计的。

四、意大利

（一）国家概况

意大利全称意大利共和国，国土面积约30.13万平方千米，位于欧洲南部，包括亚平宁半岛以及西西里岛、撒丁岛等岛屿。亚平宁半岛占其全部领土面积的80%，它像一只巨大的长筒靴深入蔚蓝色的地中海之中，海岸线长约7200多千米。北以阿尔卑斯山为屏障与法国、瑞士、奥地利和斯洛文尼亚接壤，东、西、南三面被亚得里亚海、伊奥尼亚海、第勒尼安海和利古里亚海环绕，80%国界线为海界。意大利全境的4/5为山丘地带，阿尔卑斯山脉自西向东蜿蜒于法、瑞、奥、意等国交界处，意、法边境的勃朗峰海拔4807米，为欧洲第二高峰。亚平宁山脉由西北向东南斜贯亚平宁半岛，构成半岛的中脊，半岛上还有著名的维苏威火山和欧洲最大的活火山——埃特纳火山。波河是全国最大的河流，波河平原介于阿尔卑斯山脉和亚平宁山脉之间，面积约为意大利总面积的1/6，土壤肥沃，是最发达的工农业区。

意大利正处于地中海区域东、西之间的海路要道以及北欧、中欧前往非洲的天然陆桥，扼守欧洲的南大门，交通位置十分重要。境内还有两个主权袖珍国——梵蒂冈教皇国和圣马力诺共和国。

意大利主要风俗习惯与其他西方国家无显著区别，但因梵蒂冈在意境内，天主教对意大利人的日常生活有较大影响，各种宗教节日很多。意大利人待人热情，注重公共场合的文明礼貌，与宾客见面时常握手，亲朋好友久后重逢会热情拥抱，处处女士优先。女子对"太太""小姐"的称呼颇为计较，称呼女性可由戒指判断，订婚后的女性戴订婚戒指，结婚后换戴结婚戒指，式样不同。赴家宴要携带礼物送给主人，礼不在贵重，但讲究包装，主人会当面打开礼物表示赞赏之情。意大利人时间观念不强，特别是出席宴会、招待会等活动时常常失约或晚点。

意大利忌讳"13"和"星期五"，忌讳菊花，人们把它视为"丧花"。送鲜花要注意送单数，不送13朵，一般不宜送红玫瑰。忌讳用手帕作为礼品送人，认为手帕是一种令人悲伤的东西。意大利人忌讳用一根火柴给3个人点烟；即使用打火机，给两个人点完烟后，要灭掉后重新打开给第3个人点。4个人站在一起，应避免交叉握手，形成十字架形被认为不吉利。忌讳别人用目光盯视他们。在与不认识的人打交道时，忌讳用食指侧面碰击额头，因为这是骂人"笨蛋""傻瓜"。在参加宴请活动或到朋友家做客时，尽量在喝饮料、酒水、菜汤和吃面条时不要发出声音，否则会被认为是没有教养的表现。在公共场合不宜大声喧哗，不宜在旅馆走廊大声谈笑。

（二）著名旅游城市和景点

1. 罗马

罗马是意大利首都，全国最大的城市和政治、文化、交通中心，同时也是一座文艺复兴时代的艺术宝库、古代罗马帝国的发源地，已有2700余年历史。以雕塑多、教堂多和喷泉多而闻名世界，被称为"永恒之城"。约公元前2000年初罗马人移居于此，公元前753年罗马人建罗马城，公元前52年罗马已成为世界上最富有的城市，也是雏形中的帝国的中心，那时的罗马被称为"世界之都"，1870年后成为意大利首都。古城区面积40%的古罗马城遗迹代表着世界上最大、最重要的古典和中世纪的考古区，酷似一座巨型的露天历史博物馆，矗立着斗兽场、真理之口、许愿池、威尼斯广场、君士坦丁大帝凯旋门、卡拉卡拉古浴场、万神庙、新宫、帝国元老院等诸多世界闻名的古迹和景观。古城区西北角的梵蒂冈为罗马教廷所在地，还拥有文艺复兴时期诸如米开朗琪罗、拉斐尔、布拉曼特等艺术大师的伟大杰作。1980年包括圣保罗教堂和梵蒂冈在内的罗马古城历史中心被列入世界文化遗产。

2. 佛罗伦萨

佛罗伦萨位于意大利的中部、亚平宁山脉中段西麓盆地，连接意大利北部与南部铁路、公路网的交通枢纽，阿诺河横贯市内，两岸跨有7座桥梁。是极为著名的世界艺术之都，欧洲文化中心，欧洲文艺复兴运动的发祥地，歌剧的诞生地，举世闻名的文化旅游胜地。城市的无穷魅力大多来自其中世纪和文艺复兴时期的大型建筑物，市区仍保持古罗马时期的格局，多中世纪建筑。全市有40多座博物馆和美术馆、60多座宫殿及上百座各种风格的教堂，藏有大量的艺术珍品和珍贵文物，故有"博物馆城"之称，被誉为"西方雅典"。主要景点有乌菲齐美术馆、花之圣母大教堂、市政广场、国立巴吉洛美术馆、米开朗琪罗广场、圣十字教堂、老宫、老桥、皮蒂宫等。

3. 威尼斯

威尼斯位于意大利东北部亚得里亚海滨，威尼斯外形像海豚，城市面积不到7.8平方千米，由118个弹丸小岛组成，并以177条水道、401座桥梁连成一体，小岛之间的运河成为城市的大街小巷，是世界上唯一没有汽车的"水城"，整个城市只靠一条长堤与大陆半岛连接，有"水上都市""百岛城""桥城""水城"之称。相传城市始建于公元453年，8世纪成为亚得里亚海贸易中心，10世纪建立城市共和国，成为当时最主要的航运枢纽，14—15世纪为威尼斯全盛时期，成为意大利最强大和最富有的海上共和国。

威尼斯古迹众多，有各式教堂、钟楼、男女修道院、博物馆等艺术及历史名胜450多处，风格多样，拿破仑称之为"举世罕见之奇城"。大水道是贯通威尼斯全城的最长的街道，它将城市分割成两部分，两岸有许多著名的建筑，到处是作家、画家、音乐家留下的足迹。圣马可广场是威尼斯的中心广场，广场东面的圣马可教堂建筑雄伟、富丽堂皇。总督宫是以前威尼斯总督的官邸，各厅都以油画、壁画和大理石雕刻来装饰，十分奢华。总督宫后面的叹息桥是已判决的犯人去往监狱的必经之桥，犯人过桥时常忏悔叹息，因而得名"叹息桥"。著名的景点有圣马可广场、圣马可大教堂、凤凰歌剧院、叹息桥、里亚托桥、拿破仑王宫、救世主教堂、回廊等。

4.米兰

米兰坐落于意大利北部最富裕的波河流域中心、阿尔卑斯山南麓，是全国第二大城市、最大的工商业和金融中心，有"经济首都"之称。米兰城有世界时尚之都的美誉，蒙特拿破仑大街上的时装商店举世闻名，埃马努埃莱二世长廊被认为是世界上最古老的购物中心，米兰是全球第12昂贵的居住城市。全市拥有丰富的文化古迹和遗产，传统歌剧也尤为著名。建筑物、博物馆、广场和公园众多，全市以米兰大教堂为中心，分布有著名的布雷拉美术宫、斯卡拉剧院、斯福尔扎城堡、王宫、大运河、国立科学技术博物馆等。

五、西班牙

（一）国家概况

西班牙东临地中海，北濒比斯开湾，东北与法国、安道尔接壤，西部与葡萄牙紧密相连，南部的直布罗陀海峡与非洲大陆的摩洛哥相望，扼大西洋和地中海航路的咽喉，被称为通往欧洲、非洲、中东和拉丁美洲的"桥梁"。海岸线长约7800千米，境内多山，欧洲高山国家之一，主要山脉北有坎塔布连、比利牛斯，南有莫雷纳山脉和安达卢西亚山脉，南部的木拉散峰海拔3478米，为全国最高峰。北部沿海一带为林业资源主要集中地，有"绿色西班牙"之称。西班牙国土面积约为50.6万平方千米，是西欧仅次于法国的第二大国，其领土还包括位于地中海的巴里阿利群岛、非洲西北大西洋上的加那利群岛以及北非摩洛哥境内的休达、梅利亚两座城市。

西班牙人友善热情，少有种族偏见，喜欢舞蹈、音乐、喝酒、聚会，个人自尊感、荣誉感比较强，容易激动。通常在正式社交场合与客人相见时，行握手礼。与熟人相见时，男朋友之间常紧紧地拥抱。称呼西班牙人时，一般可称先生（父姓）、夫人（夫姓），但称呼未婚女性必须称小姐。盛行"女士优先"原则，注重个人隐私，一般不能询问对方的年龄、收入、婚否、宗教信仰、政治立场等问题，路上与朋友相遇、不应打听人家到何处去、去干什么。宴请与约会宜事先通知，赴家宴须向主人送礼，常送酒、巧克力、工艺品等，赠送礼品很注重包装并有当面拆包赞赏的习惯。西班牙人赴约一般喜欢迟到一会儿，尤其是应邀赴宴。餐桌上一般不劝酒，也无相互敬烟的习惯。斗牛表演是西班牙为数不多的准时开始的活动。如晚到，须等一头牛斗完后方可入场。在西班牙，不要对斗牛活动有非议，如果你对情况不了解，最好不要对斗牛活动发表任何意见。

西班牙人喜欢谈论体育和旅行，避免谈论宗教、家庭和工作。吃东西时，通常会礼貌地邀请周围的人与他分享，但这仅是一种礼仪上的表示，不要贸然接受，否则会被视为缺乏教养。现代西班牙属基督教文化圈，许多禁忌与欧美基督教国家相同，如视13为不吉数字，视13日、星期五为不祥之日，忌用黄色、紫色、黑色，忌讳菊花和大丽花。

（二）著名旅游城市和景点

1. 马德里

马德里是西班牙的首都及政治、经济、文化、交通和金融中心，是欧洲地势最高的首都之一。这里风光秀丽，阳光灿烂，空气清新，每年的晴天数居欧洲各大首都之首。西班牙工业总产值的10%来自这座首都的机器制造、化学工业、建筑、皮革及木材加工、食品等工业部门。名胜古迹遍布马德里全城，1000多个凯旋门，3000多个广场，50座博物馆，这座1992年被评为"欧洲文化名城"的古城洋溢着浓烈的历史氛围。随着旅游事业的发展，马德里除了新建了许多机关、商业大楼等以外，同时还新建了许多主要供外国旅游者休息的华丽饭店和旅馆。马德里著名的景点有马德里皇宫、蒙克洛亚宫、普拉多博物馆、蒂森博物馆、太阳门、大广场、西班牙广场、圣伊西卓大教堂、丽池公园、皇家剧院、欧洲门、阿尔卡拉门、瑞内索菲亚美术馆等。

2. 巴塞罗那

巴塞罗那是西班牙第二大城市，重要的经济、贸易、工业城市，地中海地区最大的港口，有"地中海曼哈顿"之称。整个城市依山傍海，风光秀丽，名胜古迹众多。市区内哥特式、文艺复兴式、巴洛克式建筑和现代化楼群相互辉映，古迹遍布。西班牙现代艺术巨匠如毕加索、米罗、达利等人都诞生于此，是西班牙最著名的旅游胜地、伊比利亚半岛最富欧洲气质的大都市，还是一个艺术家的殿堂，有"伊比利亚半岛的明珠"之称。巴塞罗那曾举办过两次世博会和一届奥运会，这使巴塞罗那的美名传遍整个世界，同时也吸引了更多的人来此观光。主要景点有毕加索博物馆、加泰罗尼亚艺术博物馆、历史博物馆、圣家族大教堂、蒙锥克古城堡、圣兰布拉大街、歌德区、奥运中心。

六、俄罗斯

（一）国家概况

俄罗斯联邦简称俄罗斯，地跨欧亚两洲，位于欧洲东部和亚洲大陆的北部，其欧洲领土的大部分是东欧平原。北邻北冰洋，东濒太平洋，西接大西洋，西北临波罗的海、芬兰湾。陆地邻国西北面有挪威、芬兰，西面有爱沙尼亚、拉脱维亚、立陶宛、波兰、白俄罗斯；西南面是乌克兰，南面有格鲁吉亚、阿塞拜疆、哈萨克斯坦；东南面有中国、蒙古和朝鲜。同时，还与日本、加拿大、格陵兰、冰岛、瑞典隔海相望，海岸线长37653千米。

俄罗斯横跨欧亚大陆，面积约为1709.82万平方公里，是世界上面积最大的国家，东西长9000千米，横跨11个时区；南北宽为4000千米，跨越4个气候带。

以平原和高原为主的地形，地势南高北低，西低东高。西部几乎全属东欧平原，西南耸立着大高加索山脉，最高峰厄尔布鲁士山海拔5642米。境内300余万条河流纵横交错，其中伏尔加河是欧洲最长的河流，全长3685千米，被誉为俄罗斯的"母亲河"。俄罗斯大地上星罗棋布地散布着200多万个湖泊，位于东西伯利亚的贝加尔湖是世界上最大最深的淡水湖，里海是世界上最大的咸水湖。

良好的文化素质使俄罗斯人非常重视仪表举止。在隆重的场合，俄罗斯人以捧出"面包和盐"的方式向贵宾表示最高的敬意和最热烈的欢迎。在社交生活中，一般的见面礼是握手，握手时要脱下手套。久别的亲朋好友常用亲吻礼、拥抱礼，男士一般吻女士的手背；长辈吻晚辈的面颊3次，先右后左再右，这一习俗被称为俄罗斯"三记吻"；晚辈则吻长辈面颊两次；女子之间一般拥抱，也可接吻；男子之间只拥抱。俄罗斯人去别人家做客时，常常自带拖鞋。应邀到俄罗斯人家做客，进屋后应脱衣帽，先向女主人问好，再向男主人和其他人问好。男士吸烟，要先征得女士们的同意。

俄罗斯传统认为，每个人都有两个神灵——左方为凶神，右方为善良的保护神，因此不允许以左手接触别人，遇见熟人不可伸左手握手问好，学生考试时不能用左手抽签，早晨起床不可左脚先着地。与俄罗斯人初次交谈不宜问工薪、年龄和婚姻等生活私事，忌讳政治矛盾、经济难题等话题，讲究女士优先，不尊重妇女会遭以白眼。俄罗斯人特别忌讳"13"这个数字，认为它是凶险和死亡的象征。相反，认为"7"意味着幸福和成功。俄罗斯人不喜欢黑猫，认为它不会带来好运气，通常认为马代表威力，能驱邪降妖，相信马掌是表示祥瑞的物体。俄罗斯人认为镜子是神圣的物品，打碎镜子意味着灵魂的毁灭。但是如果打碎杯、碟、盘则意味着富贵和幸福，因此在喜筵、寿筵和其他隆重的场合，会特意打碎一些碟盘表示庆贺。俄罗斯人酷爱鲜花，忌送菊花、杜鹃花、石竹花和黄色的花。

（二）著名旅游城市和景点

1. 莫斯科

莫斯科是俄罗斯的首都，全国最大的城市和政治、经济、科学、文化和交通中心，位于东欧平原的莫斯科河两岸，因莫斯科河而得名。莫斯科建城于1147年，迄今已有800余年的历史，拥有众多名胜古迹，全市共有65座博物馆和4291座图书馆，28座歌舞院和23家话剧院献演着风格不同、题材丰富的剧目，其中首屈一指的当推建于1780年的莫斯科国立模范歌剧、舞剧院。

莫斯科是世界上绿化最好的城市之一，市内建有96座公园，14座花园，400个街心花园，160条林荫道，绿化约占总面积的三分之一。莫斯科城市规划优美，掩映在一片绿海之中，故有"森林中的首都"之美誉。

主要的旅游景点有克里姆林宫、红场、普希金广场、莫斯科大剧院、列宁墓、莫斯科大学、莫斯科国家历史博物馆、全俄展览中心、莫斯科电视塔、奥斯坦基诺庄园、莫斯科凯旋门、新圣女公墓、基督救世主大教堂等。

2. 圣彼得堡

圣彼得堡是俄罗斯第二大城市和最大的海港、彼得格勒州的首府。坐落在俄罗斯西北部波罗的海芬兰湾东岸、涅瓦河口，整个城市由42个岛屿组成，由360多座桥梁连接起来，由于河渠纵横、岛屿错落、风光旖旎，素有"北方威尼斯"之称。因其地处北纬60°，圣彼得堡还是世界上少数具有"白夜"奇观的城市，每年的5月至8月城市中几乎没有黑天。市内建有50多所博物馆，被誉为博物馆城，昔日留下的古典建筑群和名胜古迹比比皆是，素有"地上博物馆"之称。它是一座景色秀丽的文化名城，是具有光荣历史的英雄城市，也是一座科学技术和工业高度发展的现代化城市。主要景点有彼得保罗要塞、彼得大帝的夏花园与园中的夏宫、斯莫尔尼宫、冬宫、塔弗列奇宫、阿尼奇科夫宫、伊萨克基辅大教堂、喀山大教堂、彼得保罗大教堂、俄罗斯博物馆、海军大厦、涅瓦大街、阿芙乐尔巡洋舰等。

3.贝加尔湖

贝加尔湖位于东西伯利亚南部，面积3.15万平方千米，是世界上最深、蓄水量最大的淡水湖，约占世界地表淡水总量的1/5，相当于北美洲五大湖蓄水量的总和。大约形成于2500万年前，所以也是世界上最古老的湖泊之一。

贝加尔湖狭长弯曲，宛如一弯新月，所以又有"月亮湖"之称。它长636千米，最宽79.4千米，最深点1680米，湖面海拔456米。湖水澄澈清冽，且稳定透明，透明度深达40多米，被称为"西伯利亚的蓝眼睛"，是俄罗斯第一批被列入世界文化遗产名单的自然景观。

湖中生存着600种植物和1200多种动物，其中3/4为贝加尔湖的特有品种。湖上最大的岛屿——奥利洪达岛被认为是萨满教的宗教中心。湖岸群山环抱，风景秀丽，阳光充足，有矿泉300多处，是俄罗斯著名的疗养旅游胜地，被誉为"西伯利亚的明珠"。

第四节　美洲主要客源国概况

一、美国

（一）国家概况

美利坚合众国简称美国，本土位于北美洲大陆的南部，东临大西洋，西濒太平洋，北邻加拿大，南靠墨西哥和墨西哥湾。所属阿拉斯加州位于北美洲西北部，夏威夷州位于中太平洋北部。全国总面积约为962.9万平方千米，本土东西长4500千米，南北宽2700千米，海岸线长22680千米。此外，美国还拥有关岛、美属萨摩亚群岛、波多黎各自由联邦、美属维尔京群岛等领地和太平洋岛屿托管地。

美国本土的地势东西两侧高，中间低，大体上分为三个地形区：东部为阿巴拉契亚山脉和大西洋沿岸低地、西部属科迪勒拉山系、中部为大平原。阿巴拉契亚山脉长约3000千米，与大西洋海岸间有狭窄的山麓高原和沿海地势较低的平原，被称为大西洋沿岸低地。科迪勒拉山系由东部的落基山脉、西部的喀斯喀特山脉、内华达山脉和太平洋沿岸的海岸山脉组成，纵贯北美洲西部。其中落基山脉是北美最大的分水岭，美国所有的大河均发源于此。内华达山脉的最高峰惠特尼山海拔4418米，为美国本土最高点。内华达山脉东侧的"死谷"，最低处低于海平面85米，为美国大陆最低点。中部大平原北起五大湖沿岸，南接墨西哥湾沿岸平原，从北到南贯穿整个美国中部，约占美国全部土面积的1/2。

美国是一个多民族的移民国家，在习俗和礼节方面，形成了以欧洲移民传统习惯为主的特色。美国人谈吐诙谐幽默，比较浪漫随和，性格开朗，自由平等观念较强，平时见面相互介绍很简单。在正式的社交场合很讲究礼节，男子同女子握手不可太紧，握手时要摘下手套并注视对方，不可多人交叉握手。美国人在称呼中也很少用正式的头衔，除非是法官、政府高级官员、军官、医生、教授和高级宗教人士，不用行政头衔如局长、经理、校长等来称呼人。在社交场合，男子要谦让、保护女士。美国人在交谈中不喜欢涉及个人私生活的话题，不要距离太近，在公共场所也要尽量同别人保持一定距离。在公共场合交谈，衣着要整齐，举止要文雅，不可随地吐痰、挖耳朵、抠鼻孔或咳嗽，不可声音过大。美国人不喜欢随便送礼，送礼讲究单数，但不要3和13。礼品要有精美包装。收到礼物时，要马上打开，夸奖并感谢一番。美国人很珍惜时间，浪费他们的时间等于侵犯了他们的个人权利。因此拜访美国朋友须预先约好，并准时赴约，准备好话题，谈完事即告辞。如果送上点小礼物，他们会很高兴。客人没有得到主人的同意不能参观房间。到美国人家中做客，别忘了问候孩子。

美国的禁忌同宗教有密切关系。他们忌讳"13"，不喜欢星期五；忌讳黑色（象征死亡），不喜欢红色，偏爱白色（象征纯洁）、黄色（象征和谐）、蓝色（象征吉祥）；忌讳蝙蝠图案（象征吸血鬼）、黑猫图案（象征不吉），偏爱白色秃鹰图案（国鸟）；忌打破镜子，认为会招致大病或死亡；忌一根火柴为三个人点烟；街上走路忌啪啪作响。美国人不提倡人际交往间送厚礼，否则要被怀疑别有用心。不要称呼黑人为"Negro"，最好用"Black"一词。在美国，同性不能一起跳舞，在别人面前脱鞋或赤脚会被视为不知礼节的野蛮人。美国人认为在别人面前伸出舌头是一件既不雅观又不礼貌的行为，甚至可以解释为瞧不起人。

（二）著名旅游城市和景点

1. 华盛顿

美国首都，为纪念开国元勋华盛顿总统而得名，位于波托马克河与阿纳科斯蒂亚河的汇合处。华盛顿市是一座绿树成荫、鸟语花香的美丽城市，布局十分整齐，从东部的国会大厦至西部的林肯纪念堂形成华盛顿市的中轴线，把华盛顿市分成东北、西北、东南、西南4个区。华盛顿聚集了美国所有的要害部门：总统府"白宫"、国会大厦、最高法院、国务院、国防部"五角大楼"等，因此，人们习惯地把华盛顿称作"华府"。此外，华盛顿还有许多纪念馆、博物馆、美术馆等，著名的有国家自然历史博物馆、自然博物馆、国立美术馆、宇宙空间博物馆，等等。

2. 纽约

纽约地处大西洋东北沿岸，是美国最大最繁华的城市和世界的金融中心，也是全国最大的对外贸易中心和港口。它拥有世界最大的股票交易所，纽约股市的涨落几乎成了西方经济兴衰的晴雨表。它也是美国服装业、出版业、新闻业、文化艺术中心。美国电影明星的服装和首饰几乎全部来自纽约。美国最有影响的报纸是《纽约时报》，美国最大的三家广播电台电视公司——美国广播公司（ABC）、哥伦比亚广播公司（CBS）和国家广播公司（NBC）都设在纽约。市区内鳞次栉比的摩天大楼构成纽约的特有街景。纽约的唐人街是世界上最大的一条唐人街，保存着浓郁的中国文化习俗。纽约有众多的艺术博物馆、珍藏品；纽约交响乐团堪称世界一流。

3. 洛杉矶

洛杉矶是美国第二大城市，美国西部最大的工业中心和港口，是一个新兴的大型工业城，其中宇航工业最为发达。它地处西海岸群山环抱中，濒临浩瀚的太平洋，是一个依山傍水的美丽城市。这里四季阳光充足，气候宜人，自然环境十分优美，旅游业十分发达。

4. 黄石国家公园

黄石国家公园位于美国西部北落基山和中落基山之间的熔岩高原上，绝大部分在怀俄明州的西北部。黄石国家公园是全世界第一个国家公园，是美国设立最早、规模最大的国家公园，也是1978年最早进入《世界遗产名录》的项目，它就像中国的长城一样，是外国游客必游之处。它以罕见的森林、湖泊、峡谷及野生动物而闻名，尤以温泉和间歇泉著称于世。

5. 夏威夷群岛

夏威夷群岛位于太平洋中，是世界著名的避暑、避寒和疗养度假胜地，以热带景观和火山景观著称于世。著名的火山有冒纳罗亚和基拉韦厄两座活火山，著名的岛是瓦胡岛。夏威夷群岛阳光充足，四季如春，有著名的草裙舞、冲浪运动、波利尼亚人的文化传统和风土人情。

6. 拉斯维加斯

拉斯维加斯位于内华达州，与摩纳哥的蒙特卡洛、中国的澳门并称世界三大赌场。1931年，拉斯维加斯制定法律，保护赌博业。赌博业自此成为拉斯维加斯的一大经济支柱。赌博业和各种豪华设施极大地刺激了旅游业的发展，每一家饭店都有赌场，饭店不仅规模庞大，而且非常豪华，构成赌场特色。

二、加拿大

（一）国家概况

加拿大这一国名来自印第安语的"棚屋"。据说，16世纪法国探险家卡蒂埃到加拿大时，向易洛魁部落酋长询问该地方叫什么名字，酋长说"加拿大"，意指由棚屋组成的村落，卡蒂埃却理解是指整个国土，于是就把这块土地称为"加拿大"。

加拿大位于北美洲北部，东濒大西洋，西临太平洋，北靠北冰洋，西北接美国的阿拉斯加，南邻美国，两国之间有所谓"五千千米不设防国界"。

加拿大国土总面积约为998.4万平方千米，其中陆地面积约为909.3万平方千米，淡水面积约为89.1万平方千米，为世界上仅次于俄罗斯的第二大国。地形可分为三部分：西部是科迪勒拉山系，东部是拉布拉多高原，中部是广阔的平原。森林覆盖率达37%，绝大部分为针叶林，在太平洋沿岸山地、五大湖区和圣劳伦斯河谷地附近分布着阔叶林，其中枫树最为广泛，加拿大素有"枫树之邦"的称号。加拿大河湖众多，河流水量大而稳定，蕴藏着巨大的水力资源，发电量的70%以上是水电，人均发电量居世界前列。

加拿大人朴实、友善、随和，谈吐风趣，爱说笑，被喻为是世界上"永不发怒的人"。熟人见面直呼姓名，握手拥抱。在正式场合十分注重礼节。交谈时选择大家都感兴趣的话题，喜欢谈政治尤其是本国的政治；忌谈年龄、收入、家庭、婚姻状况等涉及个人隐私的问题。加拿大人不随便送礼，一般遇到同事分别、朋友过生日或结婚送礼并附上签名贺卡。加拿大人十分注重公共场合的文明礼貌，在教堂做礼拜、剧院看戏、听音乐会时都要衣着整齐，不随便说话、吃东西、出入。乘公共汽车、地铁要按顺序排队，主动出示月票或买票；在公共汽车或地铁列车上，要主动给老人、小孩让座。随地吐痰是极为失礼的行为。

加拿大人大多数信奉新教和罗马天主教，少数人信奉犹太教和东正教。他们忌讳"13""星期五"，认为"13"是厄运的数字，"星期五"是灾难的象征。忌讳白色的百合花，因为它会给人带来死亡的气氛，人们习惯用它来悼念死人。不要问女士的年龄和体重。切记不要以中国人的习惯在对方名字前加"老"字。不要在别人家里或办公室内随意抽烟。不要对人家的宠物公然表示厌恶等。加拿大人以自己的国家为自豪，反对与美国做比较，尤其是拿美国的优越方面与他们相比，更是他们不能接受的。

（二）著名旅游城市和景点

1. 渥太华

渥太华，加拿大首都，是全国政治、经济、文化、交通中心。位于圣劳伦斯河支流渥太华河下游，是世界上最寒冷的首都之一。渥太华依山傍水，环境优美，渥太华河河水湍急，河中多岩岛、瀑布，支流里多河及其分支里多运河穿过市区，两岸绿草如茵。每年5—6月，充满荷兰风情的郁金香花盛开在街道两旁、运河两岸和国会山上。因此，渥太华被誉为"郁金香城"和"加拿大最美丽的城市"。里多运河与渥太华河汇流处的国会山，有三大哥特式建筑群组成的国会大厦是本市的标志、国家的象征。夏季每天上午10点都是要在国会大厦前草坪上，举行引人注目的"皇家骑警"传统换岗仪式。里多运河冬季则成了"世界上最长的滑冰场"（长7.8千米）。每年2月有近百万名国内旅游者前来参加冰雕比赛和"狂欢节"。

2. 多伦多

多伦多是加拿大第一大城市，是国际金融和工商业的大城市，著名的多伦多股票交易所在北美各交易所中居第三位。伊顿百货商场和辛普逊等百货公司驰名全国。多伦多也是全国文化教育中心，全国最大的高等学府所在地。此外，多伦多是华人聚居的城市之一，唐人街、商店、餐馆林立，还有五六家中国电影院。

3. 温哥华

加拿大第三大城市温哥华市位于加拿大最西部，毗邻太平洋。依山傍海，山明水秀，气候宜人，多次被联合国评为最适宜人类居住的城市。温哥华地区主要包括：温哥华市、烈治文市、本拿比市、素里市、三角洲市、二埠市、高贵林市和高贵林港市。温哥华地区为加拿大华裔比例最高的城市。温哥华和临近的滑雪胜地威斯勒市成功地举办了2010年冬季奥运会。

旅游业是温哥华的主要产业，各种大小不等的公园、滑雪场、高尔夫球场、海滩和其他景点数不胜数。除水族馆、动物园、展览馆和美术馆要收费外，几乎所有公园都是免费的。但如果到人烟稀少的地方旅游或宿营要小心灰熊、美洲豹和郊狼等动物。

4. 蒙特利尔

蒙特利尔，加拿大的第二大城市，最大港口，是世界著名的小麦输出港。是全国工业、商业、金融业、文化的中心。有全国最大的蒙特利尔银行等金融机构和股票交易所。工业产值居全国第一。作为文化中心，有艺术馆、博物馆、交响乐团、剧团等。蒙特利尔爵士乐节和幽默节为国际著名的文化活动。蒙特利尔交响乐团和加拿大芭蕾舞团是国际一流的艺术团，太阳圈马戏团是北美最好的马戏团。

第五节　非洲主要客源国概况

一、埃及

（一）国家概况

　　埃及全称阿拉伯埃及共和国，地跨亚、非两洲，西与利比亚为邻，南与苏丹交界，东临红海并与巴勒斯坦、以色列接壤，北临地中海。埃及大部分领土位于非洲东北部，只有苏伊士运河以东的西奈半岛位于亚洲西南部。全国面积约为100.145万平方千米。

　　埃及海岸线长约2900千米，但却是典型的沙漠之国，全境96%为沙漠，最高峰为凯瑟琳山，海拔2637米。世界最长的河流尼罗河从南到北贯穿埃及1530千米，被称为埃及的"生命之河"。尼罗河两岸形成的狭长河谷和入海处形成的三角洲，构成肥沃绿洲带。虽然这片地区仅占国土面积的4%，但却聚居着全国99%的人口。苏伊士运河沟通了大西洋、地中海与印度洋，是连接欧、亚、非三洲的交通要道，战略位置和经济意义都十分重要。

　　埃及人的交往礼仪既有民族传统的习俗，又通行西方人的做法，两者皆有，上层人士更倾向于欧美礼仪。埃及人见面时异常热情，如果是老朋友，特别是久别重逢，则拥抱行贴面礼，即用右手扶住对方的左肩，左手搂抱对方腰部，先左后右，各贴一次或多次。而且还会连珠炮似的发出一串问候语："你好吧？""你怎么样？""你近来可好？""你身体怎样？"，等等。

　　在埃及，进伊斯兰教清真寺时，务必脱鞋。埃及人爱绿色、红色、橙色，忌蓝色和黄色，认为蓝色是恶魔，黄色是不幸的象征，遇丧事都穿黄衣服。也忌熊猫，因它的形体近似肥猪。喜欢金字塔型莲花图案。禁穿有星星图案的衣服，除了衣服，有星星图案的包装纸也不受欢迎，禁忌猪、狗、猫、熊，一般都很爱仙鹤。3、5、7、9是人们喜爱的数字，忌讳13，认为它是消极的。吃饭时要用右手抓食，不能用左手，无论是送给别人礼物，或是接受别人礼物时，要用双手或者右手，千万别用左手。不要和埃及人谈论宗教纠纷、中东政局及男女关系。

（二）著名旅游城市和景点

1.开罗

　　开罗是非洲第一大城市，埃及首都，也是全国最重要的工商业城市。横跨尼罗河，是整个中东地区的政治、经济和交通中心。开罗也是座古老的城市，被誉为"城市之母"，从建都至今，已有五百多年的历史。开罗是世界上古迹最多的地方，这里有古埃及的金字塔和狮身人面像，也有基督教和伊斯兰教的古教堂、清真寺、城堡等，是世界闻名的旅游胜地。尼罗河穿过市区，现代文明与古老传统并存：西部以现代化建筑为主，大多建于20世纪初，具有当代欧美建筑风格；东部则以古老的阿拉伯建筑为主，有250多座清真寺集中于此。城内清真寺的高耸尖塔，随处可见，故开罗又称为"千塔之城"。

2. 亚历山大市

亚历山大位于尼罗河三角洲西部，临地中海，是埃及和非洲的第二大城市，埃及和东地中海最大的港口，地中海沿岸政治、经济、文化和东西方贸易的中心。亚历山大也是古代和中世纪名城，公元前332年，希腊马其顿国王亚历山大大帝占领埃及后建立此城，并以他的名字命名，定为首都。至今，亚历山大仍保留诸多名胜古迹。面对浩瀚的地中海，背倚波光潋滟的迈尔尤特湖，风景秀美，气候宜人，是埃及的夏都和避暑胜地，被誉为"地中海新娘"。因受海洋影响，这里冬无严寒，夏无酷暑，大海辽阔，沙滩美丽，阳光充足，空气清新，古迹众多，四季花开，万木常青，是举世闻名的旅游胜地。

3. 金字塔

埃及金字塔是古埃及的帝王（法老）陵墓，世界八大建筑奇迹之一。约公元前3000年，初步统一的古代埃及国家建立起来。国王自称是神的化身，他们的陵墓金字塔是权利的象征。这些陵墓是用巨大石块修砌成的方锥形建筑，因外形近似汉字"金"字，因此我国称它们为金字塔。金字塔分布在尼罗河两岸，大小不一，迄今埃及已发现金字塔110座，大多建于埃及古王朝时期。迄今巍然屹立在尼罗河畔开罗吉萨省的3座宏伟金字塔和一座狮身人面像约有4700年的历史。规模最大的是胡夫金字塔，10万人花了约20年时间一块一块的垒成。狮身人面像高达20多米，长约50多米，是在一块大岩石上雕成的。吉萨金字塔和狮身人面像是人类建筑史上的奇迹，也是埃及人民辛勤劳动和卓越智慧的丰碑。

4. 苏伊士运河

苏伊士运河位于埃及境内，总长190.25千米，是连通欧亚非三大洲的主要国际海运航道，连接红海与地中海，使大西洋、地中海与印度洋联结起来，大大缩短了东西方航程。它是一条在国际航运中具有重要战略意义的国际海运航道，每年承担着全世界14%的海运贸易。苏伊士运河是埃及经济的"生命线"和"摇钱树"，过往船只通行费，多年来一直与侨汇、旅游、石油一道成为埃及外汇收入的四大支柱。

5. 阿斯旺

阿斯旺，为埃及南方重镇，著名旅游城市，历史上曾是庞大的商旅集散中心，现为省行政和商业中心。阿斯旺傍尼罗河而建，宽阔的滨河路上，政府办公大楼、宾馆、饭店鳞次栉比，老城区狭窄街巷纵横交错，店铺林立，人声嘈杂，阿拉伯市场独具特色。冬季疗养和游览胜地，有许多古迹和博物馆、植物园等名胜，以及阿斯旺高坝等现代工程。

二、南非

（一）国家概况

南非位于非洲大陆最南部，在南纬22°至35°、东经17°至33°之间。北邻纳米比亚、博茨瓦纳、津巴布韦、莫桑比克和斯威士兰，中部环抱莱索托，使其成为最大的国中国。东、南、西三面为印度洋和大西洋所环抱，地处两大洋间的航运要冲，地理位置十分重要。其西南端的好望角航线，历来是世界上最繁忙的海上通道之一，有"西方海上生命线"之称。面积约有122.1万平方千米，全境大部分为海拔600米以上的高原。德拉肯斯山脉绵亘东南，卡斯金峰高达3660米，为全国最高点；西北部为沙漠，是卡拉哈里盆地的一部分；北部、中部和西南部为高原；沿海是狭窄平原。奥兰治河和林波波河为两大主要河流，好望角处于非洲最西南端。

南非普遍的见面礼节是握手礼，称呼主要是"先生""小姐"或"夫人"。在黑人部族中，尤其是广大农村，南非黑人往往会表现出与社会主流不同的风格。比如，他们习惯以鸵鸟毛或孔雀毛赠予贵宾，客人此刻得体的做法是将这些珍贵的羽毛插在自己的帽子上或头发上。在社交场合，拜访须先订约，随时穿着保守式样的西装，南非商人十分保守，交易方式力求正式。许多生意在私人俱乐部或对方家中做成。说话要大胆直率，兜圈子常不被人理解。

南非黑人对自己的传统情有独钟。有些黑人行拥抱礼，有些行亲吻礼，有些则行独特的握手礼，即先用自己的左手握住自己的右手腕，再用右手去与人握手。如果是特别亲热者，则先握一下他的手掌，然后再握对方的拇指，最后紧紧握一下他的手。女子相见，双膝微屈，行屈膝礼。农村妇女们相遇，一边围着对方转，一边发出有节奏的尖叫声。男子对女子，一律要尊称"妈妈"。送客时往往列队相送，载歌载舞，欢呼狂啸。黑人的姓名大多已经西方化，但仍喜欢在姓氏之后加上相应的辈分，如称其为"乔治爷爷""海伦大姊"，往往令其喜笑颜开。绝对不要直呼黑人为"Black People"，而应称为"Africa People"。

信仰基督教的南非人，和西方人一样总讳数字13和星期五。南非黑人非常敬仰自己的祖先，他们特别忌讳外人对自己的祖先言行失敬。跟南非人交谈要注意不要评论不同黑人部族或派别之间的关系及矛盾、不要为白人评功摆好、不要非议黑人的古老习惯、不要为对方生了男孩表示祝贺。

非洲人普遍认为相机对准某物，拍下镜头，某物的"精气"就会被吸收殆尽，所以人、房屋、家畜一律不准拍摄。如想拍摄，之前最好向对方先打个招呼，获得同意之后再行动，以免被投石、被吊或挨一顿揍。

（二）著名旅游城市和景点

1. 开普敦

开普敦为南非立法首都、第二大城市，南非国会及很多政府部门亦坐落于该市。它是南非金融和工商业的重要中心，交通发达，天然良港。开普敦是欧裔白人在南非建立的第一座城市，这座300多年历史的母城历经荷、英、德、法等欧洲诸国的统治及殖民，虽然地处非洲，但却充满多元欧洲殖民地文化色彩。开普敦以其美丽的自然景观及码头闻名，知名的地标有被誉为"上帝之餐桌"的桌山，以及印度洋和大西洋的交汇点——好望角。因其美丽的自然及地理环境，开普敦被称为世界最美丽的城市之一，亦成为南非的旅游胜地。

开普敦气候温暖、风景秀丽，资源丰富。开普敦的农业、渔业以及石油化工业非常发达，是上等水果的盛产地，如苹果、葡萄、橘子等，以葡萄的种植技术最为闻名。开普敦亦是野生动物的聚居地，有鸵鸟、企鹅、海狗、海豹、鲸鱼以及海豚等，并设有企鹅保护区以及盛产海豹的德克岛等。开普敦集欧洲和非洲人文、自然景观特色于一身，因此名列世界最美丽的都市之一，也是南非最受欢迎的观光都市，特别是每年的10月至次年的3月的春夏季更是旅游高峰期。

2. 比勒陀利亚

比勒陀利亚原名茨瓦内，是南非的政治决策中心兼行政首都，德兰士瓦省省会。位于东北部高原上的马加利山麓谷地，海拔1378米，市区跨林波波河支流阿皮斯河两岸，由12座桥梁连接，面积约为592平方千米。建于1855年，以布尔人领袖比勒陀利乌斯名字命名，其子马尔锡劳斯是比勒陀利亚城的创建者。

比勒陀利亚是南非最大的文化中心。有1873年创立的南非大学、比勒陀利亚大学、工学院、师范学院等多所高等学校，还有南非最大的研究机构科学与工业研究院和著名的兽医及燃料、林业等研究所。市内很多博物馆、纪念馆和纪念碑、塑像等，还有天文台、国家动物园和3处市立自然保护区。比勒陀利亚为矿业城市，近郊为金刚石、白金、黄金、锡、铁、铬、煤等矿的开采中心。

比勒陀利亚完全是一座欧化的城市，风光秀美，花木繁盛，有"花园城"之称，街道两旁种植紫葳，又称"紫葳城"。每年10到11月间鲜花盛开时，全城弥漫着幽雅的清香，成为一片艳丽的紫色花海，美丽的景色令人陶醉，全城为此要举行长达一周的庆祝活动。喷泉谷是比勒陀利亚人潮最多的周末休闲区和野餐的地点；鲁德普拉特水库是钓鱼、乘游艇、水上运动和游泳的理想地点；万德布姆自然保护区有株一颗树龄1000年的无花果树神木，13根主干四面扩展在1万平方米的土地上；普勒多利亚动物园是世界上最大的动物园之一，园内的动物超过3500种。

3. 布隆方丹

布隆方丹是南非的司法首都，奥兰治自由邦首府。位于中部高原，为全国的地理中心，四周有小丘环绕，夏热，冬寒有霜。它最初为一堡垒，1846年正式建城。现为重要交通枢纽。布隆方丹一词，原意为"花之根源"。这座城市有许多公园，特别是占地120万平方米、位于市中心、种植着超过4000丛玫瑰花的国王公园，这里每年都会举办盛大的玫瑰节活动，所以布隆方丹也有"玫瑰之城"的美誉；在军舰山公园里，游人可以饱览整个城市的优美风景；布隆方丹动物园则是一座世界级的动物园，建于1906年，以各种灵长类动物闻名；著名的斯瓦特总统公园和洛根湖滨水区也是非常受游客欢迎的景点。这里天气晴朗，为观测天文提供优越条件，美国密执安大学在城郊的纳瓦尔山上建有拉蒙特-胡塞天文台；哈佛大学也曾在城东24千米的马泽尔斯普特建有波伊登观测站。附近的富兰克林野生动物保护地，是南非的旅游胜地之一。如今的布隆方丹是南非白人最集中的城市，因犯罪率低和能为人们提供优质生活而被誉为南非最适合居住的城市。

4. 约翰内斯堡

约翰内斯堡面积约269平方千米，是南非最大城市和经济中心，也是南部非洲第一大城市，更是世界上最大的产金中心。始建于1886年，原是一个探矿站，随金矿的发现和开采发展为城市。约翰内斯堡矿物丰富，金、铂、锑、金刚石、石棉的产量和铀、锰、铬、萤石的储量均居世界前列，还有煤、铁、铜、铝、锌等，采矿业是国民收入的主要支柱。主要工业部门有食品、制革、纺织、机械制造、冶金等。约翰内斯市内与郊区有大型矿山机械、化学、纺织、电机、汽车装配、橡胶等工业。许多大公司和银行总部设立在此。东北24千米处的斯穆茨有国际航空站。

市内有博物馆和教堂等建筑。公园和草地占城市面积1/10左右。著名的朱伯特公园在城中心的高地上，内有美术馆。此外还有密尔勒公园、唐纳德·麦凯公园、埃利斯公园等，市东北郊有开普敦公园。动物园位于史末资大道，其面积颇广，有花园和小湖。

思考题

1. 如果游客向你提出类似钓鱼岛渔船事件等有关中日关系的问题，你应该如何回答？怎样做才能既不失国家尊严又能化解尴尬？

2. 我国的入境游客，除了来自不同的国家和地区，还有各种不同的宗教信仰，我们在接待有佛教、伊斯兰教、基督教新教、天主教等宗教信仰的客人时，应该注意哪些方面？怎样做才能更好地尊重他们的信仰？

参考文献

［1］魏凯，方颖．导游基础知识应用［M］．上海：上海交通大学出版社，2011．

［2］赵序，樊光华．中外民俗［M］．桂林：广西师范大学出版社，2015．

［3］彭淑清．中国旅游地理［M］．桂林：广西师范大学出版社，2014．

［4］卢丽蓉，李敏．旅游客源国和目的地概况［M］．桂林：广西师范大学出版社，2014．

［5］全国导游人员资格考试统编教材专家编写组．全国导游基础知识［M］．北京：中国旅游出版社，2016．

［6］王辉，苗红．中国旅游地理［M］．北京：北京大学出版社，2010．